하룻밤에 읽는
동양 고전

하룻밤에 읽는 동양 고전

초판 1쇄 인쇄 2024년 12월 10일
초판 1쇄 발행 2024년 12월 20일

지은이 | 김동주
펴낸이 | 임종관
펴낸곳 | 미래북
편   집 | 정광희
본문 디자인 | 디자인 [연:우]
등록 | 제 302-2003-000026호
주소 | 경기도 고양시 덕양구 삼원로73 고양원흥 한일 윈스타 1405호
전화 031)964-1227(대) | 팩스 031)964-1228
이메일 miraebook@hotmail.com

ISBN 979-11-92073-65-1   (03140)

위대한 고전에서 인생의 길을 찾다!

하룻밤에 읽는 동양 고전

김동주 지음

MIRAE
BOOK

천지에는 하루도
온화한 기운이 없어서는 안 되며

사람에게는 하루도
기뻐하는 마음이 없어서는 안 된다.

고전에서
인생의 길을 찾다

고전古典의 사전적 의미는 오랫동안 많은 사람에게 널리 읽히고, 모범이 될 만한 문학이나 예술작품을 일러 말한다. 그런 까닭에 고전은 소멸되지 않고 계속해서 이어져 오고 있고, 앞으로도 계속 이어질 것이다.

고전에서는 '향기'가 난다는 말이 있는데, 여기서 향기란 '지혜'를 의미한다. 고전을 접하다 보면 수천 년이 지났는데도 여전히, 그 향기는 예나 지금이나 변함이 없다. 고전은 세월이 지날수록 빛을 발하기 때문이다.

왜 그럴까. 인간이란 그 본질이 같기 때문이다. 수천 년 전에 인간이나 현시대를 살아가는 인간이나 좋아하는 것과 싫어하는 것, 옳은 것과 그른 것, 참된 것과 거짓된 것 등에 대한 가치 기준이 같기 때문이다. 그래서 고전은 예나 지금이나 사람들에게 큰 영향을 주는 것이다. 다만 삶의 방식이 다를 뿐이다. 삶의 방식은 시대마다 트렌드의 영향을 받는 까닭이다. 고전을 많이 읽는다는 것은 지혜를 맘껏 섭취하는 것과 같다. 그래서 고전을 많이 읽게 되면, 혜안이 밝아진다. 고전을 많이 읽어야 하는 이유가 여기에 있는 것이다.

　이 책은 동양고전 중에서도 가장 으뜸으로 여기는 노자老子의《도덕경道德經》, 공자孔子의《논어論語》, 맹자孟子의《맹자孟子》, 장자莊子의《장자莊子》그리고 홍자성洪自誠의《채근담採根譚》을 바탕으로 하여 쓰여졌다.

　《도덕경道德經》은 기원전 4세기에 발간되었으며 5,000자에 총 81장으로 구성되었다. 상편 37장을 〈도경道經〉이라 하고, 하편 44장은 〈덕경德經〉이라고 한다. 노자의 핵심사상인 무위자연無爲自然에 대해 다각적으로 펼쳐 보임으로써, 인간으로서 인간답게 살아가는 데 근본으로 삼아 행해야 할 지침과도 같은 책이다.

　《논어論語》는 유교 경전으로 4서(논어, 맹자, 대학, 중용) 중 하나인 공자의 가르침을 전하는 문헌으로, 일반적으로 유교 경전을 가르칠 때 제일 먼저 가르친다. 이 책은 인仁, 군자君子, 천天, 중용中庸, 예禮, 정명正名 등 공자의 기본 윤리개념을 모두 담고 있다.《논어》는 모두 20편으로 구성되어 있으며, 내용은 '배움'으로부터 시작해 하늘의 뜻을 아는 '지명知命'으로 끝난다. 이를 좀 더 구체적으로 살펴보면 공자가 한 말, 공자와 제자 사이의 대화, 공자와 사람들과의 대화, 제자들의 말, 제자들 간의 대화 등으로 짜여있다.《논어》는 사람들이 반드시 갖춰야할 인격적인 품성을 기르는 데 큰 도움을 준다.

　《맹자孟子》는 B.C 280년경에 쓴 책으로 맹자의 언행을 기록하고, 다른 사상가들과 논쟁한 것을 기록한 어록이다. 또한 맹자의 주요사상인 인의仁義의 도덕을 강조한다.《사기》에 의하면《맹자》는 맹자가 은

퇴한 후 제자와 함께 저술한 설이 있으나, 실제로는 맹자 말년이나 사후에 제자들이 맹자가 남긴 말을 기록하여 엮은 책이라는 설이 지배적이다. 《맹자》는 〈양혜왕편〉, 〈공손추편〉, 〈등문공편〉, 〈이루편〉, 〈만장편〉, 〈고자편〉, 〈진심편〉 등 총 7편으로 구성되어 있다.

《장자莊子》는 전국시대의 사상가인 장자의 사상과 가르침을 쓴, 도가 계열의 책으로 장자와 여러 사람의 글을 편집한 것이다. 33편이 현존하는데 장자 자신이 쓴 책은 〈내편〉 7편이며, 나머지는 〈외편〉 15편, 〈잡편〉 11편은 장자의 문하생들이 지은 것이라고 알려져 있다. 장자가 쓴 내편 7편은 〈소요유〉, 〈제물론〉, 〈양생주〉, 〈인간세〉, 〈덕충부〉, 〈대종사〉, 〈응제왕〉이다.

《채근담採根譚》은 명나라 고전문학가인 홍자성의 어록으로 삼교일치의 처세철학서이다. 《채근담》은 경구풍의 단문 359개로 구성되어 있다. 하지만 이는 문헌마다 약간의 차이가 있음을 밝힌다. 중국에서는 잘 알려지지 않았으나 한국, 일본 등에서는 널리 읽혔다. 특히, 20세기에 이르러서는 세계적으로 대중적인 인기를 얻으며 대표적인 아포리즘(잠언, 경구, 금언 등을 이르는 말)으로 자리매김했다.

여기서 노자의 《도덕경道德經》과 장자의 《장자莊子》는 도가사상의 진수라 할 수 있고, 공자의 《논어論語》와 맹자의 《맹자孟子》는 유가사상의 대표적인 진수라고 할 수 있다. 장자는 노자의 도가를 바탕으로 하고, 맹자는 공자의 유가를 바탕으로 하는 까닭이다. 홍자성의 《채근담採根譚》은 홍자성의 경험을 바탕으로 하여 쓴 처세술의 진수라고 할 수 있다.

이 책은 주옥같은 고전 문구를 바탕으로 하여 인간답게 살아가는 인생의 길을 제시함은 물론, 그 방법을 실례實例를 들어 현실적으로 실천하는 데 있어 도움이 되게 했다. 이 책을 읽고 나면 자신에 대해 깊이 생각하게 되고, 어떻게 사는 것이 진정 자신을 위한 삶인지를 자각하게 될 것이다. 이 책을 대하는 모든 분의 행복을 기원한다.

김동주

차례

노자
_도덕경

道德經

기원전 4세기에 발간되었으며, 5,000자에 총 81장으로 구성되었다. 상편 37장을 〈도경〉이라 하고, 하편 44장은 〈덕경〉이라고 한다. 노자의 핵심사상인 무위자연에 대해 다각적으로 펼쳐 인간으로서 인간답게 살아가는 데 근본으로 삼아 행해야 할 지침과도 같은 책이다.

공자

_논어

論語

유교 경전인 4서(논어, 맹자, 대학, 중용) 중 하나로 공자의 가르침을 전하는 문헌으로, 일반적으로 유교 경전을 가르칠 때 제일 먼저 가르친다. 이 책은 인仁, 군자君子, 천天, 중용中庸, 예禮, 정명正名 등 공자의 기본 윤리개념을 모두 담고 있다. 《논어》는 모두 20편으로 구성되어 있으며, 내용은 '배움'으로부터 시작해 '하늘'의 뜻을 아는 '지명知命'으로 끝난다. 이를 좀 더 구체적으로 살펴보면 공자가 한 말, 공자와 제자 사이의 대화, 공자와 사람들과의 대화, 제자들의 말, 제자들 간의 대화 등으로 짜여있다. 《논어》는 사람들이 반드시 갖춰야 할 인격적인 품성을 기르는 데 큰 도움을 준다.

맹자

_맹자

孟子

B.C 280년경에 쓴 책으로 맹자의 언행을 기록하고, 다른 사상가들과 논쟁한 것을 기록한 어록이다. 또한 맹자의 주요사상인 인의仁義의 도덕을 강조한다. 《사기》에 의하면 《맹자》는 맹자가 은퇴한 후 제자와 함께 저술한 설이 있으나, 실제로는 맹자 말년이나 사후에 제자들이 맹자가 남긴 말을 기록하여 엮은 책이라는 설이 지배적이다. 《맹자》는 〈양혜왕편〉, 〈공손추편〉, 〈등문공편〉, 〈이루편〉, 〈만장편〉, 〈고자편〉, 〈진심편〉 등 총 7편으로 구성되어 있다.

장자

_장자

莊子

전국시대의 사상가인 장자莊子의 사상과 가르침을 쓴, 도가 계열의 책으로 장자와 여러 사람의 글을 편집한 것이다. 33편이 현존하는데 장자 자신이 쓴 책은 〈내편〉 7편이며, 나머지는 〈외편〉 15편, 〈잡편〉 11편은 장자의 문하생들이 지은 것이라고 알려져 있다. 장자가 쓴 내편 7편은 〈소요유〉, 〈제물론〉, 〈양생주〉, 〈인간세〉, 〈덕충부〉, 〈대종사〉, 〈응제왕〉이다.

홍자성

_채근담

採根譚

명나라 고전문학가인 홍자성의 어록으로 삼교일치의 처세철학서이다. 《채근담》은 경구풍의 단문 359개로 구성되어 있다. 하지만 이는 문헌마다 약간의 차이가 있음을 밝힌다. 중국에서는 잘 알려지지 않았으나 한국, 일본 등에서는 널리 읽혔다. 특히, 20세기에 이르러서는 세계적으로 대중적인 인기를 얻으며 대표적인 아포리즘(잠언, 경구, 금언 등을 이르는 말)으로 자리매김했다.

노자

———

道德經

중국 제자백가 가운데 하나인 도가의 창시자이자 학자이다. 노자는 자연의 이치를 따르고 무위 無爲하게 사는 도道를 중요하게 생각했다. 노자가 말하는 무위란 '자연을 그대로 두고 인위를 가하지 않음'을 말한다. 즉 자연의 순리에 따르는 것으로 인간이 인간의 생각에 의해서 판단하거나 그것을 좌지우지해서는 안 된다는 것이다. 그러니까 있는 그대로 따르는 것이 바로 무위라는 것이다. 노자에게 물은 무위의 중심사상이다. 물은 위에서 아래로 흐르고, 높은 곳에서 떨어져도 깨지지 않는 부드럽지만 강한 존재이다. 물과 같이 사는 것 그것이 노자의 사상이다. 저서로《도덕경》이 있다.

덕망이 있는 사람

덕망이 있는 자가 사람을 대할 줄 안다. 높게 처하려면 말에 있어서 사람들에게
겸손해야 한다. 사람들을 인도하려면 사람들의 앞에서가 아니라 뒤에서 해야 한다.
그러므로 덕망이 있는 자가 사람을 대할 줄 안다. 훨씬 앞에 있어도 그 사람들은
그렇게 거북하게 생각되지 않는다. 따라서 덕망이 있는 자는 누구와도
다투지 아니함으로써 이 세상 아무도 그와 다투지 않는다.

_ 도덕경 01

덕德의 사전적 의미는 '도덕적, 윤리적 이상 실현을 위한 사려 깊고
인간적인 성품'을 말한다. 이 말에서 보듯 덕은 인품을 갖추는 데 있
어 기본이 되는 요소이다. 그래서 덕을 갖추지 않으면 아무리 지위가
높고, 학문이 빼어나고 배움이 많거나 명예를 손에 쥐었다 하더라도
인격자라고 말할 수 없다.

그러나 가난하고 지위가 낮고 배움이 짧아도 말과 행동이 어질면 인
격자가 되기에 충분하다. 그래서 덕이 있는 사람에겐 적이 없다. 이를
가리켜 인자무적仁者無敵이라고 한다. 어진 사람은 우쭐해하거나 교만
하지 않는다. 또한 경거망동하지 않으며 매사에 사려 깊게 행동한다.
어느 누구에게도 거부감을 주지 않는다. 이러다 보니 어진 사람은 적
을 삼거나 경쟁의 대상자로 삼지 않는 것이다.

또한 어진 사람은 지위의 높고 낮음을 가리지 않는데, 이를 가고가 하加高加下라고 한다. 그러니까 덕이 있는 사람은 그 사람의 중심, 즉 사람 됨됨이를 보지, 그 사람의 외적인 조건을 보지 않는다. 이는 사람 자체를 그만큼 중요하게 여기는 까닭이다.

그러나 덕이 없는 사람은 그 사람의 외적인 조건을 보고, 그 사람을 평가하는 경향이 있다. 이는 무엇을 의미하는가. 그 사람 자체보다는 그 사람이 가진 것, 즉 외적인 조건에 관심이 많음을 뜻한다. 그래야 자신에게 유익이 되기 때문이다.

덕이 있고 없고는 매우 중하다. 덕이 있는 사람은 겸손하고, 상대를 배려하는 마음이 깊다. 상대를 함부로 여기거나 막 대하는 법이 없다. 하지만 덕이 없는 사람은 경거망동하고, 불친절하고 배려심이 부족하다. 나아가 사람을 함부로 대하고 폄훼하는 것을 가리지 않는다.

이처럼 어질지 못한 사람은 누구에게나 함부로 말하고 행동함으로써 눈살을 찌푸리게 하고 거부감을 줌으로써 적을 지게 한다. 그래서 어질지 못한 사람을 가까이 하려고 하지 않는다. 가까이 해봐야 좋을 게 없다는 걸 잘 알기 때문이다.

삶을 살아가는 데 있어 어진 사람이 되느냐, 그렇지 않느냐는 매우 중요하다. 그러면 어진 사람이 되기 위해서는 어떻게 해야 할까? 결론적으로 말해 덕은 누가 갖춰주는 것이 아니다. 스스로 덕을 갖추기 위해 노력해야 한다.

인 원 호 재 아 욕 인 사 인 지 의
仁遠乎哉 我欲仁斯仁至矣

이는 공자가 한 말로, '인덕이 어디 멀리 있는 것인가, 내가 어질고 자 하면 어짐에 이른다'라는 뜻이다. 즉 어진 성품은 후천적인 노력으 로도 얼마든지 만들 수 있다는 말이다. 건달처럼 굴던 사람도 자신을 반성하고 몸과 마음을 닦으면 얼마든지 덕을 갖출 수 있다.

"백범 선생은 모든 사람을 존중했다."

이는 김구의 비서였던 선우진이 한 말이다. 모든 사람을 존중한다 는 것은 인간을 사랑하는 어진 마음이 없이는 절대로 할 수 없다. 존 중이란 의미에는 '사람'에 대한 예의가 포함되어 있기 때문이다.

김구는 귀국 후 경교장에서 생활을 했는데 경제적으로 여의치 못했 다. 지원금이 들어오면 직원들의 월급을 챙겨주었지만 지원금이 신통 치 않았다. 그러다 보니 경교장에 근무하는 직원들에게 월급을 주지 못할 때가 많았다. 어쩌다 돈이 생기면 생활비조로 얼마간의 돈을 주 기도 했는데, 그것은 김구의 며느리인 안미생이 변통해서 챙겨주었던 것이다.

식사 때는 따로 상을 봐서 김구가 거처하는 2층에 올려다 주었다. 직원들은 아래층 식당에서 따로 식사를 했다. 경제적으로 어렵다 보 니 김구에게는 쌀밥을 들게 하고, 직원들은 보리밥을 먹었다. 김구는 이런 사실에 대해 전혀 알지 못했다. 그러던 어느 날 아래층 식당으로 내려온 김구가 우연히 직원들이 식사하는 것을 보게 되었다. 그들은 보리밥을 먹고 있었다.

"아니, 자네들은 왜 보리밥을 먹고 있는가?"

그러자 직원들은 보리밥이 좋아서 먹는다고 말했다. 하지만 김구는 그들이 하는 말을 믿지 않았다. 그들은 자신에게 걱정을 끼치고 싶지 않아서 그런다는 걸 눈치로 알았던 것이다.

"그래? 그럼 나도 내일부터는 식당에서 같이 먹겠네."

"선생님, 그러면 저희들이 불편해서 안 됩니다."

"아닐세. 나도 함께 먹겠네."

김구의 말에 직원들도 더 이상 어찌할 수가 없었다. 그날 이후 김구는 아래층 식당에서 직원들과 함께 식사를 했다. 그러나 직원들이 하도 만류를 하는 바람에 떠밀리다시피 다시 2층에서 식사를 했다고 한다.

김구의 어진 성품을 잘 알게 하는 또 다른 얘기이다. 김구가 세 번째 투옥으로 서대문감옥에 있을 때였다. 7~8명을 수용하는 감방에 무려 37명에서 48명까지 수감했다. 몸을 움직이기도 힘든 최악의 환경이었다.

그러던 어느 날 잠을 자는 중 오줌을 누던 사람의 실수로 오줌이 담긴 오줌통이 떨어지는 바람에 김구를 비롯해 다른 수형자들이 잠에서 깨어나 난리법석을 떨었다. 다른 수형자들은 오줌통을 떨어뜨린 사람을 향해 온갖 욕설과 악담을 퍼부어댔지만, 김구는 별말 없이 얼굴과 몸에 묻은 오줌을 쓱쓱 닦고는 다시 누워 잤다.

이 두 가지 일화에서 보듯 김구는 자신의 신분 따위는 별다르게 생각하지 않고, 직원들의 입장에서 생각하고 행동했다. 다시 말해 경제적으로 어려워 직원들은 보리밥을 먹는데 자신 혼자서만 쌀밥을 먹을 수 없었던 것이다. 그것은 인간에 대한 도리가 아니라고 여겼던 것이다. 자신의 입도 직원들의 입도 다 똑같은 입이라고 생각했다.

김구가 이처럼 할 수 있었던 것은 직원들이 단지 자신이 부리는 아랫사람이 아니라, 고귀한 인격을 가진 존재, 즉 자신과 같이 동등한 존재라고 생각했던 것이다. 또한 오줌을 뒤집어썼지만, 아무렇지도 않게 여기고 담담할 수 있었던 김구의 행동은 대인만이 할 수 있는 행동이 아닐 수 없다. 그렇다. 이는 인간에 대한 어진 마음과 진실한 사랑 없이는 할 수 없는 행동이다. 이처럼 김구는 사람들을 사랑하고 존중했음을 알 수 있다.

동서양 어디든 덕은 반드시 갖춰야 할 인간의 품성이다. 그런 까닭에 동서양의 존경 받는 성현들은 하나같이 덕망을 갖춘 사람들이었다는 것을 알 수 있다. 덕은 스스로를 존경받게 하는 성품이다. 덕망 있는 사람이 되기 위해 몸과 마음을 닦은 일에 소홀함이 없어야겠다.

도道는 우물과 같다

도道는 우물과 같아
아무리 써도 마르지 않는다.
또한 깊고 그윽해
거기서 만물이 나온다.

_ 도덕경 02

도道란 사람이 마땅히 지켜야 할 이치를 말한다. 사람이 도를 반드시 갖추고 지켜 행해야 하는 것은, 그것은 사람에게는 하나의 의무와도 같기 때문이다. 그래서 도를 지켜 행하는 사람은 어딜 가든 칭찬의 대상이 될 뿐 비난을 사거나 척을 지는 일이 없다.

그러나 도를 갖추지 않으면 제멋대로 행동하게 되고, 어딜 가든 사람들에게 비난의 대상이 된다. 그래서 도를 행하는 것은 매우 중요하다. 도를 행하고 아니 행하느냐에 따라 그 사람의 품격이 달라지기 때문이다.

도 충 이 용 지 혹 불 영 연 혜 사 만 물 지 종
道沖而用之 或不盈 淵兮似萬物之宗

노자는 이르기를 '도는 비어 있으나 아무리 사용해도 늘 가득 차 있고 넘치지 않도록 해 준다. 또한 깊고 그윽해 거기서 만물이 나온다'라고 했다. 이를 비유하자면 도는 '우물'과 같다고 할 수 있다. 우물은 늘 물이 고여 있어 아무리 물을 퍼 써도 늘 일정한 양의 물을 유지하고 있다. 도 역시 아무리 행해도 여전히 도는 그 사람의 마음속에 남아 있다. 그런 까닭에 도는 심지心地에서 솟아나는 '영혼의 우물'이라고 할 수 있다.

도는 공자에게 있어서도 별반 다르지 않다. 공자의 사상의 핵심은 '인仁'이다. 어질다는 것은 무엇을 말하는가. 즉 도를 갖춰 행한다는 의미이다. 그래서 어진 사람은 사람의 도리를 지켜 행함에 부족함이 없다. 공자는 이를 세 가지 관점에서 말한다. 첫째, 개인적인 관점에서는 사람으로서 마땅히 행해야 하는 것으로써, 둘째, 사회적 관점에서는 사회적 윤리, 즉 사회의 질서를 의미했으며, 셋째는 사람과 사회에서의 조화와 어울림을 의미한다. 이를 좀 더 부연한다면 사람과 사람 사이를 균형 있게 하기 위해서는 조화로운 어울림은 반드시 필요하다. 또한 사회가 균형을 갖추기 위해서는 역시 조화로운 어울림이 반드시 따라야 한다는 점에서 그러하다고 하겠다.

그런데 인仁은 이 세 가지를 다 포함하는 의미를 담고 있어 도와 다름없다고 할 수 있다. 그러니까 도를 갖추게 되면 어질게 되고, 어질면 그 안에 도가 자리하고 있다고 하겠다. 이렇게 볼 때 도는 인간이 삶을 살아가는 데 있어 얼마나 중요한 핵심 마인드인지를 잘 알게 한다.

그렇다면 도는 어떻게 길러지는가. 그것은 몸과 마음을 닦는 수행을 통해서 길러진다. 책을 읽어 견문을 넓히고, 묵상과 기도를 통해 마음을 맑게 정화하고, 실생활에서 그것을 실행에 옮김으로써 습관이 되도록 해야 한다. 이렇게 해서 길러진 도는 그 사람에게 있어 삶의 등불과도 같다. 도를 행함으로써 이치를 따르게 되고, 이치에 따라 삶으로써 결국 도를 높이 쌓은 결과를 얻게 된다. 그래서 이는 우물이 마르지 않는 것처럼 도道 또한 마르지 않고 계속 행하게 되는 것이다. 노자가 도를 우물과 같다고 한 것은 바로 여기에 그 뜻이 있는 것이다.

고대 그리스 철학자인 아리스토텔레스는 이른바 '인간은 사회적 동물이다'라고 말했는데, 사람이 사회적인 동물로 잘 살아가기 위해서 '도'는 반드시 필요하다. 그래야 사회질서를 균형 있게 유지시킴으로써 행복을 추구하는 데 도움이 되기 때문이다.

그렇다. 도는 인간이 반드시 갖춰야 할 기본 마인드이며 윤리와 같다. 자신의 삶을 윤택하게 하기 위해서는 도를 기르는 일에 소홀함이 없어야겠다.

도道의 이로움

아름다운 음악과 맛있는 음식은 사람들의 발길을 멈추게 한다.
그러나 도를 가르침은 담담해 재미가 없다.
눈을 만족시키지도 못하고, 귀를 즐겁게 해주지도 못한다.
하지만 이롭기로는 끝이 없다.

_ 도덕경 03

세상에서 사람들의 흥미를 끄는 것들은 하나같이 재밌고, 특별하고, 욕구를 지니게 한다. 아름다운 그림, 멋진 음악, 예쁜 옷, 액세서리, 재미난 영화, 게임, 스포츠 등 하나 같이 흥미를 주기에 손색이 없는 것들이다. 그러나 이런 것들은 자칫 사람을 유혹으로 이끌기도 한다. 사람들 중엔 이런 것들을 소유하고 싶은 욕망에 사로잡혀 잘못된 길로 걸어가곤 한다. 그것이 자신에게 불행이 된다는 사실조차 모른다. 사람들을 흥미롭게 하고, 관심을 집중하게 하는 것들로부터 자신을 지킬 수 있어야 한다. 그래야 진정 행복과 즐거움을 알고 즐길 수 있기 때문이다.

그러나 우리의 몸과 영혼을 맑게 하는 기도와 사색, 도를 쌓는 일 등은 재미도 없고 별로 흥미롭지도 못하다. 막상 시도를 해보지만, 시작하고 얼마 되지 않아 중도에서 포기하는 경우가 많다. 왜 그럴까. 자신의 마음을 맑게 하고 정신을 바르게 하는 것은 하나같이 재미도 없고, 흥미를 주지 못하기 때문이다. 그러나 이런 것들은 몸과 마음을 탄탄히 해주고, 바른길을 걸어가도록 빛이 되어 준다.

낙 여 이 과 객 지 도 지 출 우 담 호 기 무 미
樂與餌 過客止 道之出口 淡乎其無味

시 지 부 족 견 청 지 부 족 문 용 지 부 족 기
視之不足見 聽之不足聞 用之不足旣

이는 노자가 한 말로, '아름다운 음악과 맛있는 음식은 사람들의 발길을 멈추게 한다. 그러나 도를 가르침은 담담해 재미가 없다. 눈을 만족시키지도 못하고, 귀를 즐겁게 해주지도 못한다. 하지만 이롭기로는 끝이 없다'라는 의미이다.

옳은 말이다. 누구나 다들 공감할 것이다. 몸에 좋은 약은 쓰다. 그러나 몸에 해가 되는 것은 달다. 쓴 것이 싫다고 외면하면, 몸을 이롭게 할 수 없다. 하지만 단것이 좋다고 마구 섭취하다 보면 몸을 병들게 하고, 피폐하게 만든다.

도道란 정신을 맑게 하고, 몸과 마음을 바르게 하는 빛과 같다. 도의 빛이 스스로를 비치게 하여, 정신과 마음과 몸을 맑게 하도록 노력해야 한다. 도는 종교인들이나 수행자만이 하는 것이 아니다. 누구나 기도하고 사색을 통해 몸과 마음을 맑게 할 수 있다. 특히 사색은 누구나 쉽게 할 수 있는 정신을 강화시키는 운동이다. 또한 사색은 마음을 맑게 하는 세심의 수단으로 아주 유용하다. 사색의 중요성에 대해 슈

바이처는 다음과 같이 말했다.

"사색을 포기하는 것은 정신적 파산선고와 같은 것이다."

슈바이처의 말에서 알 수 있듯 사색은 반드시 필요하다는 것을 알 수 있다. 그것은 곧 정신적 파산 즉 정신적으로 약화됨으로써 옳고 그름을 가리지 못하고, 그로 인해 잘못된 인생을 살아가게 되기 때문이다. 이처럼 사색은 수행자가 도를 닦는 것처럼 보통 사람들이 몸과 마음을 맑게 하는 최선의 수단인 것이다.

그렇다. 도가 우리의 삶에 이로움을 주듯, 도를 닦듯 사색하는 것은 곧 도를 닦는 것과 다름없다. 늘 몸과 마음을 맑고 밝게 하라.

물처럼 살라

최상의 선은 물과 같은 것이다.
물은 만물에 이로움을 주지만 다투는 일이 없고,
모두가 싫어하는 곳에 처한다.
그런 까닭에 물은 도에 가깝다.

_도덕경 04

上善若水 水善利萬物而不爭 處衆人之所惡 故幾於道

이는 '최상의 선은 물과 같은 것이다. 물은 만물에 이로움을 주지만 다투는 일이 없고, 모두가 싫어하는 곳에 처한다. 그런 까닭에 물은 도에 가깝다'라는 뜻이다.

'물'은 노자사상에서 주요 핵심요소이다. 물은 자연의 순리를 거스르지 않고 높은 곳에서 낮은 곳으로 흐르며, 흐르다 막히면 돌아 흐르고, 틈이 있으면 그 틈으로 흐른다. 그리고 틈도 없고, 돌아 흐르는 길도 없으면 물이 차면 넘쳐흐른다. 물은 자연을 거슬러 억지로 행하지 않는다.

어디 그뿐인가. 사람에게도, 나무에게도, 꽃에게도, 동물에게도 살아 있는 것은 그것이 무엇이든 생명수가 되어준다. 이처럼 물은 사람과 자연, 모든 만물을 가리지 않고 품고 보듬어 준다. 그리고 물은 낮은 곳에 몸을 두는 속성이 있다. 그런 까닭에 노자는 물을 도道와 같다고 했다.

평생을 조국을 떠나 인도 빈민가에서 사랑을 실천하며 살았던 마더 테레사 수녀. 그녀는 노자의 관점에서 볼 때 물과 같은 삶을 살았다. 150센티미터 작은 체구의 그녀가 타인을 위해 살았던 것은 그녀의 믿음에 따른 신념에 의해서다. 그녀의 삶은 한 마디로 '헌신'이라고 할 수 있다.

그녀의 삶은 모든 생명이 살아가는 데 꼭 필요한 물처럼, 가난하고, 병들고, 하루하루를 힘겨워하는 사람들에게는 물과 같았다. 그녀가 내어주는 사랑의 물은 그들에겐 생명이며 목숨이었던 것이다.

의사로서, 음악가로서, 신학자로서 편안하고 안락하게 살 수 있는 삶을 내려놓고 아프리카 열사의 땅에서 헌신적인 삶을 살았던 알버트 슈바이처. 그의 삶이 남다른 것은 사랑과 헌신을 덕목으로 삼는 성직자와 달리 의사로서 헌신했다는 점이다. 그 역시 노자의 관점에서 볼 때 물과 같은 사람이었다.

이태석 신부는 의사로서 아프리카에서 열정적인 사랑을 실천하며 살았다. 부모, 형제가 있는 조국을 떠나 얼굴빛이 다르고, 언어가 다른 가난하고 병든 이들에게 사랑의 손을 내밀어 희망을 심어준 그의 헌신은 사랑 그 자체였다. 더구나 그는 자신의 몸이 병들어 하루하루 죽어가고 있는 가운데서도 자신보다는 타인을 더 사랑했다는 데 의미가 크다. 그 역시 노자의 관점에서 볼 때 물과 같은 사람이었다.

누구나 마더 테레사 수녀와 슈바이처와 이태석 신부처럼 살 수는 없다. 그들의 삶은 아무나 살 수 없는 거룩한 삶이기 때문이다. 하지만 그들처럼은 아니지만 그들의 행했던 사랑과 봉사를 하며 살 수는 있다. 다만 의지와 신념의 문제일 뿐이다. 물처럼 살 수 있다면 그것이야말로 진정한 성공이라고 할 수 있다. 그만큼 힘든 삶이 물처럼 살아가는 것이기 때문이다. 그러나 할 수만 있다면 거칠고 메마른 땅을 촉촉이 적셔 생명을 품게 하는 물처럼 살아야 한다. 그것은 인간이기에 할 수 있는 일이며, 도리이기 때문이다.

'물처럼 살라.'

이 다섯 글자를 마음에 새겨 인간적인 삶을 망각하지 않고 사는 물과 같은 우리가 되어야겠다.

싸우지 않고 적을 이기는 법

홀륭한 장수는 무력을 쓰지 않고
잘 싸우는 사람은 감정에 치우쳐 공격하지 아니하며,
맞붙어 싸우지 않고 적을 이긴다. 사람을 잘 쓰는 자는 스스로를 낮춘다.
이를 일러 다투지 않는 덕이라 하고, 이를 일러 사람 씀의 능력이라 한다.
이를 일러 하늘과 짝함이라 하는데 예로부터 내려오는 지극한 원리이다.

_ 도덕경 05

손무孫武가 쓴 고대 중국 병법서인 《손자병법孫子兵法》에 '지피지기 백전불태 知彼知己 百戰不殆'라는 말이 있다. 적을 알고 나를 알면 백 번 싸워도 위태롭지가 않다는 말이다. 즉 싸움에 있어 적을 알고 나를 안다는 것은, 그만큼 중요하다는 것을 잘 알게 한다. 노자 또한 싸우지 않고 적을 이기는 법에 대해 이렇게 말했다.

선위사자불무 선전자불노 선승적자불여 선용인자위지하
善爲士者不武 善戰者不怒 善勝敵者不與 善用人者爲之下

시위부쟁지덕 시위용인지력 시위배천고지극
是謂不爭之德 是謂用人之力 是謂配天古之極

이는 '훌륭한 장수는 무력을 쓰지 않고, 잘 싸우는 사람은 감정에 치우쳐 공격하지 아니하며, 맞붙어 싸우지 않고 적을 이긴다. 사람을 잘 쓰는 자는 스스로를 낮춘다. 이를 일러 다투지 않는 덕이라 하고, 이를 일러 사람 씀의 능력이라 한다. 이를 일러 하늘과 짝함이라 하는데 예로부터 내려오는 지극한 원리이다.'라는 뜻이다.

　노자의 말에서 알 수 있듯 훌륭한 장수는 무력을 쓰지 않고도 적을 이기고, 잘 싸우는 사람은 감정에 치우치는 법이 없다. 감정에 치우치다 보면 이성을 흐리게 되고. 결국엔 패한다는 것은 잘 알기 때문이다. 또한 자신을 낮추는 바 이를 다투지 않는 능력이라 하고, 아랫사람을 잘 부림으로써 적을 이길 수 있는 능력이 뛰어나다.

　임진왜란 때 노량해전, 명량해전 등 모든 전쟁에서 승리를 거둔 이순신 장군의 승전은 세계전쟁사에도 유일무이하다. 그야말로 전쟁의 귀재였다. 이순신이 전승을 거둘 수 있었던 비결은 무엇일까.

　첫째, 이순신은 전쟁이 일어나기 전에 전함을 만들고, 거북선을 만들고, 군량미를 비축하고, 군사훈련을 하는 등 미리미리 군비에 열정을 쏟았다. 유비무환의 정신이 투철했기 때문이다. 둘째, 매사를 이성적으로 생각하고 판단했다. 이순신의 이성적인 판단은 한 치에 어긋남이 없었다. 감정에 치우치다 보면 자칫 실수를 범하는 오류를 낳는다는 것을 잘 알았다. 셋째, 엄격하게 신상필벌信賞必罰을 지켰다. 공이 있는 자에게는 그 공에 맞는 처우를 해주고, 잘못을 하는 자는 그가 누구라 할지라도 그에 따르는 벌을 내려 다시는 같은 잘못을 하지 못하게 했다. 넷째, 장졸들을 대할 땐 어질게 대하고, 인격적으로 대해주었다. 장졸들은 그런 이순신의 행함에 절대적으로 그를 따르고 존경했다. 다섯째, 몸과 마음을 단정히 하여 스스로 흐트러짐을 경계하고, 애국애족愛國愛族의 마음을 잃지 않았다.

이순신이 하는 전쟁마다 승리를 할 수 있었던 요인을 다섯 가지로 정리해 보았다. 이순신은 이 다섯 가지를 철저하게 이행함으로써 전쟁에서 이길 수 있었던 것이다. 싸우지 않고 적을 이긴다는 것은 바로 이를 두고 하는 말이다. 물론 전쟁을 벌이지 않은 적은 없다. 하지만 하는 전투마다 아군의 손실을 최소화했던 것이다. 반면에 왜군의 피해는 처참할 정도로 막대했다. 이는 곧 싸우지 않고 적을 이긴 거나 다름없다고 하겠다.

이는 개개인의 삶에 있어서도 마찬가지다. 지혜로운 사람은 자신을 알고 상대를 알기에 절대 지지 않는다. 하지만 무지無智한 사람은 자신도 모르고 상대도 모르기에 질 수밖에 없다. 그렇다. 자신이 하는 일을 잘 하고 싶다면, 자신이 하고자 하는 일을 잘 알 수 있도록 준비해야 한다. 그렇게만 할 수 있다면, 큰 힘을 들이지 않아도 능률적으로 잘 해낼 수 있다.

이를 늘 마음에 새겨 실천하는 우리가 되어야겠다.

바른 마음가짐을 지닌 사람

발꿈치를 들고 까치발로 서 있는 사람은 오래 서 있지 못하고,
다리를 크게 벌리고 걷는 사람은 오래 걷지 못한다.
똑똑한 척하는 사람은 환함이 없고, 잘난 척하는 사람은 남이 알아주지 않는다.
뽐내는 사람은 칭찬받지 못하고, 교만한 사람은 크게 성장하지 못한다.

_도덕경 06

아무리 지위가 높고, 태산 같은 부를 지니고 있고, 명예가 드높다 해
도 마음가짐이 반듯하지 않으면 좋은 평가를 받지 못한다. 이러한 외
적인 조건은 단지 외적인 조건일 뿐이다.

반듯한 성품, 높은 도덕심, 상대의 마음을 사로잡는 배려심 등은 내
면이 잘 닦여있을 때만 가능하다. 이를 내적인 조건이라고 하는데, 이
는 천성적으로 지니는 품성일 수도 있다. 하지만 이는 마음을 갈고닦
음으로써 얻게 되는 수양의 결과이다.

기 자 불 립 과 자 불 행 자 견 자 불 명 자 시 자 불 창
企者不立 跨者不行 自見者不明 自是者不彰

자 벌 자 무 공 자 긍 자 부 장
自伐者無功 自矜者不長

이는 '발꿈치를 들고 까치발로 서 있는 사람은 오래 서 있지 못하고, 다리를 크게 벌리고 걷는 사람은 오래 걷지 못한다. 똑똑한 척하는 사람은 환함이 없고, 잘난 척하는 사람은 남이 알아주지 않는다. 뽐내는 사람은 칭찬받지 못하고, 교만한 사람은 크게 성장하지 못한다.'는 뜻이다. 이는 바른 마음을 지녀야 함을 의미하는 바, 노자는 바른 마음을 왜 지녀야 하는지에 대해 역설적으로 말한다. 이를 몇 가지로 나눠 분석해 보는 것도 매우 의미 있는 일이라고 하겠다.

첫째, 발꿈치를 들고 까치발로 서 있는 사람은 오래 서 있지 못한다. 까치발로 서 있게 되면 바닥에 닿는 발바닥의 부분이 적어 무게 중심이 약해 오래 서 있을 수가 없다. 오래 서 있기 위해서는 발바닥 전체를 바닥이 닿게 하고 서 있어야 한다.

둘째, 다리를 크게 벌리고 걷는 사람은 오래 걷지 못한다. 보폭을 크게 벌리고 걷게 되면 처음 얼마간은 그 상태로 걸을 수 있다. 하지만 곧 걸음을 멈추게 된다. 넓은 보폭으로 인해 다리가 아파 무리가 따르기 때문이다. 오래 걷기 위해서는 자신에게 가장 잘 맞는 보폭으로 걸어야 한다. 그래야 무리가 따르지 않아 오래 걸을 수 있다.

셋째, 똑똑한 척하는 사람은 환함이 없고, 잘난 척하는 사람은 남이 알아주지 않는다. 똑똑한 척하는 사람은 실제에 있어 아는 것이 부족하다. 그 부족함을 감추고 자신을 드러내려고 하니 무의식중에도 자신의 실체가 드러날까 봐 표정을 감출 수가 없다. 또 잘난 척하는 사람은 사람들에게 거부감을 준다. 그래서 사람은 대개 이런 사람을 무시하는 경향이 있다.

넷째, 뽐내는 사람은 칭찬받지 못하고, 교만한 사람은 크게 성장하지 못한다. 자신을 뽐내는 사람을 자신을 돋보이게 하기 위해 과대 포장을 하는 경향이 있다. 그런 까닭에 칭찬을 받기는커녕 불신을 사고 비판을 받게 된다. 교만한 사람은 버릇이 없고 예의가 없어 반감을 주기에 충분하다. 그래서 교만한 사람은 사람들로부터 외면 받기 십상이다. 그런 이유로 크게 성장하는 데 제약이 따르는 것이다.

노자의 말에서 보듯 이런 성품을 지닌 사람은 마음 자세가 제대로 갖춰져 있지 않아 내면이 탄탄하지 못하다. 그러다 보니 부정적인 모습을 사람들에게 보이게 됨으로써, 거부감을 주게 되고 부정적인 평가를 받게 된다.

바른 마음을 기르기 위해서는 헛된 생각을 멀리하고, 일일삼성—日三省이란 말이 있듯, 하루에도 몇 번씩 자신을 살핌으로써 잘못한 것은 반성하여 바로잡아야 한다. 또 마음을 어질게 하는 일에 힘쓰고, 마음을 어지럽히는 부정적인 것엔 눈길을 주지 말아야 한다.

이처럼 몸과 마음을 닦는 일에 열의를 갖고 행하면, 바른 마음을 갖게 되는 자신을 발견하게 될 것이다.

진실로 고귀한 사람

상덕, 즉 자연스럽게 도를 따르는 사람은 고귀한 품성을 지니게 된다.
그런데도 자신을 고귀하다 여기지 않는다.
그러기 때문에 자연스럽게 도를 따르는 사람은 진실로 고귀한 것이다.
그러나 하덕, 즉 도에 따라 살려고 노력하는 사람은
고귀한 품성을 잃지 않으려고 노력한다.
하지만 그것은 덕을 잃지 않으려고 하기에 진정 고귀한 것이 아니다.
_ 도덕경 07

상 덕 부 덕 시 이 유 덕 하 덕 부 실 덕 시 이 무 덕
上德不德 是以有德 下德不失德 是以無德

　　이를 직역하면 '최상의 덕은 덕이라고 하지 않기에 덕이 있다. 최하
의 덕은 덕을 잃으려 하지 않기에 덕이 없다'라는 뜻이다. 이를 의역
하면 상덕은 도道를 따르는 사람이라고 할 수 있는 바, 그런 까닭에 상
덕, 즉 자연스럽게 도를 따르는 사람은 고귀한 품성을 지니게 된다.
그런데도 자신을 고귀하다 여기지 않는다. 그러기 때문에 자연스럽게
도를 따르는 사람은 진실로 고귀한 것이다. 그러나 하덕, 즉 도에 따
라 살려고 노력하는 사람은 고귀한 품성을 잃지 않으려고 노력한다.
하지만 그것은 덕을 잃지 않으려고 하기에 진정 고귀한 것이 아니다'
라고 할 수 있다.

노자의 말에서 보듯 그는 자연스럽게 도를 따르면 고귀한 품성을 지니게 된다고 했다. 여기서 '자연스럽게'라는 말은 매우 큰 의미를 지닌다. 이는 순리를 따르는 무위자연無爲自然의 삶이기 때문이다. 인위人爲를 가하지 않는 삶은 순수성을 내포하는 고결한 삶이다. 그런 까닭에 이런 삶을 사는 사람은 자신을 고귀하다 여기지 않는다. 왜 그럴까. 그런 삶 자체를 당연한 것으로 여기는 까닭이다.

반면에 도에 따라 살려고 노력하는 사람은 고귀한 품성을 지니려고 하지만, 그것은 진정 고귀한 것이 아니라고 노자는 말했다. 왜 그럴까. 도에 따라 노력하는 것은 인위적이기 때문이다. 물론 그렇다고 해서 이것이 잘못됐다는 것은 아니다. 이처럼 산다는 것 또한 범인凡人으로서는 살기 힘든 일이다. 하지만 이런 노력조차 하지 않는 사람이 대부분이다. 이렇게 행한다는 것은 많은 인내와 노력이 따르기 때문이다.

앞의 노자의 말대로 산다는 것은 보통 사람들에게는 높고 깊은 수행과도 같다. 그럼에도 그렇게 사는 것이야말로 참다운 인간의 삶인 것이다.

조선시대 청백리이자 가장 덕망 있는 인물로 존경받았던 황희 정승. 그는 어진 인품과 청빈함의 상징이었다. 그의 어짊은 타고난 것으로 마치 물과 같았다. 억지로 하거나 꾸미지 않는 자연스러운 도道를 행함과 같았다. 황희의 어진 성품을 잘 알게 하는 이야기이다.

모처럼 그가 집에서 쉬고 있을 때였다. 피곤한 몸을 누인 채 깜빡 낮잠에 빠져들었는데, 덜그럭거리는 소리에 눈을 떠보니 선반 위 접시

에 있던 배를 두 마리의 쥐가 옮기고 있었다. 그 모습이 하도 신기해
지 그시 바라보다 다시 잠이 들었다. 얼마나 잤을까. 그는 밖에서 여종
이 야단맞는 소리에 그만 잠이 깨고 말았다. 무슨 잘못을 했는지 부인
이 따끔하게 야단을 치고 있었다.

"여러 정황으로 보아 네 짓이 분명하구나."

"마님, 정말이지 제가 한 짓이 아닙니다."

"네 짓이 아니라고? 그러면 선반에 있던 배가 어디로 갔단 말이냐?"

"저는 모르는 일입니다. 마님, 믿어 주세요."

여종은 자신이 한 짓이 아니라며 울면서 말했다.

"안 되겠구나. 따끔한 맛을 봐야 네가 실토를 하겠구나."

황희 정승의 부인은 말이 끝나기가 무섭게 매를 들었다. 여종은 매
질을 당하면서도 자신의 결백을 주장했다. 황희는 안 되겠다 싶어 자
리에서 일어나 밖으로 나갔다. 그때 여종의 목소리가 들려왔다. 여종
은 매를 견디지 못하고 자신이 한 짓이라며 거짓으로 잘못을 고백하
고 있었다.

"부인, 어찌 자세히 알아보지도 않고 매를 대시오. 매가 죄인을 만
드는 법이오."

황희는 이렇게 말하며 자신이 잠결에 본 것을 부인에게 말해 여종
의 억울함을 풀어 주었다. 그는 이 일을 통해 매가 사람을 죄인으로
만든다는 것을 깨달았다. 그는 입궐해 자신이 겪은 일을 세종대왕에
게 아뢰고, 옥에 갇힌 죄인들 중에 죄가 확실하지 않은 자들의 방면을
주청했다. 세종대왕은 그의 주청을 받아들여 죄목을 재조사하여 죄목

이 확실하지 않은 자들을 방면해 주었다. 이처럼 황희는 집에서 일하는 노비들에게도 함부로 하지 않았으며, 노비의 자식들에게는 어진 할아버지와도 같았다. 노비의 어린 자식들이 황희의 수염을 잡아당겨도 "허허, 이놈이 할아버지 수염을 잡아당기네"라고 말하며 마치 친손자 대하듯 했다.

황희의 일화에서 보듯 그는 반상班常의 차별이 엄격하기로 유별有別한 조선시대에도, 아래 사람들이나 노비들까지 어진 성품으로 대해 주었다. 이는 노자가 말한 "자연스럽게 도를 따르는 사람은 고귀한 품성을 지니게 된다. 그럼에도 자신을 고귀하다고 여기지 않는다"라는 말과 같이 고귀한 품성을 지녔다. 그럼에도 자신을 고귀하다 여기지 않았던 인격자였다. 진실로 고귀한 사람이 되기 위해서는 높은 덕을 쌓아야만 한다. 덕의 향기를 풍기며 사는 것, 그것이야말로 말로 진정한 인격자인 것이다.

진실로 가장 강한 것

세상에서 가장 부드러운 것이 가장 단단한 것을 녹이고 부술 수 있다.
형태가 없는 것은 틈이 없는 곳으로 들어갈 수 있다.
이로써 나는 억지로 하지 않는 것이 얼마나 큰 힘이 있는지를 안다.
말을 하지 않는 가르침과 무위의 삶의 유익함의 예로
이 세상에서 물을 따를 만한 것은 없다.

_ 도덕경 08

천 하 지 지 유 치 빙 천 하 지 지 견 무 유 입 무 간
天下之至柔 馳騁天下之至堅 無有入無間

오 시 이 지 무 위 지 유 익 불 언 지 교 무 위 지 익 천 하 희 급 지
吾是以知無爲之有益 不言之敎 無爲之益 天下希及之

이는 '세상에서 가장 부드러운 것이 가장 단단한 것을 녹이고 부술
수 있다. 형태가 없는 것은 틈이 없는 곳으로 들어갈 수 있다. 이로써
나는 억지로 하지 않는 것이 얼마나 큰 힘이 있는지를 안다. 말을 하
지 않는 가르침과 무위의 삶의 유익함의 예로 이 세상에서 물을 따를
만한 것은 없다'는 의미이다.

노자의 말의 말에서 보듯 진정 부드러운 것이 가장 강하다는 것을
잘 알게 한다. 물은 부드러울 땐 한없이 부드럽다가도, 한 번 화가 나면
집도, 다리도, 자동차도, 나무도 심지어는 사람까지도 한순간에 다 집어

삼킨다. 홍수가 무서운 것은 한순간에 무엇이든 다 휩쓸어버린다는 데 있다.

'물'은 노자사상의 핵심 주체로써 '부드러움'과 '순리'의 대명사이다. 풀은 어떠한가. 풀 또한 부드러움에 있어 물 못잖다. 강풍이 휘몰아치거나 태풍이 불 때 아름드리나무는 뿌리가 뽑히거나 부러져도 풀은 뿌리가 뽑히거나 부러지지 않는다. 바람이 불어오는 방향으로 몸을 굽혀 바람의 저항을 최대한 적게 받는다. 하지만 아름드리나무는 굽힐 줄을 모른다. 바람의 폭력 앞에 속수무책이다. 그리고 종내는 부러지거나 뿌리째 뽑히고 만다.

사람도 이와 다르지 않다. 그런데 사람들은 이 평범한 진리를 알지 못한다. 설령 안다고 해도 잊고 지낸다. 그저 단단하고 강해야만 진짜 강하다고 생각한다. 그러다 보니 자신을 강하게 보이려고 포장을 하기도 한다. 그것은 자신의 이미지를 떨어트리고, 상대에게 불신을 사게 하는 어리석은 행위에 불과하다.

진정으로 강한 사람은 덕을 갖춘 사람이다. 덕을 지닌 사람은 어질고 부드럽다. 그래서 억지로 자기를 강하게 포장하지 않는다. 덕으로 사람을 대함으로써 상대방으로 하여금 몸을 굽히게 만든다.

임진왜란 때 이순신 장군과 신립 장군은 명장으로서 크게 활약을 했다. 그런데 이 둘은 같은 점도 있지만 다른 점이 더 컸다. 이순신은 덕을 갖춘 부드러움과 강함을 동시에 지닌 장군이었다. 그는 강할 땐 누구보다도 강하고, 부드러울 땐 누구보다도 부드러웠다. 이순신은 덕장德將으로 상황에 맞게 부드러움과 강함을 조절할 줄 알았다. 이순신이 임진왜란을 전승으로 이길 수 있었던 것은 바로 순응의 법칙, 즉 조화로움을 잘 적용시켰기 때문이다.

그러나 신립 장군은 달랐다. 그는 온성부사로 있을 때 조선을 침입한 여진족 추장 니탕개를 물리치고 6진을 보존한 용맹한 장수로 이름이 높았다. 그로 인해 선조의 신임을 얻고 조정의 지지를 받았다. 하지만 그는 용맹한 반면 부드럽지 못한 편이었다. 이를 잘 알게 하는 일화이다.

서애 류성룡은 신립에게 물었던 적이 있다.

"변란이 곧 있을 것 같은데 장군이 이를 맡아야 할 것이네. 장군은 왜군을 어떻게 생각하는가?"

"두려울 것이 없습니다."

신립은 곧장 이렇게 말했다. 이에 류성룡이 말했다.

"그렇지 않다고 생각하네. 전에는 왜가 간단한 무기만 가졌지만, 지금은 조총을 가지고 있질 않은가?"

"조총을 가지고 있다고 하나 어찌 다 맞출 수 있겠습니까?"

"나라가 오랫동안 평안하여 병사들이 겁약하니 변란이 일어나면 힘들 것이네. 내 생각으로는 수년 후에 사람들이 훈련이 잘 되어도 변란이 나면 막을 수 있을지 심히 우려된다네."

류성룡은 신립의 말에 이리 말했지만 신립은 도무지 알아듣지 못했다고 한다. 이는 무엇을 말하는 걸까. 신립 장군이 우매하고 어리석어서가 아니라 지나치게 자신을 과신했다는 데 있다. 결국 그는 탄금대에서 배수진을 쳤으나 왜군에게 패해 자결하고 말았다.

이순신과 신립의 차이는 바로 이것이다. 이순신은 덕장으로 부드러움과 강함을 잘 적용시킬 줄 알았지만, 신립은 자신의 강함에만 너무 의존한 것이다. 이의 경우를 보더라도 부드러움이 강함을 이긴다는 걸 알 수 있다. 그러니 진실로 강한 것은 단단한 것이 아니라, 부드러움 속에 감춰진 강함인 것이다.

사람에게 있어 덕은 물과 같은 것이다. 그래서 덕을 갖춘 사람은 어디에나 적응하고, 자신을 거기에 맞출 줄을 안다. 그러다 보니 그를 낮춰보거나 무시하는 사람이 없다.

덕은 어질고, 유유하고, 순리적이며 따뜻하다. 그런 까닭에 가장 강한 사람은 덕을 지닌 사람인 것이다. 그렇다. 물과 풀처럼 부드러운 것이 진정 강하다. 강한 사람이 되고 싶다면 덕을 갖춰야 한다.

자연의 흐름을 따르라

억지로 하려고 하지 않으면서도
모든 것을 하는 자연의 흐름에 따라 움직이면
모든 것이 조화롭게 흘러가게 된다.

_ 도덕경 09

위 무 위   칙 무 불 치
爲無爲 則無不治

이는 '무위하면 다스려지지 않는 것이 없다'라는 뜻이다. 이를 좀 더 구체적으로 의역하면 '억지로 하려고 하지 않으면서도 모든 것을 하는 자연의 흐름에 따라 움직이면 모든 것이 조화롭게 흘러가게 된다'라고 할 수 있다. 이를 한 마디로 함축해서 말하면 '무위자연無爲自然'이라고 할 수 있다.

무위자연이란 '사람의 힘을 가하지 않은 자연'이란 뜻이다. 이를 좀 더 부연하면 인위를 가하지 않고 자연의 순리를 따르는 것을 말한다. 무위자연은 노자사상의 핵심이다. 사람의 일이든 자연의 일이든 억지로 하려고 하면 반드시 무리가 따르게 되는 것은, 자연의 순리를 거역

함에 대한 보상인 것이다.

지금 우리 인류는 절체절명의 위기에 처해 있다. 2020년 들어 발생한 코로나 19로 2년 넘도록 고통 속에 살아가고 있다. 달을 비롯한 화성 등 우주를 여행하고 탐험하는 첨단과학시대에 눈에 보이지도 않는 코로나바이러스로 인해 수백만 명이 죽고, 수억 명이 감염되는 등 그 고통이 이루 말할 수 없다. 감염병이라는 특성 때문에 사람이 모이지 못하는 데서 오는 스트레스가 이만저만이 아니다. 사회적 거리 두기라는 새로운 신조어도 이를 잘 말해주고 있다. 자연히 그러다 보니 영화관이든, 식당이든, 카페든, 헬스클럽이든 사람이 모이는 곳은 그곳이 어디라 할지라도 마음대로 갈 수가 없다.

학교 또한 마찬가지다. 이 모두가 코로나 19 상황에 따라 수시로 방역대책이 바뀌고, 그에 맞게 따라야 하기 때문이다. 그러다 보니 자영업자들을 비롯한 많은 서민들이 장사를 하는 데 제약을 받아 수입이 현저하게 떨어져 빚만 늘어가고 있다. 물론 정부지원정책에 따라 지원을 받곤 하지만 그것은 하나의 형식적인 것에 지나지 않는다. 근본적인 것이 해결되지 않은 까닭이다.

이처럼 전 세계적으로 전 인류가 코로나 19로 고통받는 것은 자업자득인 셈이다. 맑고 아름다운 자연을 물질문명의 발전이라는 명목 아래 인간 마음대로 무자비하게 훼손했으니, 자연인들 배겨날 수 없었던 것이다.

태평양을 비롯한 바다에는 그 크기를 가늠하기 힘든 쓰레기 섬들로 넘쳐나고, 벌목으로 인해 지구의 허파인 원시림들이 파괴되고, 산을 마구 파헤쳐지고, 온실가스로 인한 온난화로 빙하가 녹아내리고 있다. 그로 인해 수시로 해일이 일고, 홍수가 나고, 한파와 뜨거운 열기로 지구가 황폐화되고 있다. 그 여파로 사람들이 재난을 당해 소중한 목숨을 잃고 집과 재산을 잃는 등 혹독한 대가를 치르고 있다. 자연은 인류가 지구상에 등장하기 전부터 있던 주인인데 객인 인간이 함부로 대했으니 얼마나 무지한 인간들이 밉고 눈엣가시처럼 여겨졌을까를 생각하니 그저 유구무언이다.

인류는 코로나 19를 타개하기 위해 백신을 만들어내고, 치료제와 먹는 약을 만들어내는 등 각고의 노력을 기울이지만, 아직까지도 코로나 19를 해결하지 못하고 있다. 우주를 창조한 창조주께서 얼마나 화가 났으면 노여움을 풀지 않을까, 생각하면 어리석은 인간의 하나인 나로서는 그저 죄송할 따름이다.

노자는 그 오래전 인류가 이런 위기에 처하게 될 줄 알았던 것일까. 그랬기에 자연을 거스르지 말라고 했단 말인가 하는 생각이 드니 우리 인간이란 앞을 내다보지 못하고 근시안적인 혜안으로 오직 물질의 욕망을 충족하기 위해 발버둥치는 속물이라 어찌 말하지 않을 수 있으랴. 그저 창조주와 상처를 준 자연에게 용서를 구하고 다시 정상 복구시키는 데 전 인류가 힘을 모아야 한다. 그것이야말로 지금의 난국을 헤쳐 나갈 수 있음은 물론 앞으로 영구히 이어갈 미래를 행복하게 살아가는 유일한 방법이다.

노자는 이르기를 "억지로 하려고 하지 않으면서도 모든 것을 하는 자연의 흐름에 따라 움직이면 모든 것이 조화롭게 흘러가게 된다"고 했는데, 참으로 현명하고 밝은 혜안의 말이 아닐 수 없다. 그렇다. 억지로 하는 것은 인간에게 있어서든, 자연에게 있어서든 옳지 않다. 그것은 삶의 질서를 깨트리는 행위이기 때문이다.

아직도 늦지 않았다. 전 인류가 힘을 합쳐 지금의 어려움을 극복하고, 상처 입은 자연을 원래대로 되돌리는 데 온 힘을 기울여야 하겠다. 이것만이 우리가 살 수 있는 유일한 방법인 것이다.

스스로 만족할 줄 아는 사람이 돼라

스스로 만족할 줄 아는 사람은 부끄러움을 당하지 않는다.
적당한 선에서 멈출 줄 아는 사람은
위태로운 일을 당하지 않으니
오래오래 삶을 누리게 된다.

_도덕경 10

知足不辱 知止不殆 可以長久
지 족 불 욕　지 지 불 태　가 이 장 구

이는 '스스로 만족할 줄 아는 사람은 부끄러움을 당하지 않는다. 적
당한 선에서 멈출 줄 아는 사람은 위태로운 일을 당하지 않으니 오래
오래 삶을 누리게 된다.'는 뜻이다.

스스로 만족하는 사람은 과연 얼마나 될까, 생각해보면 그렇지 않
은 사람보다 훨씬 적다. 스스로 만족해하는 사람이 많은 세상은 사회
에 대한 불평과 불만이 적다. 또한 정부를 불신하거나, 사회를 불신하
거나, 타인을 불신하는 일도 적다. 스스로 만족한다는 것은 부족함이
없는 까닭에 자연히 불평과 불만도 적은 법이기 때문이다. 또한 노자
가 말했듯이 만족할 줄 알면 부끄러움을 당하지 않으며, 적당한 선에

서 멈출 줄 알면 위태로운 일을 당하지 않으니, 오래오래 삶을 누리게 된다는 것을 알 수 있다. 이는 무엇을 말하는가. 한마디로 스스로 만족할 수 있어야 한다는 것이다.

지금 우리 사회는 빈부 간의 심한 격차로 인해 가진 자와 없는 자의 사이에 벽이 처져 있다. 그로 인해 불신으로 가득 차 있고, 불평과 불만이 팽배해 있다. 그러다 보니 자신을 행복하다고 여겨 만족해하는 사람이 적다. 이러니 어찌 스스로를 만족해할 수 있을까. 그렇다면 스스로 만족해하는 삶을 살기 위해서는 어떻게 해야 할까.

스스로 만족하기 위해서는 삶을 긍정적으로 바라보고, 매사를 긍정적으로 여겨야 한다. 긍정적인 생각이 자신을 스스로 행복하다고 여기게 하는 것이다. 이에 대해 '스스로 만족해하는 기준은 무엇인가'라고 생각하는 사람들이 많을 것이다. 하지만 스스로 만족하는 기준은 딱히 정해져 있지 않다. 그것은 어디까지나 사람들마다 스스로 만족해하는 가치의 기준이 다르기 때문이다. 즉, 하나를 가지고도 만족해하는 사람이 있는가 하면, 백을 가지고 있어도 자신을 불행하다고 말하는 이들이 있다.

스스로 만족해하는 삶은 누가 만들어주거나 해결해 줄 수 없다. 스스로 찾아야 하고 스스로 만들어야 한다. 또한 스스로 만족할 수 있는 마음 자세를 지녀야 한다. 이에 대해 중국 춘추전국시대의 사상가인 묵자墨子는 이렇게 말했다.

"만족한 마음을 가질 수 없는 사람은 결코 만족한 생활이란 있을 수 없다."

묵자의 말에서 보듯 만족한 마음을 가져야 그 욕구가 충족되었을 때 만족할 수 있는 것이다.

"당신이 만족을 느낀다면 당신은 가난하더라도 부자일 수 있다. 하지만 당신이 민족을 느끼지 못한다면 당신은 많은 것을 가졌더라도 가난할 수 있는 것이다."

이는 벤저민 프랭클린이 한 말로 만족을 느끼는 것은 결국 그 사람이 어떤 마음을 지니느냐에 달려 있다는 것을 알 수 있다. 그렇다. 스스로 만족하고 못 하고는 많은 것을 가지고 있느냐 없느냐의 문제가 아니라, 만족에 대한 마음의 문제인 것이다. 자신이 진정 행복하게 살고 싶다면 스스로 만족할 줄 아는 사람이 되어야 한다.

자신의 본성本性에 머물라

움직이며 뛰면 추위를 이길 수 있다.
하지만 더위를 이길 수는 없다.
움직이지 않고 가만히 있으면 더위를 이길 수 있다.
하지만 추위를 이길 수는 없다.
몸은 움직이면서도 마음이 움직이지 않는 것이 진정한 고요함이다.
자신의 본성에 머무는 사람만이 이런 고요함을 지킬 수 있다.

_도덕경 11

조 승 한   정 승 열   청 정 위 천 하 정
躁勝寒 靜勝熱 淸靜爲天下正

이는 '조급함은 추위를 이기고, 고요함은 더위를 이긴다. 맑고 고요
함 이것이 세상의 표준이다.'라는 뜻이다. 이를 좀 더 구체적으로 의
역하여 말하자면 '움직이며 뛰면 추위를 이길 수 있다. 하지만 더위를
이길 수는 없다. 움직이지 않고 가만히 있으면 더위를 이길 수 있다.
하지만 추위를 이길 수는 없다. 몸은 움직이면서도 마음이 움직이지
않는 것이 진정한 고요함이다. 자신의 본성에 머무는 사람만이 이런
고요함을 지킬 수 있다.'라고 할 수 있다. 이 말의 의미를 한마디로 함
축하면 '자신의 본성本性에 머물라'고 할 수 있겠다.

사람은 저마다 자신이 지닌 본성이 있다. 본성이란 그 사람이 본디

부터 가진 성질을 말한다. 본성에 따라 그 사람의 이상과 꿈이 결정되기도 하고, 삶에 대한 가치관도 결정된다. 본성은 그 사람의 인생을 결정지을 만큼 중요한 마음이다. 그런데 이런 본성도 자신이 어떻게 하느냐에 따라 변화시킬 수 있다. 물론 그 본성을 다 바꿀 수는 없다. 그것은 타고난 본능이기 때문이다. 하지만 자신에게 부족한 부분이나 자신에게 부정적인 성질은 바꿔야 한다. 그래야 자신이 원하는 인생을 살아가는 데 큰 도움이 된다.

또한 진정한 고요함, 즉 어떤 상황에서도 흔들리지 않고 내면의 평정을 유지할 수 있는 마음 또한 본성에 따라 정도의 차이가 있다. 어떤 상황에서도 고요함을 지키며 살기를 바란다면, 자신의 본성을 벗어나면 안 된다. 본성을 벗어나면 자신을 절제하는 데 무리가 따르게 되고, 마음이 흔들리게 되어 고요함을 지킬 수 없다.

그러나 본성 안에 머물게 되면, 그 어떤 외부적 상황에서도 흔들리지 않음으로써 고요함을 지키게 된다. 노자의 "몸은 움직이면서도 마음이 움직이지 않는 것이 진정한 고요함이다. 자신의 본성에 머무는 사람만이 이런 고요함을 지킬 수 있다"라는 말은 바로 이를 두고 하는 말이다.

동서양의 성현들은 수행을 통해 자신의 본성에 머무는 도道를 터득했기에 그 어떤 상황에서도 흔들리지 않고 자신이 추구하는 삶을 살았던 것이다.

"단련과 정화에 힘쓴 사람의 마음속에는 썩거나 더러운 것, 곪아 터진 상처도 찾아볼 수 없다. 운명은 그런 사람의 삶을 미완성의 상태로 거두어 가지 않는다."

이는 고대 로마의 황제이자 사상가인 마르쿠스 아우렐리우스가 한 말로 몸과 마음을 단련시키면, 마음이 평온하고 흔들림이 없어 그 어떤 상황에서도 자신의 삶을 살아가게 된다는 것을 잘 알게 한다. 그렇다. 몸과 마음을 단련시킴으로써 진정한 고요에 이르게 되어 견고하게 자신을 지켜내게 된다. 자신의 본성을 지키며 살 수 있도록 몸과 마음을 단련시키는 일에 힘쓰는 우리가 되어야겠다.

세상의 주인으로 사는 법

세상에서 주인으로 살려면
세상일에 매여서는 안 된다.
세상일에 얽매여 분주한 사람은
결코 세상의 주인 노릇을 하지 못한다.

_도덕경 12

취 천 하 상 이 무 사
取天下 常以無事

급 기 유 사 부 족 이 취 천 하
及其有事 不足以取天下

이는 '천하를 얻으려면 늘 일거리를 없애야 한다. 일이 있으면 천하를 취하기에는 부족하다'라는 뜻으로, 이를 의역하면 '세상에서 주인으로 살려면 세상일에 매여서는 안 된다. 세상일에 얽매여 분주한 사람은 결코 세상의 주인 노릇을 하지 못한다.'라고 할 수 있다.

세상을 살아가면서 우리는 누구나 한 번쯤은 주연을 꿈꾼다. 한 번뿐인 인생을 멋지게 잘 살고 싶은 것은, 인간의 본능이며 동서양을 막론하고 사람들의 공통점이다. 이는 무엇을 말하는가. 그만큼 인생을 원없이 잘 살고 싶은 욕망이 누구에게나 잠재되어 있음을 말한다. 그래서 사람들 중엔 자신의 욕망을 위해 법을 어겨 편법을 쓰기도 하고, 무리를 하기도 하고, 남에게 상처를 주기도 한다. 이는 세상의 주인이 되는 것이 아니라, 스스로 도태되게 하여 세상의 변방에 머무르게 하는 비생산적인 일일 뿐이다.

그런데 사람들은 이런 사실을 잊고, 오직 자기 욕망에만 집착하는 우를 범한다. 그리고 문제가 생기면 그때야 자신의 우매한 행동에 대해 가슴을 치고 후회한다. 그러면 왜 이런 결과를 낳는 것일까. 노자가 말하는 "세상에서 주인으로 살려면 세상일에 매여서는 안 된다."는 말과 정반대의 삶을 살았기 때문이다. 세상에 주인이 되려는 강한 집착은 오히려 세상으로부터 멀어지게 하는 원인이 된다. 집착한다는 것은 참 무서운 일이다. 그것은 곧 그것에 매이는 일이기 때문이다. 매인다는 것은 스스로를 구속하는 일이기에 세상으로부터 자유로울 수가 없다. 그런 까닭에 집착하는 일은 삼가야 한다.

노자의 말에서 알 수 있듯 세상에 매이지 않으려면 집착을 버려야 한다. 물론 쉽지는 않다. 하지만 그렇게 해야 바른 눈으로 세상을 바라보게 되고, 자신을 바르게 생각하게 됨으로써 세상의 주인이 되는 법을 깨우치게 된다.

"탐욕은 일체를 얻고자 욕심내어서 도리어 모든 것을 잃게 만든다."

이는 프랑스의 사상가 미셸 드 몽테뉴가 한 말로 지나친 욕심이 얼마나 무의미하고 허망한 일인지를 잘 알게 한다. 그렇다. 지나친 욕심은 모든 것을 잃게 하는 사악한 마음인 것이다.

삶은 흐르는 강물과도 같아 되돌릴 수 없다. 이는 세월의 원칙이며 삶의 법칙인 것이다. 이 소중한 삶을 세상의 주인으로 살기 위해서는 세상일에 매이지 말아야 한다. 매이는 순간, 세상으로부터 유리되어 변방인으로 살아가게 될 것이다.

어떤 어려움도 이겨내는 힘을 길러라

아낀다는 것은 단순한 삶으로 돌아간다는 뜻이다.
단순한 삶으로 돌아간다는 것은 내면에 온전한 힘인 덕을 쌓는다는 뜻이다.
내면에 온전한 힘인 덕이 쌓이면 어떤 어려움도 능히 이겨낼 수 있다.
이겨내지 못할 어려움이 없다면 인간적인 모든 한계를 극복할 수 있다.

_도덕경 13

부 유 색 시 이 조 복　조 복 위 지 중 적 덕
夫唯嗇 是以早服 早服謂之重積德

중 적 덕 즉 무 불 극　무 불 극 즉 막 지 기 극
重積德 則無不克 無不克 則莫知其極

이는 '아끼는 까닭에 일찍이 도를 따를 수 있나니, 일찍이 따르는 것
은 덕을 두텁게 쌓는 것을 이르는 것이다. 덕을 두텁게 쌓으면 이기지
못하는 것이 없을 뿐만 아니라, 이기지 못하는 것이 없으면 그 궁극을
알지 못함이 없다'는 뜻이다. 이를 의역해서 말한다면 '아낀다는 것은
단순한 삶으로 돌아간다는 뜻이다. 단순한 삶으로 돌아간다는 것은
내면에 온전한 힘인 덕을 쌓는다는 뜻이다. 내면에 온전한 힘인 덕이
쌓이면 어떤 어려움도 능히 이겨낼 수 있다. 이겨내지 못할 어려움이
없다면 인간적인 모든 한계를 극복할 수 있다.'라고 할 수 있다.

노자는 아낀다는 것을 '단순한 삶으로 돌아가는 것'이라고 설파했다. 아낀다는 것은 불필요한 것은 물론 필요한 것도 줄이는 것을 의미한다. 줄인다는 것은 낭비를 막음으로써 절제하는 것을 말한다. 그렇다면 아끼는 것과 단순하다는 것은 무슨 연관성이 있을까 하는 생각이 들 것이다. 단순하다는 것 역시 불필요하거나 필요한 것을 줄이는 뜻을 내포하고 있다. 그러니까 '아낀다'와 '단순하다'는 불필요하거나 필요하더라도 줄여서 간단하게 한다는 공통의 의미를 지닌다.

노자는 단순한 삶으로 돌아가는 것은 내면에 온전한 덕을 쌓는 것이라고 했다. 단순한 삶을 산다는 것은 말처럼 그리 간단치 않다. 많은 인내와 절제의 노력이 따라야 하기 때문이다. 그런 까닭에 노자는 단순한 삶으로 돌아가는 것을 덕을 쌓는 의미로 말했던 것이다.

무소유無所有란 '아무것도 갖지 않는 것이 아니라, 불필요한 것은 갖지 않는 것'이라고 법정은 말했다. 꼭 필요한 것만 취하는 것, 이것이 무소유의 의미인 것이다. 여기서 노자가 말하는 '단순한 삶'은 곧 법정이 말하는 '무소유'의 삶과 일맥상통하다고 할 수 있다.

노자와 법정의 사상적 관점으로 볼 때 '단순한 삶'을 사는 것은 그리 간단하지 않다는 것을 알 수 있다. 그렇게 산다는 것은 절제와 인내가 필요하기에 그것은 마치 수행과도 같은 어려움이 따를 수밖에 없다. 그래서 노자는 단순하게 사는 것을 '덕'을 쌓는 일이라고 말했던 것이다. 덕이란 하루아침에 쌓을 수 있는 것이 아니다. 몸과 마음을 정결하게 하고 수행의 과정을 통해 쌓는 것이다. 그런 까닭에 보통 사람들로서는 하기 어려운 일이다.

그러나 노자는 그렇게 살아야 함을 강조한다. 그 이유를 "내면에 온전한 힘인 덕이 쌓이면 어떤 어려움도 능히 이겨낼 수 있다. 이겨내지 못할 어려움이 없다면 인간적인 모든 한계를 극복할 수 있다"라고 말했다. 덕은 모든 것을 아우를 수 있는 '내면의 온전한 힘'이다. 그러므로 덕만 갖출 수 있다면 그 어떤 어려움도 능히 이겨낼 수 있다.

미국의 초절주의 사상가이자 명저 《월든》으로 유명한 헨리 데이비드 소로가 월든 호숫가에서 최소의 것으로 생활함으로써 단순한 삶의 모습을 보인 것이나 《조화로운 삶》의 저자인 헬렌니어링과 스코트니어링 부부의 친환경적인 소박한 삶은 전형적인 '단순한 삶'의 모델이라 할 만하다. 소로나 헬렌니어링, 스코트니어링 부부가 그처럼 살 수 있었던 것은 인간적인 한계를 극복할 수 있었기 때문이다.

그렇다고 해서 누구나 이들처럼 살 수는 없다. 그것은 덕을 쌓는 일만큼 고행이 따르는 일이기 때문이다. 하지만 최소한 아끼기만 해도 지금보다는 단순한 삶을 살아가게 됨으로써 낭비를 줄이고 모든 것을 절제하게 된다. 이는 곧 자신을 윤택하게 하는 삶인 것이다. 또한 자신의 내면을 탄탄하게 함으로써 어려움이 닥쳐도 능히 이겨낼 수 있는 힘을 갖게 된다.

그렇다. 단순한 삶은 내면을 탄탄히 다지는 덕을 쌓는 일과 같다. 단순한 삶을 살아갈 수 있도록 아끼고 절제할 수 있도록 노력해야 하겠다.

작은 일도 신중히 하라

작은 일이라고 해서 별것 아니라고 얕보면 반드시 큰일을 당하게 된다.
간단한 일이라고 해서 안이한 태도를 취하면 반드시 어려움을 겪게 된다.
도를 체득한 사람은 어려운 일이든 쉬운 일이든
신중하게 대함으로써 어려움을 당하지 않는다.

_도덕경 14

부 경 낙 필 과 신   다 이 필 다 난
夫輕諾必寡信 多易必多難

시 이 성 인 유 난 지   고 종 무 난 의
是以聖人猶難之 故終無難矣

이는 '가볍게 승낙을 하게 되면 반드시 믿음이 부족하고, 대개의 쉬
운 일에는 반드시 많은 어려움이 따른다. 그런 까닭에 성인은 그것을
어렵게 여기는 바, 끝내는 어려움이 없게 된다.'는 뜻이다. 이를 의역
하면 '작은 일이라고 해서 별것 아니라고 얕보면 반드시 큰일을 당하
게 된다. 간단한 일이라고 해서 안이한 태도를 취하면 반드시 어려움
을 겪게 된다. 도를 체득한 사람은 어려운 일이든 쉬운 일이든 신중하
게 대함으로써 어려움을 당하지 않는다'라고 할 수 있다.

백수의 왕 사자는 기린, 물소, 얼룩말, 누와 같은 큰 동물을 주로 먹

이로 사냥한다. 큰 동물을 사냥해야 무리가 함께 먹을 수 있기 때문이다. 하지만 예외일 때도 있다. 가뭄이 들어 힘든 시기가 되면 임팔라와 같은 작은 동물도 사냥을 한다. 이럴 때 사자는 사냥감이 작다고 해서 대충 사냥하지 않는다. 임팔라는 사자보다 달리는 속도가 더 빠르다. 그래서 임팔라를 사냥할 때도 사력을 다한다. 자칫하다가는 사냥감을 놓친다는 것을 잘 알기 때문이다.

　이렇듯 한갓 미물인 사자도 사냥감이 작다고 해도 소홀히 하지 않고 신중을 기해 사냥한다. 하물며 만물의 영장인 사람은 어떻게 해야할 것인가는 명약관화明若觀火하다. 그런데 안타깝게도 사람들 중엔 작고 하찮은 것은 안중에도 두지 않으려고 한다. 눈에 차지 않는다는 이유에서다. 하지만 이는 매우 잘못된 생각이다. 작은 물방울이 모여 내를 이루고, 강을 이루고, 바다를 이루는 법이다. 비록 물방울 하나는 작지만, 물방울이 모이면 내를 이루고, 강을 이루고, 바다를 이룰 만큼 커다란 존재가 된다.

　세상의 모든 이치는 다 이러하다. 그 어느 것도 처음엔 다 작고 연약하고 보잘것없는 것 같은 존재였다. 그런데 그 작은 것들이 모이면 상상을 초월하는 일이 벌어질 만큼 강력해진다. 이치가 이러하거늘 어찌 작은 일이라고 해서 소홀히 여기며, 작은 것이라고 해서 하찮게 여길 것인가. 이는 대단히 무지한 일이 아닐 수 없다.

　일찍이 노자는 "작은 일이라고 해서 별것 아니라고 얕보면 반드시 큰일을 당하게 된다. 간단한 일이라고 해서 안이한 태도를 취하면 반드시 어려움을 겪게 된다"라고 설파했다. 참으로 지당한 논리이자 높은 혜안이라고 할 수 있다. 작은 가시에 찔린 손가락을 그대로 두면 큰 상처가 되어 아픔을 겪게 되고, 그 어떤 일도 대충 하게 되면 반드시 그 대가를 치르게 된다.

나아가 노자는 "도道를 체득한 사람은 어려운 일이든 쉬운 일이든 신중하게 대함으로써 어려움을 당하지 않는다"라고 말했다. 노자의 말에서 알 수 있듯 도를 쌓는 일은 자신의 삶을 슬기롭게 이끄는 혜안을 기르고 지혜를 쌓는 일인 것이다.

그렇다. 도道는 자신의 삶을 일깨우는 지혜를 터득하는 가장 확실한 방법이다. 그렇다고 해서 성인이 되어야 한다는 것은 아니다. 마음의 눈을 밝게 하라는 것이다. 마음이 눈이 밝으면 잘못될 수 있는 것도 막을 수 있고, 모든 일을 지혜롭게 처리하는 데 큰 도움이 되기 때문이다.

일이 커지기 전에 해결하라

안정되어 있는 것은 유지하기가 쉽고
겉으로 불거지지 않는 문제는 해결하기 쉽다.
연약한 것은 부수기 쉽고, 미세한 것은 흩어버리기가 쉽다.
그러므로 일이 커지기 전에 처리하고
어려움이 닥치기 전에 해결하도록 해야 한다.

_ 도덕경 15

기 안 이 지　기 미 조 이 모　기 취 이 반
其安易持 其未兆易謀 其脆易泮

기 미 이 산　위 지 어 미 유　치 지 어 미 란
其微易散 爲之於未有 治之於未亂

　　이는 '안정되면 유지하기가 쉽고, 조짐이 생기지 않아야 도모하기
쉬우며, 물렀을 때 녹기 쉽고, 미세한 것은 흐트러지기 쉽다. 생기지
않았을 때 작위(적극적으로 행하다)하고 어지러워지지 않았을 때 다스려
야 한다'는 뜻이다. 이를 좀 더 자연스럽게 의역하면 '안정되어 있는
것은 유지하기가 쉽고 겉으로 불거지지 않는 문제는 해결하기 쉽다.
연약한 것은 부수기 쉽고, 미세한 것은 흩어버리기가 쉽다. 그러므로
일이 커지기 전에 처리하고 어려움이 닥치기 전에 해결하도록 해야
한다'라고 할 수 있다.

"호미로 막을 것을 가래로 막는다"는 속담이 있다. 간단하게 처리할 수 있는 일을 적절한 시기에 처리하지 않고 미루다, 일이 커져 나중에 더 큰 힘을 들여 처리해야 함을 일컫는 말이다.

이런 일을 벌인다는 것은 어리석음에 의해서다. 어리석은 사람은 눈에 보이는 일도 그르치고 마는 경향이 있다. 거기다 게으르고 나태하기까지 하면 그야말로 어리석음의 극치를 이룬다. 그러나 지혜로운 사람은 절대 이런 일을 벌이지 않는다. 그것은 자신에게 미치는 영향이 어떠한지를 잘 아는 까닭이다.

매사에 모든 일을 그때에 맞춰 하게 되면, 무리가 따르는 일이 없고 순조롭게 진행되어 좋은 결과를 이루게 된다. 그 하나하나의 과정이 줄처럼 연결되어 흐트러짐이 없는 까닭이다.

그러나 때를 놓치고 거르고 미루다 보면 무리가 따르게 되고, 일이 틀어지고 얽히게 되어 좋은 결과를 얻지 못한다. 그 하나하나의 과정이 매끄럽지 못하고 뒤틀리고 어긋난 까닭이다. 순조롭게 이루어진 일은 안정되고 흠이 없어 아무런 문제가 일어나지 않는다. 설령 일어난다고 해도 쉽게 해결할 수 있다.

이에 대해 노자는 "안정되어 있는 것은 유지하기가 쉽고 겉으로 불거지지 않는 문제는 해결하기 쉽다. 연약한 것은 부수기 쉽고, 미세한 것은 흩어버리기가 쉽다. 그러므로 일이 커지기 전에 처리하고 어려움이 닥치기 전에 해결하도록 해야 한다"고 말했다. 노자의 말에서 보듯 순조롭게 이뤄진 일은 문제가 될 게 없음을 알 수 있다. 하지만 무리가 따라 이루어진 일은 안정되지 아니하고, 불거진 문제도 해결하기 어렵다. 그만큼 문제점이 많다. 그러기 때문에 무슨 일이든 일이 커지기 전에 처리하고, 어려움이 따르기 전에 해결하기 위해 노력해야 하는 것이다.

그렇다. 매사에 있어 문제가 보이면 즉각 처리하도록 해야 한다. 그러지 않으면 문제가 커지게 되고, 그로 인해 큰 어려움을 겪게 될 것이다. 이를 늘 유념해야 하겠다.

적당할 때 멈춰라

가졌으면서 더 채우려 하는 것은
적당할 때 멈추는 것만 못하다.

_도덕경 16

'적당히'라는 말은 '어떤 조건이나 이치 따위에 들어맞거나 어울리
도록 알맞게'라는 뜻이다. 적당히 하라는 말은 곧 '알맞게' 하라는 것
을 의미한다. 그런데 이를 잘못 이해하면 대충하라는 말로 받아들일
수 있다. 하지만 여기서의 적당히는 대충이라는 말과는 전혀 다르다
는 것을 알아야 한다. 대충이라는 말에는 인간의 간교함이 드러난다.
하긴 하되 그저 하는 것처럼 척만 하라는 의미가 담겨 있기 때문이다.
이렇듯 대충이라는 말은 아주 성의 없고, 몰상식함을 느끼게 하는 부
정적인 의미를 담고 있다.

지 이 영 지 불 여 기 이
持而盈之 不如其已

이는 '가졌으면서 더 채우려 하는 것은, 적당할 때 멈추는 것만 못하다.'라는 뜻으로, 노자의 '적당히'는 넘치지도 모자라지도 않는다는 뜻이다. 넘치면 아니함만 못하고, 모자라면 아쉬움을 준다. 그러니까 과유불급過猶不及도 안 되고, 모자라는 것은 더더욱 안 된다.

고속도로를 가다 보면 과속을 예방하는 푯말을 많이 보게 된다. 과속은 곧 사고를 의미하기 때문이다. 고속도로로 차가 달릴 땐 적당히 가는 것이 좋다. 여기서 적당히는 법정속도를 넘지 말라는 뜻이고, 사고를 예방하는 의미를 주기 때문이다. 또한 맛있는 것을 먹을 때도 적당히 먹는 것이 건강에 이롭다. 과식을 하다 보면 체하게 되고, 병을 부를 수 있기 때문이다.

노자의 적당히는 인간이 반드시 마음에 새겨 지켜야 할 기본적인 삶의 자세이다. 그래야 사고로부터 막아주고, 잘못될 수 있는 상황에서 벗어날 수 있다. 그렇다. 만일 무엇을 할 때 자꾸 욕심이 나거나 욕구가 들 땐 마음으로부터 멈춤을 외쳐라. 그것은 적당히 하라는 의미를 줌으로써 잘못될 수 있는 상황을 막아준다. 그러나 그렇지 않으면 자신의 의지와 달리 무리를 가하게 된다. 그리고 부정적인 결과를 낳게 됨을 명심해야 할 것이다.

피곤하거나 지루하지 않은
인생을 사는 법

단순하고 소박한 자연적인 삶에 대한 감각을 잃고 인위적인 문명만을 추구한다면
무서운 일을 겪게 된다. 그런 까닭에 소박한 상태에 만족하고 단순한 삶을
즐겁게 받아들이도록 해야 한다. 소박한 상태에 만족하고 단순한 삶을
즐겁게 받아들이는 사람은 결코 피곤하거나 지루하지 않을 것이다.

_도덕경 17

행복하다고 말하는 이들의 공통점을 보면 첫째, 삶을 최소한 단순화시킨다. 둘째, 순리를 따르고, 억지로 하려는 것을 경계한다. 셋째, 소유욕을 줄이고 즐겁게 살기 위해 노력한다. 넷째, 자신의 행복을 타인과 나누려고 노력한다는 데 있다. 특히 삶을 단순화한다는 것은 매우 의미가 크다. 단순한 삶을 살기 위해서 억지로 무언가를 하려고 무리하지 않는 까닭이다. 그래서 단순한 삶을 사는 사람들은 순리를 따르고 억지로 하는 것을 경계한다. 그러다 보니 소유욕이 적고, 즐겁게 사는 일에 노력한다. 그리고 자신의 행복을 타인과 나눔으로써 더 큰 행복을 추구한다. 이에 대해 노자는 다음과 같이 말했다.

"단순하고 소박한 자연적인 삶에 대한 감각을 잃고 인위적인 문명만을 추구한다면 무서운 일을 겪게 된다. 그런 까닭에 소박한 상태에

만족하고 단순한 삶을 즐겁게 받아들이도록 해야 한다. 소박한 상태에 만족하고 단순한 삶을 즐겁게 받아들이는 사람은 결코 피곤하거나 지루하지 않을 것이다."

노자의 말에서 알 수 있듯 우리 인류가 겪고 있는 작금의 고통은 단순하고 소박한 자연적인 삶으로부터 벗어나 오직 물질문명만 추구한 까닭이다. 이런 삶은 스스로를 탐욕에 물들게 하고, 피곤하게 하고 지치게 하여 불행을 자초하게 된다. 그래서 소박한 것에서 만족하고, 삶을 단순화시키도록 노력해야 한다. 그래야 피곤하고 지루한 삶에서 벗어날 수 있다.

미국의 사상가인 헨리 데이비드 소로 역시 단순한 삶을 살 것을 권유하여 이렇게 말했다.

"단순하게 살아야 한다. 제발 바라건대 여러분의 일을 두세 가지로 줄이라. 간소화하고 간소화하라. 하루 세끼 먹는 대신 하루 한 끼만 먹으라. 우리는 더 많은 것을 얻으려고 끝없이 노력하고 더 적은 것으로 만족하는 법을 끝내 배우지 않을 것인가. 자기 자신을 사냥의 대상으로 삼는 것이 좀 더 고귀한 스포츠가 아닐까. 그대의 눈을 안으로 살펴보라. 그러면 그대의 마음속에 지금까지 발견하지 못했던 천 개의 지역을 찾아내리라. 그것을 답사하라. 그리고 자기 자신이라는 우주학의 전문가가 돼라."

소로의 말에서 보듯 간소하게 사는 것, 즉 단순한 삶은 자신의 인생을 보다 행복하고 가치 있게 한다는 것을 잘 알게 한다. 단순한 삶을 살기 위해 노력하는 것은 자신이라는 행복한 세계를 만드는 전문가가 되는 일이다. 그렇다. 행복한 인생을 살고 싶은가. 그렇다면 자신의 삶을 최소화하고 간소화시켜라. 단순한 삶을 사는 것이야말로 피곤하지 않고 지루하지 않으며, 우주 안에서 최선의 행복을 추구하는 지혜인 것이다.

진실을 말하는 사람

진실이 담긴 말은 꾸밈이 없고 듣기 좋게 꾸민 말에는 진실이 없다.
도道를 터득한 사람은 따지지 않고 논리적으로 따지는 사람은
도를 알지 못하는 사람이다.
핵심을 아는 사람은 군말이 없고 복잡하게 이것저것
떠벌이는 사람은 핵심을 모르는 사람이다.

_도덕경 18

신언불미 미언불신 선자불변
信言不美 美言不信 善者不辯
변자불선 지자불박 박자부지
辯者不善 知者不博 博者不知

이는 '진실이 담긴 말은 꾸밈이 없고 듣기 좋게 꾸민 말에는 진실이
없다. 도道를 터득한 사람은 따지지 않고 논리적으로 따지는 사람은
도를 알지 못하는 사람이다. 핵심을 아는 사람은 군말이 없고 복잡하
게 이것저것 떠벌이는 사람은 핵심을 모르는 사람이다'라는 의미이
다. 노자의 말처럼 진실을 말하는 사람은 절대 꾸미지 않는다. 설령
자신이 한 말로 인해 목숨이 위태로울지라도 진실만 말할 뿐이다.

그러나 자신의 영달을 위해 아부를 일삼는 자는 거짓을 진실로 포
장하여 그럴듯하게 꾸며대는 데 명수이다. 이런 자들의 입은 간교하

여 하는 말마다 독毒이 들어있다. 진실은 그 어떤 경우에도 진실을 벗어나지 않는다. 하지만 거짓은 아무리 그럴듯한 말로 포장을 해도 숨기지 못하는 법이다. 반드시 드러남으로써 그에 대한 대가를 혹독히 치르게 된다.

진실과 거짓은 백과 흑의 논리처럼 아주 선명히 드러난다. 진실은 언제나 옳다. 진실이 있기에 우리의 삶은 그 어떤 수난과 고통의 역사 속에서도 면면이 이어져 오늘에 이르렀다. 진실의 힘이 얼마나 큰지를 잘 알게 하는 이야기이다.

점필재 김종직은 조선전기 문인이자 문신이며, 성리학자, 사상가, 교육자이다. 그는 정몽주에서 길재로, 길재에서 그의 아버지인 김숙자에게 이어진 학풍을 이어받아 크게 발전시킴으로써 영남학파의 종조가 되었으며 사림파의 시조가 되었다.

김종직은 어린 시절 총명하여 암기에 능했으며 날마다 수천 자씩 기억해 신동으로 불리었으며, 15세에 이미 시문에 능해 많은 문장을 지었으며 20세 이전에 뛰어난 문장으로 이름을 크게 떨친 것으로 유명하다. 그의 시를 본 어세겸은 크게 감격하여 "나보고 말채찍을 잡고 하인이 되라 해도 달게 받아들이겠다"라고 할 만큼 극찬을 했다.

김종직은 벼슬길에 올라서도 수많은 제자를 길러냈는데 대표적인 제자로 김굉필, 정여창, 김일손, 손중돈, 이복, 권오복, 남곤, 권경유, 남효온, 조위, 이원, 강희맹 등 일일이 셀 수 없을 정도로 많다. 조선전기에서 중기로 내려오는 문신들 중 뛰어난 학자들은 대개 그의 학풍을 이어받은 제자들이다. 김종직을 따르는 제자들이 많았던 것은 그의 올곧은 정신과 뛰어난 학식, 학행의 일치 때문이다. 특히 학문과 행동이 일치한다는 데 많은 사람이 존경심을 품고 가르침을 받기 위해 몰려들었다.

성종은 김종직의 학문의 출중함과 올곧은 인품을 높이 샀다. 그의 말이라면 어떤 말도 받아들여 시행할 정도로 그를 신뢰했다. 그에 대한 성종의 믿음은 대단했다. 김종직이 신분과 집안 배경을 가리지 않고 인재를 등용할 것을 진언하자 성종은 그대로 시행했다. 면학 분위기의 장려를 권고하자 전국에 서원, 향교, 서당을 짓는 등 적극적으로 시행했다.

"전하, 아무리 군주라 하여도 도리와 덕을 지키지 않으면 비판받아 마땅하다 사려되옵니다."

김종직은 성종에게 비록 왕이라 할지라도 도리와 덕을 지키지 않으면 비판을 받아야 한다고 말했다. 또 면학 분위기를 위해 임금이 먼저 모범을 보여야 한다고 하자 성종은 경연에 자주 참여했다. 성종은 김종직에게 자신의 금대金帶를 선물로 하사했고, 정치에 크게 관심이 없었던 그가 뜻을 접고 고향으로 내려가자 그에게 세 번씩이나 간청하여 조정으로 불러들이는 등 극진하게 대했다. 김종직은 옳고 그름에 정확했으며, 의리와 믿음을 매우 중요하게 생각했다. 또한 그는 어느 누구 앞에서도 전혀 주눅드는 법이 없었다. 이에 대한 일화이다.

김종직은 1463년에 세조에게 불사佛事를 간언하다가 파직당했다. 1464년에는 세조에게 음양오행 등의 잡학을 장려한다며 극구 반대하다 어려움을 겪기도 했다. 세조가 누구던가. 당시 신하로서 그에게 반대 의사를 분명히 한 것은 강직하다 못해 무모해 보이기까지 하다. 하지만 그는 자신의 생각을 기탄없이 말했던 것이다. 그의 강직한 성품에 대한 또 다른 일화를 보자.

유자광이 경상도 관찰사로 있을 당시 소고대를 바라보고 내려와 학사루의 절경에 감탄하여 시를 짓고 그림을 그렸는데, 시를 현판으로 만들어 학사루에 걸어놓았다. 마침 함양군수로 온 김종직이 학사루에 걸린 유자광의 현판을 떼어내 불태워 버리라고 명하자 이방은 관찰사가 쓴 현판이라 그대로 두는 것이 좋겠다고 말했다. 당시 김종직은 남이 장군이 역모를 꾸몄다고 모함하여 죽인 일로 유자광을 혐오하고 경멸했다. 김종직은 고매한 선비들의 현판 가운데 어찌 유자광 같은 간신의 작품이 걸릴 수 있느냐며 현판을 내려 불태워 버리라고 명령했다. 이 소문을 듣고 유자광은 분노했지만 김종직을 상대한다는 것이 상관인 그로서도 어려운 일이라 어쩌지 못하고 속만 태웠다고 한다.

김종직은 대쪽 같은 곧은 절개로 한번 정한 원칙은 반드시 실행했으며, 자신이 한 말에 대해서는 목숨을 내놓을지언정 번복하는 법이 없었다. 성종이 성군의 길을 갈 수 있었던 것은 김종직에 의지해 그의 혜안에 힘입는 바가 크다 하겠다. 김종직이 성종의 총애를 받고, 많은 제자를 두고, 많은 백성으로부터 존경을 받은 것은 언제나 진실에 입각해 말하고 행동했기 때문이다. 진실은 늘 푸른 소나무와 같이 변함이 없다. 그래서 진실은 언제나 옳은 법이다.

김종직이 경상도 관찰사인 유자광이 쓴 현판을 태워버린 것은 유자광이란 자가 남이 장군을 모함하여 죽게 했다는 이유에서다. 김종직은 그를 믿음에 근본이 없고 정의와 의리에 벗어난 하찮은 것으로 본 것이다.

그렇다면 유자광은 어떤 사람인가. 그는 경주부윤을 지낸 유규의 서얼로 태어났다. 그의 어머니는 노비 출신이었다. 그는 서자 출신으로 이시애의 난 때 세조에게 발탁되어 벼슬길에 오른 희대의 간신이다. 그는 임사홍, 김자점 등과 더불어 조선시대 간신 중에 간신으로 지탄받았다. 그는 무오사화를 일으켜 죄 없는 수많은 충신과 선비들을 죽게 했다. 그는 자신의 영달을 위해 거짓을 고하고 없는 것도 만들어서 뒤집어씌웠다. 그는 중종반정에 가담하여 1등 공신이 되었지만, 사화를 일으킨 주범으로 탄핵되어 유배지에서 비참한 최후를 마쳤다.

유자광의 세 치 혀로 수많은 사람이 희생을 당하고, 가정이 풍비박산이 났다. 그의 거짓은 온갖 풍파를 일으켜 수많은 이들에게 씻을 수 없는 아픔을 주었다. 그는 도저히 용서받을 수 없는 간신이었다.

김종직과 유자광의 일화에서 보듯 진실은 언제나 변함이 없다. 그리고 언제니 옳다. 하지만 거짓은 언제나 헛되고 사악한 결과를 낳는다. 노자는 "진실이 담긴 말은 꾸밈이 없고 듣기 좋게 꾸민 말에는 진실이 없다"라고 말했다. 한마디로 진실이란 꾸밈이 없어야 하고, 꾸밈이 있는 말은 아무리 번지르르해도 진실이 되지 못한다.

진실을 말하는 이는 도道를 아는 자이다. 그런 까닭에 언제나 진실을 말하고, 그 어떤 최악의 상황에서도 진실을 외면하지 않는다. 진실은 언제나 변함이 없다는 것을 잘 아는 까닭이다. 진실을 말하는 입이 되어야 한다. 진실은 언제나 옳기 때문이다.

자신을 이기는 사람이
가장 강한 사람이다

남이 하는 일을 잘 알고 있는 사람은 똑똑한 사람이다.
자기 자신을 잘 알고 있는 사람은 그 이상으로 총명한 사람이다.
그리고 남을 설복시킬 수 있는 사람은 강한 사람이다.
그러나 자기 자신을 이기는 사람은 그 이상으로 강한 사람이다.

_도덕경 19

지인자지 자지자명 승인자유력 자승자강
知人者智 自知者明 勝人者有力 自勝者强

이를 직역하면 '남을 아는 사람은 지혜롭고, 자신을 아는 사람은 밝다. 남을 이기는 사람은 힘이 세고, 자신을 이기는 사람은 강하다.'는 뜻인바, 이를 좀 더 구체적으로 의역한다면 '남이 하는 일을 잘 알고 있는 사람은 똑똑한 사람이다. 자기 자신을 잘 알고 있는 사람은 그 이상으로 총명한 사람이다. 그리고 남을 설복시킬 수 있는 사람은 강한 사람이다. 그러나 자기 자신을 이기는 사람은 그 이상으로 강한 사람이다.'라고 할 수 있다.

사람들은 타인의 잘못에 대해서는 그리 너그럽지 못하다. 하지만 자신에 대해서는 관대하다. 또한 타인에 대해서는 이기려고 하는 본성이 있어 어떻게든 이기려고 안간힘을 쓴다. 하지만 자신에 대해서는 한없이 연약하다. 왜 그럴까. 사람들은 대개 타인을 이겨야만 자신이 강한 줄로 알기 때문이다. 허나, 이는 대단히 잘못된 생각이다. 자신을 이기는 자가 진실로 가장 강한 사람이다. 자신을 이긴다는 것은 타인을 이기는 것보다 몇 배 더 힘든 까닭이다.

우리가 흔히 말하는 성공한 이들은 그것이 어떤 분야든 간에 자신과의 싸움에서 승리한 사람들이다. 자신과의 싸움에서 지게 되면 그어떤 것도 제대로 해낼 수 없지만, 자신과의 싸움에서 승리하면 좋은 결과를 얻게 되기 때문이다. 자신과의 싸움에서 이기려면 많은 인내와 고통이 따른다. 힘들고 어려울 때마다 멈추고 싶지만, 멈추는 순간 더는 앞으로 나갈 수 없다. 하지만 이를 꾹 참고 이겨내면 자신이 바라는 결과를 얻게 된다. 자신과의 싸움을 이겨내고 인생의 승리자가 된 두 사람에 대한 이야기이다.

독일의 음악가로 고전주의 음악의 완성자이며, 낭만주의 음악의 창시자로 평가받는 베토벤은 일찍이 어머니를 여의고 동생들을 거두는 가장이 되었다. 그는 돈을 벌기 위해 음악을 해야만 했다. 물론 그 자신이 목숨처럼 좋아서 하는 음악이었지만, 그에게는 동생들과의 생존이 달린 문제이기도 했다. 그는 타고난 천재성으로 두각을 나타내며 사람들의 찬사를 한 몸에 받았다.

그러나 그에게 크나큰 시련이 찾아왔다. 그가 청력을 잃은 것이다. 소리를 생명으로 하는 음악가가 소리를 들을 수 없다는 것은 절망을 넘어 죽음 그 자체이다. 베토벤은 너무 고통스러워 자살을 생각했다.

하지만 그는 자살의 유혹을 이겨내고 악보를 그리는 데 열중했다. 그 결과 〈영웅〉, 〈운명〉, 〈전원〉, 〈합창〉, 〈월광 소나타〉, 〈비창〉 외 수많은 명곡을 작곡했다.

그는 청력을 잃고 더 좋은 곡을 작곡했다. 비록 귀로는 들을 수는 없었지만 마음의 귀로 듣고 느낌으로써 청력을 잃기 전보다 더 훌륭한 곡을 쓸 수 있었다. 뼈를 깎는 아픔과 시련은 베토벤을 너무도 힘들게 해 유서를 쓰게 했지만, 그는 결코 시련과 고난 앞에 무릎 꿇지 않았다. 그 결과 그는 세계 최고의 음악가가 될 수 있었다. 베토벤을 통해 고난과 시련은 마음을 강하게 하고, 인내심을 기르게 하는 내적 성장으로써 꿈을 이루게 하는 강력한 추진력이 된다는 것을 알 수 있다.

헬렌 켈러는 정상적으로 태어났지만 심한 열병으로 시력과 청력을 잃어버리고 말도 할 수 없었다. 삼중고는 그녀를 고통스럽게 했지만 그녀의 운명이 바뀌기 시작한 것은 앤 설리번을 가정교사로 맞고 나서이다. 설리번은 혼신을 다해 헬렌 켈러를 가르쳤다. 헬렌 켈러는 설리번으로부터 철저하게 교육을 받고, 펄킨스 시각장애학교에 입학하여 공부를 마친 후 케임브리지학교를 나와 레드클리프 대학교에 입학하여 좋은 성적으로 졸업했다. 그녀는 사회운동을 통해 장애인들의 권익과 여성들의 참정권을 주장하고 자유와 평화를 위해 노력했다. 장애의 몸으로 사회주의 운동가로, 교육자로, 작가로 열정적인 삶을 살았던 헬렌 켈러는 많은 사람에게 귀감이 되는 성공적인 인생을 살았던 불굴의 여성이다. 그녀는 공을 인정받아 프랑스 레지옹도뇌르 훈장을 수훈했으며, 자유의 메달을 받았다. 주요 저서로《사흘만 볼 수 있다면》,《나의 스승 설리번》외 다수가 있다.

최악의 환경에서도 절망하지 않고 자신의 인생을 희망의 꽃으로 승화시킨 헬렌 켈러의 역동적인 삶은 전 세계인들에게 귀감이 되기에 조금도 부족함이 없다. 만일 그녀가 자신의 처지를 불행으로만 받아들였다면 그녀의 인생은 더 이상 없었을 것이다. 헬렌 켈러는 강연과 저술활동을 통해 끊임없이 희망을 노래했으며, 많은 사람에게 꿈을 심어주었다.

"태양을 바라보고 살아라. 그대의 그림자를 못 보리라. 고개를 숙이지 마라. 머리를 언제나 높이 두라. 세상을 똑바로 정면으로 바라보라. 나는 눈과 귀와 혀를 빼앗겼지만 내 영혼은 잃지 않았기에 그 모든 것을 가진 것이나 마찬가지이다. 고통의 뒷맛이 없으면 진정한 쾌락도 거의 없다. 불구자라 할지라도 노력하면 된다. 아름다움은 내부의 생명으로부터 나오는 빛이다. 그대가 정말 불행할 때 세상에서 그대가 해야 할 일이 있다는 것을 믿어라. 그대가 다른 사람의 고통을 덜어줄 수 있는 한 삶은 헛되지 않으리라. 세상에서 가장 아름답고 소중한 것은 보이거나 만져지지 않는다. 단지 가슴으로 느낄 수 있다."

이는 헬렌 켈러가 한 말로 그녀의 절대긍정의 철학을 잘 알게 한다. 특히 '그대가 정말 불행할 때 세상에서 그대가 해야 할 일이 있다는 것을 믿으라'는 말은 그녀이기에 할 수 있는 말로 깊은 울림을 준다.

베토벤과 헬렌 켈러는 자신의 불행을 불행이라 여기지 않고, 사력을 다해 싸워 이겨냈다. 그랬기에 세계음악사에서 최고의 음악가가 되었으며, 여성 사회운동가가 될 수 있었다. 이들은 불행을 극복하고 자신의 인생을 희망의 꽃으로 승화시킨 위대한 승리자이다. 자신을 이기는 자만이 자신의 인생을 승리로 이끌어내듯, 자신을 이기는 자만이 남 또한 이길 수 있다.

"남을 이기려는 자는 반드시 자신을 이겨야 한다."

제자백가 중 잡가雜家의 대표적인 책이자 일종의 백과사전인 《여씨춘추呂氏春秋》에 나오는 말로 자신을 이기는 자만이 남을 이길 수 있음을 말한다. 자신을 이기는 것이 쉽지 않듯 남을 이기는 것은 더더욱 쉽지 않다. 하지만 자신을 이기는 자는 남을 이길 수 있다.

그렇다. 자신을 이기기 위해서는 자신을 극복할 수 있어야 한다. 스스로를 통제하고 절제할 수 있어야 하며, 물질적인 것이든 감정적인 것이든 어떤 어려움도 이겨낼 수 있어야 한다. 그래야만 진정으로 강한 자가 되고, 인생의 승리자가 될 수 있기 때문이다.

겸손은 무저항의 덕이다

좋은 군대는 도전적이 아니다. 숙련된 투사는 성급하지 않다.
사람을 부리는 것에 능숙한 사람은 언제나 겸손하다.
겸손은 무저항의 덕이라고 할 수 있으며,
천명과 일치함을 의미하는 것이다.

_ 도덕경 20

"남이 자기를 칭찬하여도 자기 입으로 자기를 칭찬하지 마라."

이는《탈무드》에 나오는 말로 겸손해야 한다는 것을 의미한다. 겸손은 스스로를 낮추는 것으로, 상대에 대한 예의이자 자신의 인품을 겉으로 드러내지 않는 성숙한 마음 자세이다. 그래서 겸손한 사람은 누구에게나 좋은 이미지를 주고, 거부감을 주지 않아 그와 함께하려는 사람들이 많다.

21세기 최고의 물리학자인 알버트 아인슈타인은 뛰어난 학문적 업적에도 자신을 과신하거나 내세우려고 하지 않았다. 그가 학교에서 강의할 때였다. 한 학생이 그에게 말했다.

"선생님, 선생님이 지닌 많은 학문과 지식은 어디에서 오는 것입니까?"

학생의 말을 듣고 잠시 무언가를 생각하던 아인슈타인은 마침 실험을 하던 중이었는데, 실험기구에 있던 물을 손가락에 적신 뒤 한 방울의 물을 떨어뜨린 뒤 이렇게 말했다.

"나의 학문을 바다에 비유한다면 그저 한 방울의 물에 지나지 않다네."

아인슈타인의 말을 듣고 학생은 고개를 끄덕이며, 그의 겸허함에 대해 깊이 그를 존경했다. 또한 아인슈타인은 그의 뛰어난 지적 능력에 대해 묻는 이들에게 언제나 이렇게 말했다.

"나는 똑똑한 것이 아니라 단지 문제를 더 오래 연구할 뿐입니다."

아인슈타인은 평소에 유머를 즐겼는데, 그 유머에는 어린아이 같은 순진함이 있었다. 유머까지도 그의 겸손은 언제나 빛을 발했다.

노자는 좋은 군대는 도전적이지 않다고 말했다. 이는 무엇을 말하는가. 좋은 군대는 먼저 상대를 공격하지 않음을 뜻한다. 그리고 숙련된 투사는 성급하지 않다고 하는 것은, 서둘러 상대를 공격하지 않는다는 것을 뜻한다. 왜 그럴까. 좋은 군대나 숙련된 투사는 그만큼 상대를 공략할 만한 능력을 갖추고 있어, 여유에서 오는 너그러운 마음에서다. 하지만 그렇다고 해서 다 그런 건 아니다. 근본적으로 타인에 대한 배려와 예의가 갖춰져야만 할 수 있는 행동이다.

노자는 겸손을 일러 '무저항의 덕'이라고 했다. 이는 무엇을 말하는가. 저항하지 않는 어질고 순리적인 마음 자세를 말한다. 노자의 말에서 보듯 겸손한 사람은 자신을 낮출 줄도 알고, 순리에 따라 자신을 내려놓을 줄도 안다. 그러나 겸손하지 못한 사람은 아무리 능력이 출중해도 사람들로부터 손가락질을 받고, 오만하다는 평판을 듣게 된다. 그래서 이런 사람은 그 누구와도 자연스럽게 어울리지 못하고, 그 무엇도 제대로 배우지 못한다. 이에 대해 O. 메러디드는 이렇게 말했다.

"겸손을 배우려고 하지 않는 자는 인생에서 아무것도 배우지 못한다."

이 말은 겸손이 인생을 살아가는 있어 얼마나 중요한지를 잘 알게 한다. 겸손은 미덕이라고 했다. 그렇다. 겸손한 이들이 많을수록 인간관계는 부드럽고, 그 사회는 윤리와 도덕적으로 원숙함으로써 정의롭고 살기 좋은 사회가 될 것이다. 끝으로 이 말을 마음에 담아 두고두고 새긴다면, 인생을 살아가는 데 많은 도움이 되리라 믿는다.

"누구든지 자기를 높이는 자는 낮아지고 누구든지 자기를 낮추는 자는 높아지리라." (마태복음 23장 12절)

공자

———

論語

중국 춘추전국시대의 교육자, 철학자, 사상가, 학자. 유교의 시조. 창고를 관장하는 위리, 나라의 가축을 기르는 승전리 등의 말단관리로 근무했다. 40대 말에 중도의 장관이 되었으며, 노나라의 재판관이며 최고위직인 대사구가 되었다. 그러나 그는 곧 자리에서 물러났다. 공자는 6예 즉 예禮, 악樂, 사射: 활쏘기, 어御: 마차술, 서書: 서예, 수數: 수학에 능통했으며 역사와 시詩에 뛰어나 30대에 훌륭한 스승으로 이름을 떨쳤다. 그는 모든 사람이 배우는 데 힘쓰기를 주장했으며 배움은 지식을 얻기 위한 것만이 아니라 인격을 기르는 거라고 정의했다. 공자는 평생을 배우고 가르치는 일에 전념하여 3,000명이 넘는 제자를 두었다고 한다. 공자의 어록 모음집인 《논어》가 있다.

덕이 있는 사람은
어디서든 외롭지 않다

덕이 있는 사람은 외롭지 않으니,
반드시 주변에 이웃이 있다.

_논어 01

덕 불 고 필 유 인
德不孤 必有隣

　이는《논어論語》〈이인里仁〉편에 나오는 말로 '덕이 있는 사람은 외롭지 않고 반드시 이웃이 있다'라는 말로, 이런 사람은 누구나에게 존경받고 사랑을 받는다. 그 이유는 덕을 베풂으로써 자신의 사랑을 남에게 주는 까닭이다.

　사람은 누구나 자신에게 잘 해주는 사람, 따뜻하게 대해주는 사람, 사랑으로 이끌어주는 사람, 배려하고 양보하는 사람, 관심을 갖고 너그럽게 대해주는 사람에게 끌리게 된다. 그래서 그 사람과 좋은 관계를 맺고 싶어 한다. 그런 사람은 유익이 될지언정 해가 되지 않는다고 믿기 때문이다.

덕이 있는 사람은 사람을 진정으로 사랑할 줄 아는 사람이다. 그래서 덕이 있는 사람은 외롭지 않고 어디를 가더라도 환영을 받는 것이다. '덕德'과 '애愛'는 본시 하나라고 할 수 있다. '덕이 곧 사랑이고, 사랑이 곧 덕'이기 때문이다. 그래서 덕이 있는 사람은 사랑을 베풀 줄 알고, 사랑이 있는 사람은 덕을 베풀 줄 아는 것이다. 그래서 '사람을 사랑하는 마음' 즉 '애민사상愛民思想'을 반드시 마음에 새겨 실천해야 한다.

러시아 소설가이자 사상가인 톨스토이는 러시아 남부 툴라 근교의 야스나야폴랴나에서 명문 백작가의 넷째로 태어났다. 부유한 환경에서 태어나거나 자란 사람들은 대개 가난한 이들의 사정에는 관심이 없고 오만에 빠지거나 자기중심적이기 쉬운데 톨스토이는 예외였다. 그는 일찍이 부모를 여의며 극심한 외로움을 느꼈다. 그러면서 주변 사람들의 소중함을 깨달았고 사람에 대한 이해와 배려가 깊어졌다. 외로움을 통해 사람을 사랑하는 마음을 배운 것이다.

그러나 톨스토이는 죽음에 대해 끊임없이 생각했다. 죽음의 공포와 삶의 무상을 절감하고 심한 정신적 동요가 일어나기도 했다. 그는 과학, 철학, 예술 등에서 해법을 구하려 했으나 답을 얻지 못하고, 결국은 종교에 의탁했다. 인간의 보편적인 심성에 그도 예외는 아니었다. 톨스토이는 종교에 깊이 심취해 돈독한 신앙심을 키우면서 사람들을 이해하고 사랑하는 법을 배웠다. 그는 스스로를 낮추는 데 익숙했다. 모든 사람은 평등하기에 자신의 노예마저도 노예 신분에서 풀어 주었다. 다음은 인간에 대한 톨스토이의 사랑과 이해가 잘 드러나는 말이다.

"글 읽을 줄 아는 몇백 만 러시아인들은 굶주린 갈가마귀처럼 입을 벌리고 우리들 앞에 서서 '우리나라의 지식인 작가 여러분, 당신들 자신과 우리들에게 합당한 문학의 양식을 주십시오. 살아 있는 말에 굶주리고 있는 우리들을 위해 써주십시오. 죽어 있는 말의 쓰레기에서 우리들을 풀어주십시오' 하고 요구하고 있다. 러시아인들은 아주 단순하고 정직하니까 우리는 그들의 요구에 응해야 한다. 나는 이 일에 대해서 무척 많이 생각했다. 그리고 내 재능을 다 바쳐 노력해야겠다고 마음먹었다."

톨스토이가 다닐렙스키에게 작가의 바람직한 자세에 대해 한 말이다. 톨스토이는 자신의 깨달음을 통해 톨스토이즘Tolstoyism이라는 자신만의 사상을 만들기도 했다. 톨스토이가 지금도 러시아 국민들로부터 아낌없는 사랑과 존경을 받는 것은 그의 뛰어난 문학적 업적에도 있지만, 그가 진실로 인간을 사랑할 줄 아는 휴머니스트였기 때문이다.

톨스토이의 삶에서 보듯 그는 자신이 믿는 러시아 정교회의 독실한 신자로 믿음이 돈독했다. 그 믿음은 그에게 덕을 쌓게 했고, 그는 어진 품성으로 사람들을 사랑했다.

공자의 말처럼 그의 주변에는 그를 따르고 존경하는 사람들이 많았다. 그가 덕성을 갖추고 널리 사랑을 실천했기 때문이다. 그렇다. 덕이 있는 사람은 어디에서나, 누구에게나 존경을 받는다. 덕을 쌓아 널리 사랑을 실천하는 우리가 되어야겠다.

즐기는 사람이 돼라

아는 것은 좋아하는 것만 못하고,
좋아하는 것은 즐기는 것만 못하다.
_논어 02

지 지 자 불 여 호 지 자 호 지 자 불 여 락 지 자
知之者 不如 好之者 好之者 不如 樂之者

이는 《논어論語》의 〈옹야雍也〉편에 나오는 말로 공자가 이르기를 '아
는 것은 좋아하는 것만 못하고 좋아하는 것은 즐기는 것만 못하다'라
고 했다. 안다는 것은 그 자체만으로 썩 괜찮은 것인데도, 좋아하는
것만 못하다고 하는 것은 좋아하는 것이 더 나음을 뜻한다. 나아가 좋
아하는 것도 좋지만, 그보다는 즐기는 것이 더 낫다는 것을 의미한다.
그것이 무엇이든 자신의 일을 성공적으로 잘하는 사람은 늘 에너지
가 넘친다. 그것은 즐기면서 하다 보니 자연스럽게 에너지가 생성되
기 때문이다. 그러나 억지로 하거나 마지못해 하면 능률도 안 오르고
결과도 좋지 않다. 안다고 해서, 좋아한다고 해서 하는 것은 어느 정

도 능률도 있고 결과도 있다. 하지만 즐기면서 하는 것엔 비할 바가 못 된다.

　세계 최고의 축구 선수로 평가받는 리오넬 메시는 어린 시절부터 축구를 즐겼다. 축구를 한다는 것은 그에겐 행복이며 즐거움 그 자체였다. 그 결과 그는 최고의 선수가 되었다. 세계 최고의 농구 선수로, 농구의 전설로 불리는 마이클 조던 역시 어린 시절부터 농구를 좋아했다. 농구에 한번 빠지면 밥 먹는 것도 잊고 오직 농구에 열중했다. 피겨의 퀸으로 불리는 김연아는 어린 시절부터 피겨를 즐겼다. 피겨를 하면 즐겁고 행복했다. 그 결과 세계 최고의 피겨선수가 되었다. 《해리포터》 시리즈로 10억 달러 이상의 인세 수입을 올려 이 분야의 최고가 된 조엔 K. 롤링은 어린 시절 동화를 즐겨 썼다. 그녀가 쓴 동화를 동생과 친구들에게 읽어주면 크게 감동했다고 한다. 결국 그녀는 최고의 작가가 되었던 것이다. 이처럼 어느 분야든 간에 자기 분야에서 최고가 된 이들은 하나같이 좋아하는 것을 넘어 즐기면서 했다는 것을 알 수 있다.

　즐긴다는 것이 큰 효과를 내는 것은, 즐거움 속엔 인간의 상식을 뛰어넘는 긍정의 에너지가 끝도 없이 분출되기 때문이다. 그 에너지가 즐거움을 한층 더 끌어올려 좋은 결과를 낳게 하는 것이다. 그렇다. 공부든, 문학이든, 피아노든, 연극이든, 영화든 그 무엇일지라도 즐기면서 하면 더 흥이 나고 행복하다. 자신이 하는 일을 능률적으로 하면서 좋은 결과를 얻기 위해서는 즐기면서 하라. 즐기면서 하는 자가 진정으로 자신을 사랑하는 사람이다.

매사에 신중을 기하라

여러 사람이 좋아할 거라도
반드시 살필 것이며,
여러 사람이 미워할 거라도
반드시 살필 것이니라.

_논어 03

공자가 이르기를 "여러 사람이 좋아할 거라도 반드시 살필 것이며, 여러 사람이 미워할 거라도 반드시 살필 것이니라"라고 했다. 이는 무엇을 의미하는가. 매사에 신중을 기하라는 의미이다.

만사불여튼튼이라는 말이 있다. 매사에 튼튼히 대비해야 한다는 말로, 무슨 일을 할 땐 신중하게 준비해야 함을 뜻한다. 또 우리 속담에 '돌다리도 두드려보고 건너야 한다'는 말이 있다. 이 역시 신중해야 함을 의미한다. 그런데 사람들 중엔 신중히 해야 하는 것을 답답하게 여기는 이들이 있다. 그래서 그들은 신중한 사람을 답답한 사람이라고 말하기도 한다. 그러나 그것은 대단히 잘못된 생각일 뿐 옳은 생각이 아니다. 매사에 신중히 해서 손해 볼 일은 절대 없다. 하지만 덤벙대다 보면 실수를 연발하고, 그 대가는 스스로를 못난 사람, 부족한 사람으로 전락시킨다. 다음은 신중함이 자신에게 미치는 영향에 대해 잘 알게 하는 이야기이다.

어느 마을에 온 장사꾼은 며칠 뒤 그곳에서 할인 판매한다는 사실을 알고 그때까지 기다렸다가 물건을 사기로 했다.

"가만, 이 많은 돈을 어떻게 하지?"

장사꾼은 자기가 가지고 있는 많은 돈 때문에 은근히 걱정이 되었다. 자칫 큰돈을 잃어버릴 수도 있기 때문이다. 그래서 장사꾼은 사람이 잘 안 다니는 곳에 땅을 파고 돈을 묻었다. 다음날 돈을 묻어 두었던 곳으로 간 장사꾼은 깜짝 놀라고 말았다. 꽁꽁 숨겨둔 돈이 감쪽같이 사라지고 만 것이다.

"어, 도, 돈! 내 돈이 어디 갔지?"

그는 얼굴이 하얗게 변한 채 울상이 되어 말했다. 이내 마음을 가다듬고 곰곰이 생각해 봐도 알 길이 없었다. 한참을 신중히 생각하던 중 저 멀리 떨어진 곳에 있는 집 한 채가 그의 눈에 들어왔다.

'혹시, 저 집에 사는 사람의 짓이 아닐까?'

이렇게 생각하던 그는 조심조심 그 집 가까이 다가가 보니, 그 집 담에 구멍이 뚫려 있다는 사실을 알게 되었다. 그는 그 집에 살고 있는 사람이 그 구멍으로 돈을 파묻는 광경을 훔쳐보고 있다가 나중에 파내 간 것이 분명하다고 생각했다. 이렇게 생각한 장사꾼은 그 집을 방문하여 그 집에 살고 있는 남자에게 말했다.

"당신은 도시에서 살고 있으니 대단히 머리가 좋겠군요."

"그게 무슨 말입니까?"

그 집 주인이 의아해서 말했다.

"난 당신의 지혜를 빌리고 싶어 이렇게 찾아왔습니다."

"무슨 일이 있나요?"

"네. 사실은 지갑 두 개를 가지고 이 마을로 물건을 사러 왔답니다. 지갑 하나에는 500개의 은화를 넣었고, 나머지 하나에는 800개의 은화를 넣었지요. 나는 그중 작은 지갑을 아무도 모르는 어떤 장소에 묻어 두었답니다. 그런데 나머지 큰 지갑까지 묻어 두는 게 좋을까요?"

"그래요. 나라면 작은 지갑을 묻어 둔 곳에 큰 지갑도 묻어 두겠소."

집주인은 거리낌 없이 대답했다.

"잘 알겠습니다. 감사합니다."

장사꾼은 이렇게 말하며 그 집을 나왔다. 장사꾼이 가자 욕심꾸러기 남자는 자기가 훔쳐왔던 지갑을 전에 묻혀있던 장소로 가져가 다시 묻어 놓았다. 그 모습을 몰래 지켜보고 있던 장사꾼은 자기 지갑을 무사히 되찾았다.

이는 《탈무드》에 나오는 이야기로 장사꾼의 신중하고 지혜로운 행위에 대해 잘 알게 한다. 그는 돈을 도둑맞고 순간 당황했지만, 이내 차분한 마음으로 누가 돈을 훔쳐갔는지에 대해 신중히 생각했다. 그러던 중 저 멀리 있는 집을 보고 꼼꼼히 살피던 중 담에 구멍이 난 것을 알게 되고, 지혜롭고 재치 있게 돈을 훔쳐 간 사람을 감쪽같이 이용하여 자신의 돈을 되찾았다.

만일 그가 당황하여 소리를 지르거나 무턱대고 그 집으로 가서 혹시 누가 내 돈을 가져가는 것을 보지 못했느냐고 물었더라면 그 돈은 영영 잃고 말았을 것이다. 급할수록 돌아가라는 말이 있다. 이는 무슨 일이 있으면 서두르지 말고 천천히 신중히 생각하고 행동해야 함을 뜻한다.

그렇다. 살다 보면 뜻하지 않는 일로 당황할 때가 있다. 이럴 땐 침착하고 신중하게 대처해야 일을 좋게 해결할 수 있다. 또한 무슨 일을 하거나 말을 할 땐 신중히 생각한 끝에 해야, 탈 없이 좋은 결과를 얻게 됨을 잊지 말아야 할 것이다.

작은 과오라도 절대 숨기지 마라

아무리 작은 과오라도
결국에는 다 나타난다.
숨기더라도 늦거나 이르거나 간에
모두 나타나고 만다.
_ 논어 04

공자가 이르기를 "아무리 작은 과오過誤라도 결국에는 다 나타난다. 숨기더라도 늦거나 이르거나 간에 모두 나타나고 만다"라고 했다. 이는 무엇을 말하는가. 작은 잘못도 결코 숨겨서는 안 된다는 말이다. 사람들 중엔 잘못을 하면 무조건 숨기려는 사람들이 있다. 잘못을 인정하면 자신의 흉허물이 드러나 약점으로 작용할까 염려돼서이다. 또한 자존심이 상할까 걱정이 돼서이기도 하다.

그런데 문제는 잘못을 숨기게 되면 습관이 되고, 나중엔 잘못에 대한 감각이 흐려진다는 데 있다. 그래서 잘못을 잘못으로 보지 않고, 무덤덤하게 넘김으로써 선한 양심에 반하게 된다. 그리고 나아가 큰 잘못을 아무렇지도 않게 유발할 수 있다는 더 큰 문제가 있다. 이는 자신은 물론 상대방과 또는 자신이 속한 직장과 단체, 주변에 큰 고통을 줄 수 있기 때문이다. 이는 작은 가시에 찔린 상처를 치료하지 않으면, 큰 상처로 덧나게 되는 이치와 같다. 그래서 문제가 불거지지 않게 해야 하는 것이다. 잘못한 것은 바로 알려야 된다. 그러면 사람들은 다 이해해준다. 잘못은 누구나 할 수 있기 때문이다.

우화 '양치기 소년' 이야기는 거짓말이 자신과 사람들에게 미치는 영향이 얼마나 부정적으로 작용하는지를 잘 알게 한다. 지금 우리 사회 일각에서는 거짓으로 인한 불신이 만연해 있다. 공직자가 뇌물을 받고 민원을 처리한 후 문제가 불거지는 일이 다반사다. 그런데 하나같이 발뺌으로 일관하다, 나중에 밝혀지면 목숨을 끊는 불행한 사태가 종종 발생하곤 한다. 비단 이는 공직사회만의 문제가 아니다. 정치계, 학계, 스포츠계, 재계, 연예계 등 사회 도처에서 발생한다.

계획적으로 잘못을 일으키면 범법행위로 마땅히 처벌된다. 그것은 범죄이기 때문이다. 그러나 본의 아니게 실수를 하거나, 자신도 모르게 잘못을 하는 경우가 있다. 이럴 땐 솔직하게 잘못을 인정하고, 용서를 구하는 것이 자신을 위해서 백번 천번 옳다.

그렇다. 세상에 비밀은 없다. 낮말은 새가 듣고 밤말은 쥐가 듣는다고 했다. 그러기에 잘못을 하면 숨기지 말고 털어놓아야 한다. 그것이 자신을 위해 지혜로운 일임을 가슴에 새겨 행해야 할 것이다.

선善은 누구에게나 있다

사람들 가운데 어떤 사람은
선이라는 것이 무엇인지를
이해하지 못하는 경우가 있는데
사실은 그런 사람이라도
그 선은 자기 마음속에 모두 지니고 있다.

_논어 05

공자가 이르기를 "사람들 가운데 어떤 사람은 선善이라는 것이 무엇인지를 이해하지 못하는 경우가 있는데 사실은 그런 사람이라도 그 선은 자기 마음속에 모두 지니고 있다"라고 했다.

맹자는 사람은 태어날 때부터 착하게 태어난다며 성선설性善說을 주장했다. 반면에 순자荀子는 사람은 태어날 때부터 악하게 태어난다며 성악설性惡說을 주장했다. 이는 둘 다 맞고, 둘 다 틀리다. 분명한 것은 사람은 누구나 '선善'과 '악惡'을 동시에 지니고 태어난다. 사람은 선하지만도 않고 악하지만도 않다. 다만 정도의 차이가 있을 뿐이다. 물론 20세기 최대의 악의 화신인 히틀러나 고대 로마 황제인 네로 같은 별개의 인간이 있기도 하지만, 그것은 어디까지나 극히 일부일 뿐이다.

선한 사람도 환경과 상황에 따라 조선시대 폭군 연산군처럼 악인으로 변모하기도 한다. 또 찰스 디킨스의 소설 《크리스마스 캐롤》의 수전노 스크루지처럼 악한 사람도 선인善人으로 바뀌기도 한다. 이렇듯 인간은 '선'과 '악'을 지닌 양면성兩面性의 동물이다. 이는 무엇을 말하는가. 사람은 선하고자 노력하면 얼마든지 선을 유지하며 살 수 있다. 그것은 다만 의지의 문제일 뿐이다. 그런 까닭에 선을 행하고자 한다면 얼마든지 선善을 행할 수 있는 것이다. 선의 행함이 얼마나 고귀한지를 잘 알게 하는 이야기이다.

미국의 H. C. 머튼이란 사람이 있었다. 머튼은 아내 메리와 같이 전국을 다니며 장사를 했다. 이들 부부는 장사를 시작하면서 좋은 글귀를 명함에 새겨 고객들에게 나눠주기로 했다. 명함 뒤에는 다음과 같은 글이 새겨져 있었다.

행복에 이르는 길
네 마음을 증오로부터, 네 머리를 고민으로부터 해방시켜라. 검소하게 생활하라. 기대를 적게 가지고 많이 베풀어라. 네 생활을 사랑으로 가득 채워라. 빛을 발하도록 하라. 나를 잊고 남을 생각하며 남의 일을 자신의 일과 같이 하라. 이상과 같은 일을 일주일 계속하라. 그러면 놀라운 일이 생길 것이다.

머튼 부부는 가는 곳마다 이 글이 새겨진 명함을 사람들에게 나눠주었다. 명함에 새겨진 글을 읽고 그대로 실천한 사람들에게 매우 놀라운 일이 벌어졌다. 남에게 선을 베풀자 자신들의 삶이 즐거워지고 행복해짐은 물론 하는 일이 더 잘 되는 경험을 한 것이다. 사람들은 고마운 마음을 담아 머튼 부부에게 감사했고, 머튼 부부는 이 놀라운 결과에 대해 감사하며 더욱 자신들의 사랑을 전하는 일에 열심을 다했다. 머튼 부부가 행한 일은 단순한 것 같지만 사람들을 생각하는 선한 마음이 없이는 절대 할 수 없다. 머튼 부부가 행한 선은 작은 밀알과 같았지만, 그 결과는 참으로 놀라웠던 것이다.

선을 베푸는 방법은 가진 것이 없는 머튼 부부처럼 좋은 글을 사람들에게 전하는 것이나, 물질로 남을 돕는 것이나, 봉사활동을 펼치는 것 등 아주 다양하다. 남을 위해 선을 베풀고자 하는 마음으로 하는 일은 모두가 선을 행하는 일인 것이다. 머튼 부부처럼 단순한 일이라도 꾸준히 선善을 행한다는 것은 쉽지 않다. 그것은 선의 진실을 터득한 사람만이 할 수 있는 일이다. 하지만 그렇게는 하지 못해도 양심에 따라 선을 행할 수는 있다.

그렇다. 자신이 할 수 있는 한 선을 행하되, 그것은 인간이라면 누구나 해야 하는 일 중 하나로 자연스럽게 생각하라.

썩은 나무와 썩은 흙

썩은 나무는 조각할 수 없으며,
썩은 흙으로 쌓은 담은
흙손질을 할 수 없다.

_ 논어 06

후 목 불 가 조 야　분 토 지 장　불 가 오 야
朽木不可雕也 糞土之牆 不可杇也

　이는 《논어論語》의 〈공야장公冶長〉편에 나오는 말로, '썩은 나무에는
조각할 수 없으며, 썩은 흙으로는 탄탄한 벽을 쌓을 수 없다'라는 뜻
이다. 이를 의역하면 '썩은 나무는 조각할 수 없으며, 썩은 흙으로 쌓
은 담은 흙손질을 할 수 없다'라고 할 수 있다. 썩는다는 것은 부패한
다는 것이다. 썩는다는 말은 곧 '죽음'을 의미한다. 썩으면 생명이 끝
나고 말기 때문이다. 그것이 사람이든, 동물이든, 식물이든 재생 불가
능하다. 물론 퇴비와 같이 썩어서 거름이 되는 것도 있지만, 그것은
어디까지나 극히 일부에 지나지 않는다.
　예전에 서해를 항해하는 배가 사고로 인해 기름이 유출되는 일이 있

었다. 검은 기름은 태안 앞바다를 뒤덮어 버렸다. 그로 인해 갯벌에 사는 어패류는 물론 양식장의 해산물이 죽고 말았다. 전국에서 몰려온 자원봉사들이 팔을 걷어붙여 기름을 제거하고 나서야 바다는 다시 활기를 되찾았다. 또한 화산 폭발로 인해 해변이 온통 기름으로 뒤덮여 어패류를 비롯해 갈매기 등의 새들이 기름을 뒤집어쓰고 해변 가득 죽어있었다. 그 뉴스를 보는 순간 인류의 멸망이 그려졌다. 상상만으로도 끔찍했다.

죽은 땅, 죽은 바다, 죽은 강을 상상해보라. 우리가 살 수 있는지를. 죽은 땅은 아무리 넓게 펼쳐져 있어도 풀 한 포기 자라지 못하는 쓸모없는 땅이며, 죽은 바다와 강은 있으나 마나 하다. 그 물은 먹을 수도 없고 물고기 한 마리조차도 살 수 없다. 아주 오래전 러시아 체르노빌 원전 사고로, 그곳은 수십 년간 풀 한 포기 자라지 못했다. 그야말로 허허벌판 죽음의 땅 그 자체였다.

그렇다면 인간의 삶에서 볼 때 썩는다는 것은 무엇을 의미하는가. 그것은 곧 나태와 게으름, 비생산적이고 비창의적인 삶을 말한다. 자기발전이 없는 생활은 퇴보적인 삶에 불과하다. 이런 삶을 벗어나기 위해서는 매사를 긍정적으로 생각하고, 자신이 하는 일에 적극 열중해야 한다. 시시각각 변하는 사회에서 도태되지 않도록 공부하고 늘 깨어 있어야 한다. 그렇게 해야 어떤 변화에도 적응하게 되고, 그 속에서 자신의 뜻을 펼쳐나가게 된다. 그리고 자신이 바라는 결과에 도달함으로써 만족한 삶을 이어가게 된다.

삶은 누가 만들어주는 게 아니다. 내가 잘 안 되는 것에 대해 사회를 탓하고, 남을 탓하고, 환경을 탓하는 대신 자신의 부족함이 무엇인지를 먼저 생각해야 한다. 그러면 스스로 알게 되고 부족함을 채우기 위해 노력한다면, 그것은 온전히 플러스적인 삶의 에너지로 작용하게 된다. 그러면 생산적이고 창의적인 결과를 낳음으로써 스스로에게 만족하게 된다.

공자는 "썩은 나무는 조각할 수 없으며, 썩은 흙으로 쌓은 담은 흙손질을 할 수 없다"고 했다. 백번 옳은 말이다. 그렇다. 자신의 삶이 썩어 녹슬지 않게 하라. 그것이 자신의 삶에 대한 예의이자 도리이며 최선의 행복이다.

먼 길을 가려면 천천히 가라

등에 무거운 짐을 짊어지고
먼 길을 가는 것이 인생이다.
그러므로 우리는 일생을
급히 달리지 말고 천천히 가야 한다.

_ 논어 07

인생은 머나먼 길을 가는 것과 같다. 누구에게나 한 번도 가 보지 않은 그 길, 누구나 환한 햇살 같은 미래를 꿈꾸는 그 길, 누구나 파라다이스를 기대하는 그 길, 그 길을 가기 위해서는 단숨에 갈 수 없다. 그 길은 순리를 따라 가야 하고, 무리를 가하면서 갈 수 있는 길이 아니다.

그런데 사람들 중엔 마치 내일 죽을 것처럼 서두르며 살아간다. 그러다 보니 주변 사람들에게 상처를 주고, 눈살을 찌푸리게 하면서까지 오직 앞만 보고 달려간다. 마음의 여유도 없어 옆과 뒤를 살필 겨를도 없다. 그렇게 가다 보면 어느 순간, 지쳐서 헐떡이게 되고 지금까지는 잘 온 것 같은데 막상 살펴보면 그다지 별 소득이 없다. 그저 마음만 급해서 요란스럽게 서두르는 꼴이 되고 만다.

우리가 가는 인생길은 하루아침에 갈 수 있는 길이 아니다. 그 길은 천천히 순리에 따라가는 천리天理의 길이다. 이에 대해 일찍이 공자는 다음과 같이 말했다.

"등에 무거운 짐을 짊어지고 먼 길을 가는 것이 인생이다. 그러므로 우리는 일생을 급히 달리지 말고 천천히 가야 한다."

공자의 말에서 보듯 우리는 저마다 자신의 짐, 즉 인생이라는 짐을 짊어진 존재이다. 그 짐은 누가 대신 들어다 줄 수 있는 것이 아니다. 오직 자신이 짊어지고 가야 한다. 그러기 때문에 서둘러 가다 보면 탈이 나기 마련이다. 이는 마치 마라톤의 이치와 같다. 42.195Km를 달려가기 위해서는 자신의 체력에 맞게 속도 조절을 잘 해야 한다. 무조건 빨리 가기 위해 달리다 보면 중도에서 포기하는 사태가 벌어진다.

그러나 천천히 자신의 체력에 맞게 무리하지 않고 달리다 보면 끝까지 완주하게 된다. 완주의 기쁨은 마라톤을 완주해본 사람만이 안다고 한다. 그만큼 마라톤은 힘들고 어려운 것이다. 마라톤이 이럴진대 인생이란 마라톤은 어떨지 짐작해보라. 그런데 무턱대고 빨리 잘되기 위해 수단과 방법을 가리지 않거나 능력 밖의 일을 벌인다면 어떻게 될지는 불을 보듯 빠하다. 지혜로운 자는 실리를 쫓아 행하지만, 미련한 자는 무턱대고 덤벙거린다.

그렇다. 인생은 짧은 것 같지만 결코 짧지 않다. 그 길을 가기 위해서는 수많은 일을 경험하게 된다. 그리고 기쁨과 고난이 수시로 교차

한다. 그런 까닭에 지혜롭게 그 길을 가는 자신만의 방법을 터득해야한다. 단, 한 가지 분명한 것은 급히 먹는 밥에 체하듯 절대 서두르지 말라는 것이다. 이를 마음에 새겨 실천하고 노력한다면, 자신의 가고자 하는 그곳을 향해 잘 가게 될 것이다.

습관이 중요하다

사람의 본성은
서로 비슷하지만,
습관이 서로의 차이를 만든다.

_논어 08

성 상 근 야　습 상 원 야
性相近也　習相遠也

　이는 《논어論語》의 〈양화陽貨〉편에 나오는 말로, '사람의 본성은 서로 비슷하지만, 습관이 서로의 차이를 만든다'는 뜻이다. 동서고금을 막론하고 성공한 이들은 좋은 습관을 가지고 있었다. 잘 길러진 좋은 습관은 그 어떤 성공의 조건보다도 우선한다. 아무리 좋은 환경을 갖고 있다고 해도, 강인한 신념을 지녔다고 해도, 좋은 학벌을 가졌다 해도, 습관이 좋지 않으면 그것은 백해무익할 뿐이다. 왜 그럴까?

　습관이 좋지 않으면 일관성 있게 목표를 향해 나아갈 수 없다. 일관성 없는 자세로는 그 어떤 일도 완성시킬 수 없기 때문이다. 하지만 좋은 습관은 일관성 있는 자세를 유지시켜 준다. 일관성 있는 자세는 무엇을 하든 좋은 결과를 낳게 한다. 일관성 있게 해나가면 빈틈이 생기지 않고 간혹 곁길로 새다가도 이내 제자리를 찾아가는 데 방향키 역할을 하기 때문이다. 그러기에 좋은 습관을 기르는 것은 좋은 환경을 갖는 것 이상으로 중요하다.

《순수이성비판》, 《실천이성비판》의 저자이자 독일의 철학자로 서유럽 근세 철학의 대가로 유명한 임마누엘 칸트. 그는 움직이는 시계와 같아 그가 길을 지나가는 것만 봐도 지금 몇 시인지를 알 수 있었다고 한다. 그가 평생을 규칙적으로 살 수 있었던 것은 습관의 힘이었다. 그는 어려서부터 규칙적인 생활을 몸소 실천했고, 그의 그런 습관은 일생을 살아가는 동안 한 번도 흐트러진 적이 없었다. 그의 철저한 규칙적인 생활은 자신을 강하게 강화함으로써 자연스럽게 몸에 밴 습관이다. 특히, 철학이라는 심오한 학문은 많은 책을 읽어야 하고, 거듭된 연구를 해야 하는데 그러기 위해서는 많은 인내가 요구된다. 칸트가 이룩한 철학자로서의 업적은 자신과의 싸움에서 이김으로써 이룰 수 있었으며, 그로 인해 자신을 인생의 승리자가 되게 했던 것이다.

영국의 시인 키츠가 말하기를 "습관은 제2의 천성"이라고 했다. 또 미국의 저명한 심리학자인 윌리엄 제임스는 "삶의 질은 당신의 습관에 의해 결정된다"고 했다. 그리고 이어 말하기를 "부정적인 결과를 긍정적인 보상으로 바꾸고 싶다면 지금 당장 습관을 바꿔야 한다"라고 했다. 또한 미국의 저술가인 오그 만디노는 "포기하는 방법을 배우는 순간 그것은 습관이 된다"고 했으며, 미국의 영향력 있는 저술가이자 강연자인 나폴레온 힐은 "성공의 가장 중요한 원칙은 한 걸음 더 나아가는 습관을 기르는 것이다"라고 말했다.

키츠, 윌리엄 제임스, 오그 만디노, 나폴레온 힐의 말에서 보듯 습관이 인간의 삶에 미치는 영향이 긍정적인 측면에서든 부정적인 측면에서든 매우 크다는 것을 잘 알 수 있다. 성공한 인생이 되어 만족하게 살고 싶다면 좋은 습관을 길러야 한다. 그리고 자신이 가장 잘하는 일에 목표를 세우고 강인한 신념과 실천으로 전심전력을 다해야 한다.

그런데 문제는 최상의 방법을 알고 있어도 하지 못하는 게 인간들의 맹점이다. 인간이란 똑똑하면서도 어리석은 동전의 양면성을 가진 존재이다. 좋은 습관은 자산과 같다. 문제는 좋은 습관을 들이려면 인내가 필요하다. 꾸준히 하는 가운데 자신도 모르게 몸에 배게 되기 때문이다.

그렇다. 자산과 같은 좋은 습관을 들이려면 인내심을 갖고 꾸준히 하라. 좋은 습관은 우리의 인생을 좋은 길로 인도하는 인생의 안내자이다.

향락을 쫓지 말고
젊을 때 부지런히 힘쓰라

젊은 시절은 일 년으로 치면 봄이요, 하루로 치면 아침이다.
봄은 꽃이 만발하고 눈과 귀에 유혹이 많다.
이목耳目의 향락을 쫓아가느냐 부지런히 땅을 가느냐에
일생의 운명이 결정된다.
_ 논어 09

중국 유가儒家의 시조인 공자가 이르기를 "젊은 시절을 일 년으로
치면 봄이며, 하루로 치면 아침"이라고 했다. 이는 무엇을 말하는가.
단적으로 말해 시간의 중요성을 이르는 것이다. 특히, 인생의 봄인 젊
은 시절은 매우 중요한 시기이다. 몸과 마음을 단정히 하여 배움에 힘
써야 하고, 자신의 미래를 준비하는 기간이기 때문이다. 이 시절을 어
떻게 보내느냐에 따라 그 사람의 인생이 결정된다.

시간은 사람을 배신하지 않는다. 시간은 시간을 잘 쓴 사람에게는
그에 대해 상급을 선물한다. 하지만 시간을 낭비하고 허투루 쓰면, 그
에 대한 혹독한 대가를 치르게 한다. 시간의 중요성에 대해 잘 알게
하는 이야기이다.

盛年不重來 一日難再晨 及時當勉勵 歲月不待人

이는 중국 남송시대 시인 도연명의 시로 '청춘은 다시 돌아오지 않고 / 새벽은 하루에 한 번뿐이니 / 좋은 시절에 부지런히 힘쓰라 / 세월은 사람을 기다려주지 않는다'라는 뜻이다. 옳은 말이다. 시간은 흐르는 강물과 같아 아무리 인위적으로 막는다 해도 멈추지 않는다. 시간은 앞만 보고 달리는 에고이스트다.

오늘 못하면 내일 한다고 하는 것은 자신에게 주어진 시간에 대한 모독이다. 시간은 누구에게나 똑같이 주어지지만, 시간을 어떻게 쓰느냐에 따라 시간의 가치는 천차만별이다. 그러기 때문에 시간을 잘 써야 한다. 이 세상에서 가장 치사하고 가장 어리석은 도적은 시간을 낭비하는 사람이다. 치사하고 어리석은 도적이 되고 싶지 않다면, 시간을 금같이 아껴서 써야 한다. 시간을 잘 써야 하는 이유는 오직 자신을 위한 것이며, 자신의 아름다운 미래를 결정짓는 중요한 일인 것이다.

여기 또 다른
파란 새날이 터온다
생각하라. 그대 그날을
쓸모없이 흘려보내려는가
영원으로부터
이 새날은 태어나

112

영원으로
밤에는 돌아간다

시간 앞에서 그것을 보나
아무도 그것을 본 일이 없고
그것은 곧
모든 눈에 영원히 보이지 않게 된다

여기 또 다른
파란 새날이 터온다
생각하라. 그대 그날을
쓸모없이 흘려보내려는가

이는 영국의 사상가인 토머스 칼라일의 〈오늘〉이라는 시다. 오늘이
란 시간의 흐름 속에 바로 지금 현재의 날을 말하는 것이다. 칼라일은
평생을 사상연구에 몰두한 사상가이자 역사가이다. 그가 이렇게 오늘
이란 시간의 중요성을 시로 역설한 것을 보면 자신이 몸소 체험한 결
과에 기인한 것임을 알 수 있다. 사상가란 많은 책을 읽어야 하고, 자
신의 학문적, 사상적 성과를 글로 써야 하니 부단히 공부하고 노력하
지 않으면 안 되는 직업이다. 그러자니 그의 오늘이란 시간은 늘 분주
했고, 그 분주함 속에 그는 시간의 소중함을 뼈저리게 느꼈을 것이다.
그랬기에 〈오늘〉이란 시를 쓸 수 있었다.

시간은 예쁜 사람 미운 사람, 잘난 사람 못난 사람, 부자인 사람 가난한 사람, 지위가 높은 사람 지위가 낮은 사람, 많이 배운 사람 못 배운 사람 등을 가리지 않는다. 누구에게나 똑같이 하루 24시간을 선물한다. 그 시간을 어떻게 쓸 것인지를 선택하는 사람은 각자가 결정하고 시도할 문제이다.

여기서 한 가지 명심해야 할 것은 공자의 말처럼 인생의 봄은 꽃이 만발하고 눈과 귀에 유혹이 많은 봄처럼 온갖 유혹들이 넘친다. 향락에 빠져 시간을 허투루 보낼 것인지, 부지런히 시간을 쓸 것인지를 분명히 해야 한다.

그렇다. 도연명의 시와 칼라일의 시에서 보듯 시간은 금과 같고 옥과 같다. 자신의 인생을 원하는 대로 살기 바란다면 시간을 금같이 써야 한다. 또한 사람은 시간을 배신해도, 시간은 사람을 절대 배신하지 않는다는 것을 기억하라.

자기반성은 엄중히 하고
다른 사람 책함을 가벼이 하라

자기반성은 엄중히 하고
다른 사람 책함을 가벼이 하면
남의 원망이 멀어진다.

_ 논어 10

궁 자 후 이 박 책 어 인 즉 원 원 의
躬自厚 而薄責於人 則遠怨矣

이는 《논어論語》의 〈위령공衛靈公〉편에 나오는 말로, '자기반성은 엄
중히 하고 다른 사람 책함을 가벼이 하면 남의 원망이 멀어진다'는 뜻
이다. 사람들은 대개 자신에게는 한없이 관대하다. 자신의 잘못에 대
해서는 "그럴 수 있지 뭐"라며 아무렇지도 않게 생각한다. 그러나 남
의 잘못에 대해서는 이해하기보다는 왜 그랬느냐는 식으로 핀잔을
주거나 불만을 토로한다. 자신의 실수는 정당화하고, 남의 실수는 비
판하는 것을 당연하다고 여기기 때문이다.

그런데 문제는 이런 생각을 갖고는 사람들과 좋은 관계를 이어가기
가 힘들다. 자신의 실수에 대해서는 아무렇지도 않게 여기면서 남의

실수는 무 자르듯이 단호하게 말한다면 누가 그런 사람을 좋아하겠는가. 그와 함께 하는 것 자체를 불편하게 여겨 가까이하려 하지 않는다. 다음은 자신의 실수에 대해서는 관대하면서도 남의 실수에 대해 비판했다가, 그것이 잘못이라는 것을 깨닫고 관대한 사람으로 거듭난 이야기이다.

인간관계 최고의 전문가로 평가받는 데일 카네기도, 남의 실수에 대해 참지 못하고 비판하곤 했다. 그에게는 조세핀 카네기라는 조카가 있었다. 그녀는 고등학교를 졸업하고 3년 동안 이런저런 아르바이트를 하다 그의 사무실에 비서가 되었다. 그런데 직장생활을 해보지 못한 그녀는 실수가 많았다. 그것을 보다 참지 못하고 카네기는 "너는 왜 그렇게 실수가 많니? 그런 것 하나 제대로 못 하면서 어떻게 일을 제대로 하겠니?"라며 꾸지람을 하고 핀잔을 주곤 했다. 그러자 조카는 자신의 실수를 인정하면서도 마음 상해 하는 모습이 역력했다.

그러던 어느 날 곰곰이 생각하던 카네기는 자신의 행동이 매우 잘못됐다는 것을 깨달았다. 그래서 그는 자신의 생각을 바꾸기로 결심했다. 어느 날 그녀의 조카가 사소한 실수를 했다. 카네기는 전과 다르게 이렇게 말했다.

"조세핀, 너는 실수를 했구나. 그러나 내가 너만 할 때 한 실수에 비하면 아무것도 아냐. 다만 너는 판단력이 조금 약할 뿐이야. 그것은 경험을 통해 얼마든지 기를 수 있단다. 그러니 너의 실수에 대해 잘 생각해보면 스스로 고치게 될 거야. 그러니 너무 자책하지 말거라."

조세핀은 여느 때와는 확연히 다른 카네기의 말에 엷은 미소를 지으며 고개를 끄덕였다. 그날 이후 조세핀은 달라지기 시작했다. 그녀의 잦은 실수는 점점 줄어들었고, 나중엔 능숙한 비서가 되었다. 그리고 더 좋은 직장에서 유능한 직원으로 인정받으며 프로오피서가 되었다. 그 일이 있은 후 데일 카네기는 자신에게는 엄정하고, 타인에게는 관대하게 대했다고 한다. 그 결과 그는 최고의 인간관계 전문가이자 자기계발 동기부여가로 성공했다.

공자는 일찍이 "자기반성은 엄중히 하고 다른 사람 책함을 가벼이 하면 남의 원망이 멀어진다"고 말했다. 참으로 값진 말이 아닐 수 없다. 자신에게 엄정하면 스스로를 개선하여 반듯한 사람이 되게 하고, 남에게 관대하면 존경받는 사람이 된다. 이렇게 한다는 것은 쉽지 않으나 그렇게 해야 보다 성숙하고 참된 삶을 살아가게 된다.

잘못을 알면 반드시 고쳐라

잘못을 알고도 고치지 않으면
그 또한 잘못이다.

_논어 11

과 이 불 개　시 위 과 의
過而不改 是謂過矣

　이는 '잘못을 하고도 고치지 않는 것 또한 잘못이다'라는 뜻으로, 공자가 《논어論語》의 〈위령공衛靈公〉편에서 한 말이다. 사람이라면 잘못은 누구나 한다. 잘못을 하니까 사람인 것이다. 그런데 우리가 꼭 알아야 할 것은 잘못한 것은 반드시 고쳐야 한다는 것이다. 잘못을 하고도 고치지 않으면 같은 실수를 반복하게 되고, 나아가 더 큰 잘못을 하게 된다는 데 있다.

　《논어》의 〈학이學而〉편과 〈자한子罕〉편에서 이르기를 '과즉물탄개過則勿憚改' 즉 '잘못을 하면 고치기를 꺼리지 말라' 했으며 또한 〈자장子張〉편에서 이르기를 '소인지과야 필문小人之過也必文' 즉 '덕이 없는 자는 잘못을 저지르면 그것을 고칠 생각은 하지 않고 꾸며서 둘러대려고 한다'고 말했다. 이렇듯 공자가 잘못한 것에 대해 바로잡아야 한다고 강조한 것은 '인仁'을 사람의 근본으로 삼았기 때문이다.

'인'은 공자의 사상과 철학의 본질이며 목적이다. 그가 유난히 '인'을 강조한 것은 인간답게 사는 길은 잘못을 하지 않고, 도덕과 예로 말미암아 서로에게 '덕이 있는 삶'을 추구하려는 데 있다고 보았던 것이다. 그런 까닭에 공자는 가르침을 중요하게 생각했고 평생을 가르침에 전념했다. 공자의 말대로 잘못을 알고 그것을 고치면 잘못을 줄이게 되고, 나아가 더 나은 자신으로 거듭나게 된다. 이에 대한 이야기이다.

영국의 수필가 찰스 램이 청년 시절에 겪었던 일화이다. 그에게는 사랑하는 여자가 있었는데, 생각만 해도 너무 행복할 정도로 그녀를 사랑했다. 그러다 보니 머릿속에는 온통 그녀에 관한 생각으로 가득 차 있었다. 결국, 이대로 지내는 것은 시간 낭비라고 생각해 그는 하루라도 빨리 결혼해서 행복한 가정을 꾸리기로 결심한다.

그러던 어느 날, 청혼하기로 마음먹고 여자의 집을 향해 가고 있을 때였다. 하늘을 나는 듯한 기분에 사로잡혀 그는 모든 것이 다 아름다워 보였다. 들뜬 마음으로 길을 가다 보니 어느새 여자가 살고 있는 동네에 이르게 되었다. 그때였다. 두근대는 가슴으로 골목길을 급히 걸어가다 그만 어떤 여자와 부딪치고 말았다. 그는 버럭 화를 내며 말했다.

"아니, 눈을 어디다 두고 걷는 겁니까? 똑바로 좀 보고 다니세요!"

그는 아파서 어쩔 줄 몰라 하는 여자를 향해 소리쳤다. 사과를 하는 것이 도리였지만, 사랑하는 여자를 만난다는 생각에 들떠 함부로 말하고 말았다. 하지만 안타깝게도 그 모습을 사랑하는 여자가 창문을 통해 지켜보고 있었다.

"오, 이럴 수가! 이건 있을 수 없는 일이야."

여자는 그의 무례한 행동에 놀라며 크게 실망했다. 그는 여자가 자신을 지켜보고 있다는 것도 모르고 여자의 집 앞에 도착해 초인종을 눌렀다. 잠시 후 문이 열리고 밖으로 나온 여자는 그 집 하인이었다.

"아가씨께서 만나고 싶지 않으니 그만 돌아가시랍니다."

"아니 왜요? 무슨 일이 있나요?"

그는 의아하다는 얼굴로 물었다.

"아니요. 그저 만나고 싶지 않으시답니다."

하인의 말에 찰스 램은 큰 충격을 받고 만다. 당연히 그녀가 나와서 반겨줄 줄 알았는데 그냥 돌아가라니, 도무지 이해할 수가 없었다. 그는 아쉬운 발길을 돌려 집으로 돌아왔지만, 아무리 생각해도 자신을 반겨 맞아주지 않은 이유를 알 수 없어 그녀에게 편지를 써서 보냈다.

며칠 후, 답장을 받았는데 거기에는 다음과 같이 쓰여 있었다.

제가 어째서 이러는지 그 이유에 대해 말씀드립니다. 며칠 전, 저희 집을 향해 오다 당신이 어떤 여자와 부딪친 것을 보았습니다. 그때, 당신은 여자를 일으켜 세워 사과를 했어야 했습니다. 그런데 당신은 사과는커녕 도리어 화를 내고 아무렇지도 않게 저희 집으로 왔습니다. 저는 당신의 이런 말과 행동을 도저히 이해할 수가 없습니다. 이제 당신에 대한 믿음이 사라져 더는 인연을 맺고 싶지 않군요. 부디 좋은 여자와 만나 행복하시기를 바랍니다.

여자의 편지를 읽고 찰스 램은 자신의 어리석음을 깊이 반성하고, 이후로는 누구에게든지 친절을 베풀며 공손하게 말하고 행동하게 되었다. 찰스 램의 이야기에서 보듯 사람은 의도치 않게 잘못을 하기도 하고, 잘못인 걸 알면서도 잘못을 하기도 한다. 문제는 잘못을 했을 때 고쳐야 하는 것이다. 그렇다. 찰스 램처럼 잘못을 하면 반드시 고쳐야 한다. 그래야 거듭남으로써 참 좋은 인생으로 살아가게 된다.

사랑의 진정성을 알고 있는 사람

자기 자신을 존중함과 같이 남을 존중하며,
남이 자기 자신에게 해 주기를 원하는 바
그것을 남에게 해 줄 수 있다면 그 사람은
사랑을 알고 있다고 할 수 있다.
이 세상에 그 이상의 것은 없는 것이다.

_논어 12

공자는 일러 말하기를 "자기 자신을 존중함과 같이 남을 존중하며, 남이 자기 자신에게 해 주기를 원하는 바 그것을 남에게 해 줄 수 있다면 그 사람은 사랑을 알고 있다고 할 수 있다. 이 세상에 그 이상의 것은 없는 것이다"라고 했다. 모든 것은 자신이 하는 그대로 받는 법이다. 그것이 인간관계의 속성이기 때문이다. 그런 까닭에 자신이 상대로부터 존중받기를 바란다면, 자신을 존중함과 같이 상대를 존중해야 한다. 또한 상대가 자신에게 해주기를 바라는 게 있다면 자신이 먼저 상대에게 해주어야 한다. 자신이 한 그대로 상대 또한 그대로 해줄 것이다. 왜 그럴까. 그런 사람이야말로 사랑의 진정성을 알고 있는 사람이라고 믿기 때문이다. 이렇듯 모든 것은 다 상대적이다. 그런 까닭에 자신이 바라는 대로 자신이 먼저 그렇게 해야 한다.

사랑스런 사람을 만나고 싶다면
네가 먼저 사랑스런 사람이 되어라
웃음이 예쁜 사람을 만나고 싶다면
네가 먼저 예쁜 웃음을 웃어주어라
매너가 좋은 사람을 만나고 싶다면
네가 먼저 멋진 매너를 보여주어라
정이 많은 따뜻한 사람을 만나고 싶다면
네가 먼저 따뜻한 정을 베풀어라
덕이 있는 사람을 만나고 싶다면
네가 먼저 후덕한 덕을 갖추어라
사람은 누구나 자기가 하는 대로
똑같은 사람과 만나게 되나니,
좋은 사람을 만나고 싶다면
네가 먼저 품격 있는 좋은 사람이 되어라

이는 나의 〈네가 먼저 그렇게 하라〉라는 시다. 이 시에서와 같이 자신이 원하는 대로 이루고 싶다면, 상대가 해주길 기다리지 말고 자신이 먼저 적극적으로 행해야 한다. 사람은 누구나 그런 사람의 진정성을 믿고 좋아하기 때문이다. 그렇다. 누군가로부터 인정받고, 존중받고, 사랑받고 싶다면 진정성 있는 사람이 돼라. 진정성은 참 좋은 사랑과 참 좋은 인간관계의 라이선스이다.

성실과 믿음을 갖춰라

사람이 성誠과 신信이 없으면
말과 행동이 모두 허위에 흘러,
도저히 사람의 값을 지니지 못할 것이다.
이것은 마차에 비하면 수레바퀴의
살이 없는 것과 마찬가지다.

_ 논어 13

공자는 '성誠'과 '신信'을 강조했다. 여기서 성은 '성실'을 말하고, 신은 '믿음'을 말한다. 성실과 믿음은 인간이 갖춰야 할 가장 기본적인 품성이다. 그래야 인간관계에 있어 사람들과 소통하는 데 문제가 없고, 삶을 살아가는 데도 큰 도움이 된다. 사람들에게 신뢰를 주고, 믿어도 좋다는 마음을 갖게 하기 때문이다.

자신의 분야에서 성공한 사람들이나 인정받는 사람들의 공통점은 근면하고, 성실하고, 믿음을 갖췄다는 것이다. 꿀벌이 끊임없이 꿀을 실어 나르듯 근면하고 성실하게 일하는 모습은 그가 누구든 누구에게나 믿음을 주고 신뢰하게 만든다. 다음은 성실과 믿음으로 자신의 인생을 풍요롭게 하고, 세계 금융사에 영원히 이름을 남긴 이에 대한 이야기이다.

지금으로부터 115년 전 미국 콜럼버스 저축조합의 중역회의가 열렸다. 그 자리에 참석한 사람들은 한 남자가 하는 말에 귀를 기울이고 있었다. 그만큼 그의 말에 관심이 많았던 것이다. 그는 주위를 한번 쓰윽 둘러본 뒤 이렇게 말했다.

"미국 시민 누구나 은행 업무에 대한 자격이 있습니다. 또한 은행은 누구에게나 서비스를 제공할 의무가 있습니다. 그럼에도 불구하고 우리 조합은 대중들과의 소통을 소홀히 하고 있습니다. 저는 여러분과 작별하고 앞으로 대중을 위한 은행을 만들겠습니다."

남자는 이렇게 말하고 자리에서 일어났다. 그리고 그는 자신이 계획하는 은행을 설립하기 위해 분주히 움직였다. 그의 계획은 일사천리로 진행되었다. 콜럼버스 저축조합 중역들 중 어떤 사람은 그 남자에 대해 무시하는 투로 말했지만, 어떤 중역은 그의 말이 일리가 있다고 말하는 등 그에 대해 의견이 분분했다.

은행설립계획을 마친 남자는 드디어 은행을 설립했다. 은행 이름은 '뱅크 오브 이탈리아'였다. 은행을 설립한 그는 자신의 은행을 사람들에게 적극적으로 홍보했다.

"기존의 은행은 한 계좌에서 100달러조차 대출을 해주는 일이 없습니다. 하지만 우리 은행은 한 계좌에 25달러까지 대출을 합니다. 은행은 돈이 필요한 사람들이 자유롭게 이용할 수 있어야 합니다. 그것이 우리 은행이 해야 할 일입니다. 앞으로 돈이 필요할 때 언제든지 우리 은행을 찾아주십시오. 친절하게 안내해 드리고 신속하게 대출해 드릴 것을 약속합니다."

남자의 말에 사람들의 반응은 뜨거웠다. 특히 서민들이나 가난한 이민자들의 반응은 놀라울 정도였다. 은행 창구엔 날마다 많은 사람으로 북적거렸다. 그동안 은행은 자신들과는 상관없는 줄로만 알고 은행 문턱에도 가지 않았는데 자신들의 눈높이에 맞춰주는 은행이 생기자 반응은 기대 이상이었다. 그 모습을 말없이 바라보는 남자의 입가엔 미소가 번졌다.

'저처럼 반응이 뜨겁다니, 참 놀라운 일이야. 역시, 내 생각이 옳았어. 분명히 우리 은행은 기적을 이뤄내고 말 거야.'

이렇게 생각하는 남자의 얼굴은 희망의 빛으로 가득 피어났다. 하루가 다르게 은행은 발전에 발전을 거듭했다. 이 소식은 미국 전역에 삽시간이 퍼졌고, 남자의 경영철학은 많은 사람 사이에 회자되었다. 은행 설립 1년 만에 놀라운 실적을 이뤄냈다. 이 은행은 '뱅크 오브 아메리카'로 거듭났으며, 이 남자의 이름은 아마데오 피터 자니니이다.

이 이야기에서 보듯 자니니가 성공할 수 있었던 것은 그의 아이디어가 서민들과 이민자들의 마음을 사로잡았을 뿐만 아니라, 정성스러운 마음과 믿음을 보여줌으로써 그들의 신뢰를 얻었기 때문이다. 그리고 나아가 많은 사람에게 확신을 주고 희망을 심어주었던 것이다.

공자의 말에서 알 수 있듯 성실과 믿음은 참 중요하다. 성실하지 못하고 믿음이 없으면 아무리 겉치레를 멋지게 한들 통하지 않는 법이다. 그렇다. 성실과 믿음으로 삶을 살아가는 우리가 되어야겠다.

지각이 있는 자와 어진 자

지각이 있는 자는 맑기가 물과 같으며,
어진 자는 그 마음의 푸름이 산과 같으니,
지각이 있는 자는 사람을 움직이고
어진 자는 항상 그 태도가 고요하다.
그러기에 지자知者는 마음이 즐거우며
인자仁者는 그 수명이 길다.

_논어 14

공자는 "지각知覺이 있는 자는 맑기가 물과 같고, 어진 이는 그 마음이 푸른 산과 같다 했다. 그래서 지각 있는 이는 사람을 움직이고, 어진 이는 행동이 고요하다"고 했다. 지知라는 것은 깨달음이며, 인仁은 어진 마음으로, 이는 성숙한 사람이라면 반드시 지녀야 한다. 지는 갖췄는데 인을 갖추지 못했거나, 인은 갖췄는데 지를 갖추지 못했거나 한다면 부족한 부분을 반드시 채워야 한다. 그렇게 될 때 온전한 '나'로 살아가게 된다. 아무리 재물이 많아도 지가 부족하면 천해 보이고, 아무리 권력이 높아도 어질지 못하면 상스럽게 보인다. 지와 인은 그 사람의 품격을 말해주는 바로미터이다.

지식을 쌓기 위해서는 배워야 한다. 스스로 책을 읽고 쓰면서 지식을 머릿속에 입력시켜야 한다. 스승을 두고 배우든, 스스로 읽고 쓰고 배우든 배움이란 과정을 거쳐야만 지식을 쌓게 된다. 배우는 즐거움은 그 어떤 것보다도 크다. 그래서 즐거운 마음으로 배우면 한층 더 깊이 있게 배우게 된다. 또한 무엇보다 꾸준히 배우고 익혀야 한다.

'여조삭비如鳥數飛'라는 사자성어가 있다. 이는 '새가 하늘을 날기 위해 날갯짓을 하는 것'으로 '배움도 쉬지 않고 끊임없이 익혀야 한다'는 의미이다. 알에서 부화한 아기새는 어미가 잡아다 주는 먹이를 먹고 자라면서 본능적으로 날갯짓을 한다. 수없는 날갯짓을 함으로써 날개에 근육을 키우고 비로소 날게 된다. 배움 또한 이와 같아 끊임없이 반복 학습을 함으로써 실력을 기르게 되고, 자신이 원하는 것을 막힘없이 해나갈 수 있는 능력을 기르게 되는 것이다.

마음을 어질게 하기 위해서는 어진 마음을 기르도록 해야 한다. 어진 마음을 기르기 위해서는 어떻게 해야 할까. 첫째, 나 하나쯤이야 하는 마음을 버려야 한다. 이런 마음은 자신을 편협하고 이기심으로 가득 차게 만든다. 둘째, 자신에게는 엄중하고 타인에게 관대해야 한다. 이를 통해 타인과 자신을 유기적으로 이끌어냄으로써 돈독한 유대관계를 형성하게 된다. 셋째, 상대방의 입장에서 생각해보는 자세를 길러야 한다. 이를 통해 상대를 이해할 수 있게 됨으로써 아름다운 인간관계를 지속시키게 된다. 넷째, '생각하는 대로 된다'는 말이 있듯 늘 긍정적으로 생각하고 행동해야 한다. 다섯째, 이를 통해 타인을 긍정적으로 바라보게 되고, 자신을 낮추고 타인을 높여줌으로써 어진 사람으로 살아가게 된다. 여섯째, 사람은 누구나 잘못을 할 수 있고, 어질지 못한 행동을 벌일 수도 있다. 그런데 문제는 이를 그냥 방치한다면 자신이나 타인에게 화가 미친다는 것이다. 이는 곧 공멸을 불러올 수도 있다. 이를 경계해야 한다.

'인자무적仁者無敵'이라는 말이 있다. 어진 사람에게는 적이 없다는 말이다. 어진 사람은 우쭐해하거나 교만하지 않는다. 또한 경거망동하지 않으며 매사에 사려 깊게 행동한다. 어느 누구에게도 거부감을 주지 않는다. 이러다 보니 어진 사람을 적을 삼거나 경쟁의 대상자로 삼지 않는 것이다. 그러나 어질지 못한 사람은 누구에게나 함부로 말하고 행동함으로써 눈살을 찌푸리게 하고 거부감을 줌으로써 적을 지게 한다. 그래서 어질지 못한 사람을 가까이 하려고 하지 않는다. 가까이 해봐야 좋을 게 없다는 걸 잘 알기 때문이다. 어진 마음을 가진 자는 마음이 늘 안정적이고 평안하다. 그에게는 적이 없기 때문이다. 그런 까닭에 어진 마음을 길러야 자신에게도 타인에게도 덕이 되고 덕을 베풀 수 있다.

이상에서 본 바와 같이 지와 어진 마음을 반드시 길러야 한다. 그래야 공자의 말처럼 지자知者와 같이 마음이 즐겁게 하며, 인자仁者와 같이 그 수명이 길게 할 수 있다. 그렇다. '지'와 '인' 즉 지식과 어진 마음을 반드시 갖추는 당신이 돼라.

군자와 소인

군자와 소인의 구별은 의義와 이利에 있다.
군자는 주로 의를 존중하지만,
소인은 이로움을 존중하기에 고심한다.
그러므로 어떠한 방법으로라도 소인을 잘 일러 주어
이로운 사람이 되도록 하는 것이 가진 참된 군자의 도의심이다.

_논어 15

공자의 말은 군자와 소인을 분명하게 규정짓고 있다. 군자는 어떤 상황에서도 '의'를 잃어서는 안 된다. 의를 잃는 순간 더 이상 군자가 아니라 소인小人으로 전락하고 만다. 소인小人은 어떠한가. 소인은 자신의 유리함을 좇아 의를 헌신짝처럼 버린다. 자신에게 불리한 것은 외면하고, 자신에게 이익이 된다 싶으면 갖은 수단을 다하여 이로움을 취하는 데 혈안이 된다. 그런 까닭에 소인은 군자가 될 수 없고, 사람들로부터 손가락질을 받는 행위도 서슴지 않는다.

포은 정몽주는 만고의 충신으로 존경받는다. 그는 조선을 건국하는 데 함께하자는 이방원의 간청에도 끝내 동조하지 않았다. 옳지 않다고 생각해 단호하게 거부한 것이다. 그로 인해 하나뿐인 목숨을 잃었지만, 그는 만고에 빛나는 의로운 충신이 되었다.

조선시대 성종의 절대적인 신임을 받았던 사림파의 거두이자 영남 학파의 종조인 김종직은 올곧은 강직함으로 정평이 났다. 그는 세조의 앞에서 바른말을 일삼고, 전혀 두려워하지 않았다. 그는 의에 어긋나면 그 대상이 군왕이든 그가 누구든 직언했다. 그의 강직함과 의로움에 그를 따르는 제자들이 줄을 이었다. 그는 아군뿐만 아니라 반대파들에게도 존경을 한몸에 받았다.

　조선시대의 간신 임사홍은 자신의 유익을 위해 의를 버리고, 아무 죄 없는 이들을 모함하기를 밥 먹듯 했으며, 간에 붙었다 쓸개에 붙었다 하며 일신영달을 꿈꿨지만 천하의 악인으로 낙인찍히고 말았다. 의로움을 지키고 실천하는 것은 군자의 도리이다. 그래서 군자는 언제나 푸른 소나무와 같이 푸른 절개를 지니고 살아간다.

　자신의 일신영달을 위해 상황에 따라 말과 행동이 다른 소인에게 의는 씹다 버린 껌처럼 의미가 없다. 그래서 소인은 언제나 쓰레기더미처럼 냄새를 풍기며 사람들의 눈살을 찌푸리게 한다. 그렇다. 의로운 사람이 되어야 한다. 의를 지키는 것은 군자의 도리이자 인간된 자로서의 의무라는 것을 잊지 말아야겠다.

만족하게 처세하는 법

이 세상에 있어서 만족하게 처세하는 길은 정직이나
조금도 구부러지지 않는 길이다.
어디까지나 바르고 꼿꼿한 마음을 간직하여 나아가는 것이 당연한 일일 것이다.
허위와 행동을 할수록 화禍를 당하여 죽는 데까지 이르는 것이니,
삼가 허위의행동을 자행하는 일이 없도록 할 것이다.

_논어 16

"정직과 성실을 그대의 친구로 삼으라. 아무리 누가 그대와 친하더라
도 그대의 몸에서 나온 정직과 성실만큼 그대를 돕지 못할 것이다. 남
에게 믿음을 잃었을 때에 사람은 가장 비참하다. 백 권의 책보다 하나
의 성실한 마음이 사람을 움직이는 마음이 더 크다."

이는 미국 건국의 아버지의 한 사람이자 피뢰침을 발명한 벤저민
프랭클린이 한 말로 정직의 중요성을 잘 보여준다. 공자는 《논어論語》
에서 이르기를 만족하게 처세하는 길은 정직이나 조금도 구부러지지
않는 길이며, 어디까지나 바르고 꼿꼿한 마음을 간직하여 나아가는
것이라고 설파했다. 정직하고 반듯한 자세로 생활을 하면 스스로에게
흠이나 허점을 드러내지 않음은 물론 사람들에게도 믿음과 신뢰를

줌으로써 깊이 존경받게 된다. 그러니 어찌 사람으로서 만족하지 않을 것인가. 그런 까닭에 정직과 반듯한 생활이야말로 스스로를 만족하게 처세하는 것과 같은 것이다.

그러나 허위와 행동을 할수록 화禍를 당하여 죽는 데까지 이르는 것이니, 삼가 허위의 행동을 자행하는 일이 없도록 해야 한다고 말했다. 허위란 무엇인가. 꾸며낸 거짓을 이르는 말이다. 꾸며서 거짓을 말한다는 것은 상대를 곤경에 빠트리게 하는 불순한 의도로 하는 패악한 행위이다. 그러니 어찌 이런 사람을 믿고 신뢰할 수 있을까. 그런 사람을 믿는다는 것은 스스로 캄캄한 굴에 갇히게 하는 일이니 이는 자신을 불행하게 일이며 사람들에게 믿음을 잃고 불신을 사는 일인 것이다. 그런 까닭에 허위는 스스로를 불행하게 처세하는 것과 같다 하겠다.

벤저민 프랭클린은 어린 시절 가난으로 인해 초등학교 4년밖에 다니지 못했다. 하지만 배움이 짧았던 그가 정치가가 되고 문필가로, 과학자로, 미국독립기초위원이 되고, 건국의 아버지가 되었다. 그가 이렇게 될 수 있었던 것은 정직과 성실 그리고 꾸준한 노력의 힘에 있다. 특히 그는 소통의 대가였다. 그는 자신을 공격하고 비난을 일삼는 정적政敵에게도 자신이 먼저 다가가 손을 내밀고 상대를 포용한 것은 너무도 유명하다. 상대는 그런 프랭클린의 너그러움에 크게 감화를 받고 그와 친한 친구가 되었던 것이다. 정직과 성실은 그를 미국 역사에 길이 남는 거인이 되게 했다.

세르반테스는 "정직은 최선의 방책이다"라고 말했는데, 정직하면 그 어떤 방법보다도 더 좋은 결과를 낳게 된다. 또 미국의 사상가이자 시인인 랄프 왈도 에머슨은 "정직은 가장 확실한 자본이다"라고 말했다. 세르반테스와 에머슨의 말에서 알 수 있듯 정직은 삶을 살아가는 데 있어 가장 뛰어난 소통수단이자 신뢰의 증표이다.

자신의 인생을 성공적으로 살았던 인물들의 공통점 중 가장 대표적인 것은 '정직'과 '성실'이었다. 정직하면 상대가 누구라 할지라도 믿어주고 신뢰를 보내주었다. 또한 성실하면 믿고 신뢰하게 된다. 성실한 사람은 자신에게 이익을 줄지언정 절대 피해를 주지 않는다고 믿기 때문이다.

무 신 불 립
無信不立

이는《논어》〈안연편〉에 나오는 말로 '믿음이 없으면 설 수 없다'라는 뜻으로, 정치나 개인 간의 관계에 있어 믿음과 의리의 중요성을 이르는 말이다. 그러니까 정직하고 성실하면 믿음을 주고 신뢰를 받게 된다는 것이다. 옳은 말이다. 언제 어디서나 정직해야 한다. 정직은 스스로를 만족하게 하고 상대에게 믿음을 주는 최선의 처세법임을 마음에 새겨 실천하라.

정도를 지나침은
미치지 못함과 같다

정도를 지나침은
미치지 못함과 같다.

_논어 17

과 유 불 급
過猶不及

　이는 《논어論語》의 〈선진先進〉편에 나오는 말로, 중용中庸의 중요함을 이르는 말이다. 무엇이든 정도를 벗어나면 문제가 생긴다. 음식이 아무리 맛있다 해도 사람의 위는 한정된 음식만 받아들이게 된다.

　그런데 그것을 무시하고 먹다가는 체하기도 하고, 병을 자초하게 된다. 돈은 많으면 많을수록 좋지만, 돈 때문에 부모 자식 간에, 형제 간에, 자매간에 서로를 질시하고 급기야는 법정에 서는 어처구니없는 일도 비일비재하다. 또한 대기업의 후계자 자리를 놓고 다투는가 하면, 아버지의 유산 문제로 대기업 CEO 형제가 한동안 사람들 입에 오르내리며 여론을 뜨겁게 달구기도 했다.

어디 그뿐인가. 어떤 여성은 상당한 미모임에도 불구하고, 더 아름다워지고 싶은 욕망에 사로잡혀 수십 번이나 넘게 성형수술을 했다. 그로 인해 얼굴이 망가지게 되어 평생 씻을 수 없는 아픔 속에서 살아가고 있다. 그리고 공부를 상당히 잘하는 자녀가 성적이 조금만 떨어져도, 어머니가 하도 닦달을 하여 이를 견디지 못한 아이가 아파트에서 투신하여 아까운 목숨을 끊는 일이 비일비재하다. 이 모두가 절제할 줄 모르고 무조건 넘치고 많아야 좋은 줄 아는 까닭에 벌어지는 일들이다.

위衛나라에 형가荊軻라는 사람이 있었다. 그는 문무를 겸비한 자로 정치에 뜻을 두고 있었다. 그는 자신의 뜻을 펼치기 위해 원군元君을 찾아가 국정에 대한 자신의 생각을 말했다. 그러고는 자신을 중용해 줄 것을 간곡히 청했지만 원군은 그의 청을 거절했다. 이에 상심한 형가는 위나라를 떠나 자신의 뜻을 펼칠 수 있는 나라를 전전하며 뜻이 맞는 현인과 호걸을 사귀며 기회를 엿보았다. 하지만 기회를 잡기란 쉽지 않았다.

그렇게 시간을 보내던 형가는 연燕나라로 갔다. 그는 그곳에서 거문고의 일종인 축의 고수인 고점리高漸離를 알게 되었다. 그들은 생각하는 것이나 뜻하는 것이 잘 맞아 금방 친한 친구가 되었다. 술을 좋아했던 둘은 만나기만 하면 고점리는 축을 타고, 형가는 음악에 맞춰 춤을 추며 신나게 떠들어 댔다. 그러다 자신들의 신세가 처량하다고 느끼면 얼싸안고 엉엉 울기도 하고 이내 큰 소리로 웃기도 했다. 마치 생각이 모자라는 사람들 같은 형색에 주변 사람들이나 지나가던 사람들은 눈살을 찌푸렸다. 하지만 그들은 전혀 개의치 않고 자신들이 하고 싶은 대로 했다. 그러던 중 형가는 진나라의 정政에게 원한을 품고 있던 연나라의 태자 단丹으로부터 진시황제를 암살해달라는 부탁을 받고 그의 암살을 시도했지만 실패하고 말았다.

이는 《사기史記》〈자객열전刺客列傳〉 나오는 '방약무인傍若無人'이라는 말의 유래로, 다른 사람을 전혀 의식하지 않고 제멋대로 행동하는 것을 가리키는 말이다. 여기서 형가가 보인 행동은 정도正道를 넘는 행위였다. 도를 넘었다는 것은 넘침을 뜻하고, 이것은 좋지 않은 행위의 도를 넘은 까닭에 사람들로부터 비난을 사고 원성을 샀던 것이다.

욕심도 넘치게 되면 탐욕이 되고, 장난도 넘치게 되면 만용이 되는 법이다. 넘친다는 것은 그것이 좋은 것일지라도 도리어 화가 될 수 있다. 그런데 남에게 눈살을 찌푸리게 하는 행동이 넘친다면, 그것은 방약무인한 일이며 안하무인적인 일이 되고 마는 것이다. 그러기 때문에 좋은 일이든 나쁜 일이든 그것이 무엇이든 간에 넘치면 오히려 미치지 못함과 같은 것이 되고 만다.

군자君子는 대범大汎하여 작은 것에 연연하지 아니하고, 넘쳐도 내색을 하지 아니하며, 모자라도 또한 내색하지 아니한다. 사물의 이치를 깊고 넓게 깨우친 까닭이다. 그러나 소인은 한쪽으로 넘치든 치우치든 상관치 아니하고, 소심하여 작은 일에도 연연하며, 부족하면 근심이 쌓이고 넘치면 좋아라 하고 내색하기를 주저하지 않는다. 사물의 이치를 깨우치지 못한 까닭이다.

누구나 군자는 될 수 없다. 군자가 되기 위해서는 많은 수련을 쌓아야 하고, 많은 공부를 통해 삶의 본질을 터득해야 한다. 또한 사물의 이치를 깨우쳐야 한다. 군자가 되는 길은 지극히 어렵다. 하지만 군자적 삶을 흉내낼 수는 있다. 물론 이것 또한 많은 공부와 수련을 필요로 한다. 사람답게 살아가기 위해서는 그 정도의 수고는 감수해야 함이 마땅하다 하겠다.

자기완성을 위해서 노력하라

참으로 완전한 것은 하늘의 법칙이다.
그러므로 자기완성自己完成 즉 하늘의 법칙을 깨닫기 위해서 항상 끊임없이
자기완성을 위해서 노력하는 사람은 성인聖人이다.
성인은 선과 악을 구별할 줄 안다.
그는 선을 찾아내고 그 선을 잃지 않으려고 항상 노력한다.

_ 논어 18

공자가 이르기를 "참으로 완전한 것은 하늘의 법칙이다. 그러므로 자기완성自己完成, 즉 하늘의 법칙을 깨닫기 위해서 항상 끊임없이 자기완성을 위해서 노력하는 사람은 성인聖人이다. 성인은 선과 악을 구별할 줄 안다. 그는 선을 찾아내고 그 선을 잃지 않으려고 항상 노력한다"라고 했다.

사람은 불완전한 존재이다. 그것이 사람이 신神이 되지 못하는 이유다. 그래서 인간의 삶엔 완전한 것이 없다. 그러나 노력 여하에 따라 완전한 삶, 즉 자기완성을 할 수는 없으나 그에 가까이 이를 수는 있다. 우리는 그것을 성인聖人이라고 부른다. 여기서 분명히 할 것은 성인은 현자賢者이지 신神이 아니라는 것이다. 그러니까 신에 가까이 이르는 인간이라고 보면 된다.

보통 사람들이 성인이 된다는 것은 하늘의 별 따기처럼 어렵다. 그 것은 많은 고행을 감내해야 하고, 부단히 공부하고 사색하고 연구해야 한다. 몸과 마음을 반듯하게 닦아야 한다. 그 길을 간다는 것은 인간이 상상할 수조차 없을 만큼 외로울 수도 있다. 그래서 성인에 이르면 만인은 그를 우러러 존경하는 것이다. 평범한 인물이었던 이가 인간의 약점인 실수를 거듭하던 중 깨달음을 얻고, 부단히 노력하여 성인의 반열에 오른 이야기이다.

아우구스티누스는 가톨릭 신자들로부터 존경받는 위대한 인물이다. 그의 이름 앞에 거룩하다는 뜻의 '성Sanctus'을 붙이는 것은 그가 성인으로서 책임과 의무를 다했음을 의미한다. 아우구스티누스는 교부로서 신학자로서 사상가로서 철저한 삶을 살았다.

청년 시절에 그는 여자와 이교도에 빠져 절제된 삶을 살지 못했다. 그는 수사학을 공부하기 위해 카르타고로 가서 철학에 심취했지만 이교도인 마니교에 빠져 10년 가까이 세월을 보냈다. 열일곱 살에 여자와 동거를 하며 14년을 살았고 아들을 낳았다.

아우구스티누스는 어머니 모니카의 마음을 아프게 하며 불효의 시간을 보냈다. 그의 어머니 모니카는 독실한 그리스도인으로 아들의 타락을 막기 위해 눈물을 흘리며 밤새 기도한 끝에 그를 타락의 구렁텅이에서 건져 냈다. 아우구스티누스가 마니교를 떠난 것이다. 그는 밀라노의 주교 암브로시우스에게 세례를 받고 그리스도인이 되었다. 그는 고향으로 돌아와 수도회를 설립하고 수도사 생활에 전념했다.

아우구스티누스는 독실한 믿음으로 깊은 신앙을 갖게 되었고, 히포

레기우스에서 발레리우스 주교에게 사제 서품을 받았다. 이후 그는 마니교를 부정하고 비판했다. 인간의 도덕적 완성을 주장하는 펠리기우스 주의를 비판하며 그리스도의 삶을 주장했다.

그는 모든 삶의 근원은 하나님께 있으며, 하나님의 은총만이 인간을 바르게 하고 죄로부터 구원함을 강력하게 주장했다. 아우구스티누스의 은혜론은 종교 개혁자인 마틴 루터에게도 큰 영향을 끼쳤다. 그는 발레리우스 주교와 공동 주교가 되었으며, 공동 주교가 죽자 히포 교구의 주교가 되었다. 그는 주교로서 신학자로서 사상가로서 활발한 활동을 펼치며 《고백록》, 《행복론》, 《신국론》 등 많은 책을 저술했다.

아우구스티누스는 사람들을 아끼고 사랑했다. 사람이 사람 위에 군림하는 것은 하나님의 뜻에 어긋날 뿐만 아니라 하나님의 사랑을 부정하는 죄악이라고 믿었다. 그의 믿음이 잘 나타나는 이야기가 있다.

427년 게르만족의 한 민족인 반달족이 북아프리카를 침략했을 때였다. 그는 안전한 곳으로 대피할 수 있었지만 피난민들의 곁에서 기도와 봉사로 섬겼다. 피난민들은 크게 감동하며 그를 높이 칭송했다. 아우구스티누스는 눈감기 직전까지 피난민들을 돌보다 결국, 열병에 걸려 생을 마감했다.

아우구스티누스의 삶은 타락과 회심으로 점철되어 있다. 그가 이교도인 마니교에 빠진 것과 어린 나이에 여자에게 빠진 것은 인생의 흠이었다. 그는 하나님의 은혜를 체험하면서 과거로부터 완전히 벗어나 그리스도인의 길을 걸었다. 그는 신학적으로 크게 영향을 미쳤고, 사상가로서 유익한 저서를 많이 남겼다. 그의 삶은 교회 발전에 막대한 계기가 되었다.

사람은 누구나 죄를 지을 수 있다. 죄를 뉘우치지 못하면 영원히 죄에서 벗어나지 못하지만, 회개하면 용서받고 참된 그리스도인의 길을 걸어갈 수 있다. 아우구스티누스의 신념은 하나님에 대한 믿음에 기초한다. 그는 믿음의 확신에서 벗어나지 않았다. 그는 자신의 믿음에 대해 다음과 같이 말했다.

"신념은 아직 보지 못한 것을 믿는 것이며, 그 신념에 대한 보상은 믿는 것을 보게 된다는 것이다."

아우구스티누스의 신념은 하나님을 향한 굳은 믿음에서 나온 것이며 굳은 믿음에서 그의 위대함은 발현되었다. 아우구스티누스는 청년 시절에 여자와 이교도에 빠져 절제된 삶을 살지 못했지만, 깊은 깨달음을 얻고 자신을 부단히 단련한 끝에 성인이 되었다. 아우구스티누스의 경우에서 보듯 성인은 누구나 될 수 있지만, 아무나 될 수 없는 것 또한 성인인 것이다.

공자의 말처럼 우리는 하늘의 법칙을 깨닫기 위해서 항상 끊임없이 자기완성을 위해서 노력해야 한다. 설령, 성인이 되지 못해도 최소한의 노력은 할 수 있다. 그렇게만 할 수 있다면, 그것만으로도 충분히 남과 다른 삶을 살게 됨으로써 뭇사람들의 존경을 한 몸에 받게 될 것이다.

군자가 가장 부끄럽게 여기는 것

군자는 눈앞의 이익이나 명성을 바라지 않는다.
다만, 평생 단 한 번도 사람들에게 도움이 되지 못하고,
아무런 업적도 남기지 못함을 부끄럽게 여긴다.
자신의 뜻이 아무에게도 전해지지 않고 생이 끝나버리면
아무리 풍족한 생활을 누렸을지라도 그 삶을 후회한다.

_논어 19

공자는 《논어論語》 〈위령공衛靈公〉편에서 이르길 "군자는 눈앞의 이익이나 명성을 바라지 않는다. 다만, 평생 단 한 번도 사람들에게 도움이 되지 못하고, 아무런 업적도 남기지 못함을 부끄럽게 여긴다. 자신의 뜻이 아무에게도 전해지지 않고 생이 끝나버리면 아무리 풍족한 생활을 누렸을지라도 그 삶을 후회한다"고 했다.

공자의 말은 한마디로 인간다운 삶을 살아야 함을 말한다. 아무리 사회적 명성이 높을지라도, 아무리 엄청난 부를 축적했을지라도, 아무리 학문이 뛰어날지라도, 아무리 높은 지위에 있을지라도 사람들에게 도움이 되지 못한다면 그것은 군자의 삶, 즉 품격 있는 자의 삶이 아님을 말한다. 품격 있는 인간다운 삶을 살기 위해서는 그만한 가치성을 지녀야 하는 것이다. 다음은 어떻게 사는 것이 스스로에게 부끄

럽지 않고, 품격 있게 잘 사는 것인지에 대한 이야기이다.

앤드류 카네기와 함께 미국 기부문화 제1세대로 불리며, 록펠러재단을 세워 사회에 헌신한 존 데이비슨 록펠러. 그는 한때 미국 석유시장 점유율 95%를 차지할 정도로 사업 수완이 뛰어났다. 하지만 그 이면엔 눈물도 피도 없는 사업가라는 사회적 비판이 잇따랐다. 미국 정부는 그의 독점을 막기 위한 법을 만들기까지 했다.

그는 동전의 양면성을 지닌 사업가로 일생을 풍미했으며, 훗날 자신의 전 재산을 사회에 환원하여 노블레스 오블리주를 실천함으로써 가진 자로서의 사회적 책임을 다했다. 그가 어떤 인생을 살았는지에 대해 안다면 그를 통해 어떻게 사는 것이 스스로에게 부끄럽지 않고, 잘 사는 것인지에 대해 느끼게 될 것이다.

"비록 작은 것이지만 이렇게 빼놓지 않고 기록하면 마음의 수양도 되고 또 절약하는 습관도 기를 수 있다."

평소 록펠러의 절약 습관을 짐작하게 하는 말로 다음의 일화가 있다. 록펠러가 소년 시절 클리블랜드의 한 회사에서 직원으로 일하고 있을 때였다. 한 직원이 길에서 다이어리를 주웠는데 거기에는 금전출납의 내역이 상세하게 적혀 있었다. 빵 한 개, 연필, 펜촉 등 자질구레한 것까지 전부 기록되어 있었다. 그는 피식 웃으며 다이어리 주인이 매우 좁쌀 같은 성격의 사람일 것이라고 생각했다. 이야기는 순식간에 회사 내에 퍼졌고 이 소문을 듣고 록펠러는 잃어버린 자신의 다

이어리를 찾기 위해 사무실로 갔다.

"이 다이어리가 당신 것입니까?"

"네. 제 다이어리가 맞습니다."

"그런데 이런 사소한 것까지 다이어리에 기록하는 이유가 무엇이오?"

상대는 의아해하며 말했다.

"비록 작은 것이지만 이렇게 빼놓지 않고 기록하면 마음의 수양도 되고 또 절약하는 습관을 기를 수 있어 좋아요."

록펠러는 미소까지 지어 보이며 태연하게 말했다. 그의 말에 사람들은 어처구니가 없다는 듯이 고개를 저었다. 그로부터 1년이 지나 캐나다 목재상이 목재를 팔러왔을 때였다. 목재상은 나무를 급히 팔아야 했는데 록펠러는 자신이 1년 동안 모은 36달러로 목재를 구입해서 되팔았다. 이후 그는 무려 100달러나 이득을 보았다. 록펠러의 이야기를 들은 사람들은 그를 비웃은 지난날 자신들의 모습을 후회했다. 록펠러는 모은 돈으로 건초, 곡물을 파는 가게와 정유소를 차렸고 그것을 바탕으로 스탠더드 석유 회사를 창립하게 되었다.

미국 기부 문화의 뿌리가 된 록펠러. 그는 석유왕으로 불리며 세계 최고의 부자로 명성이 자자했다. 사람들이 그를 존경한 것은 그가 자선 사업가로 헌신적인 삶을 살았기 때문이다. 그는 생전에 5억 달러가 넘는 후원금을 기부했다. 당시 5억 달러를 지금의 화폐 가치로 환산하면 어마어마한 금액이다. 그는 시카고대학을 설립하고 지원하는 데만 8천만 달러를 후원했다. 그는 자신의 이름을 건 록펠러재단을 설립했고, 지금도 재단은 그의 유지를 받들고 있다. 그의 후원 총액은 지금까지도 개인이 기부한 것으로는 최고의 금액이라고 한다.

이 이야기에서 보듯 록펠러는 석유 회사를 차리고 공격적인 마케팅으로 중·소상공인들의 시장을 잠식하며 원성을 샀다. 그는 테러의 위협을 걱정하며 늘 경호원들을 데리고 다녀야 했다. 자신의 이익을 위해서라면 어떤 타협과 양보도 하지 않던 그에게 변화가 찾아온 것은 건강을 잃고 나서였다. 그는 건강을 잃고 그동안 자신이 걸어온 길을 되돌아보았고 이내 결심했다. 사회를 위해 자신이 번 돈을 환원하기로. 그는 자신의 결심을 실행에 옮겼고, 마침내 지탄받는 기업인에서 존경받는 자선 사업가가 되었다.

만일 그가 사회를 위해, 사람들을 위해 도움이 되는 일을 하지 않았다면, 돈만 아는 악덕 기업가로 두고두고 남았을 것이다. 하지만 그는 자신이 가진 것을 전부 사회에 환원함으로써 인생 최고의 극치를 이루는 역사에 남는 인물이 되었다. 이처럼 잘못을 한 사람도 자신을 반성하고 선한 마음으로 선을 행하면 도를 이루게 되어, 군자의 반열에 이를 수 있다.

그렇다. 자신의 인생을 보다 행복하게 하고, 의미 있는 삶을 살고 싶다면 자신이 가진 재능이나 물질로 남을 돕는 일에 힘써라. 그것이 진정 자신을 사랑하는 일이며, 공자의 말처럼 후회를 남기지 않는 행복한 삶인 것이다.

좋은 일을 하면 더 좋은 일이
하고 싶어진다

사람은 아무리 노력해도 좋은 일만 하기란 힘든 일이다.
그러나 사람은 누구든지 조금이라도 좋은 일을 하고 나면
좀 더 좋은 일이 하고 싶어지는 법이니 그대로만 해 나가면 된다.

_논어 20

공자가 이르기를 "사람은 아무리 노력해도 좋은 일만 하기란 힘든 일이다. 그러나 사람은 누구든지 조금이라도 좋은 일을 하고 나면 좀 더 좋은 일이 하고 싶어지는 법이니 그대로만 해 나가면 된다"라고 했다. 선善을 행하는 사람들의 공통점은 선을 행함으로써 희열을 느낀다는 것이다. 그것은 돈이나 보석 그 무엇으로도 느낄 수 없는 희열이다. 그런 까닭에 자꾸만 선을 행하게 된다. 좋은 일, 즉 선을 행하는 것은 공자의 말처럼 도를 닦는 것과 같다. 선은 실천을 통해서만 더욱 그 빛을 발하는 것이기 때문이다. 그래서 선을 행하면 덕을 쌓게 되고, 덕망 있는 사람으로 살아가게 되는 것이다.

조선시대 경주 만석꾼 최부자는 '사방 100리 안에 굶어 죽는 이가 없도록 하라'고 했다. 이는 최동량이 자손들에게 훈계해서 만든 가거

십훈의 일부로 사람들을 생각하는 마음이 실로 크다는 것을 알 수 있다. 최 부자는 소작인의 소작료를 5:5로 하여 소작인들이 살아가는 데 도움을 주고자 했다. 그런데 소작인들이 더 많은 소작료를 받기 위해 열심히 일하다 보니 최부잣집 재산도 그만큼 더 늘어났다고 한다. 소작인을 생각하는 마음이 불러일으킨 놀라운 일이었다.

조선시대 제주 여류거상 김만덕은 여자의 몸으로 무역을 하여 큰 부를 쌓은 부자이다. 그녀 역시 제주도가 큰 가뭄으로 먹을 것이 없자, 곳간 창고를 열어 사람들에게 쌀을 나누어주는 등 인정을 베풀었다. 그러자 수많은 사람은 그의 공덕을 칭송하며 그녀를 우러러 존경했다.

두 이야기에서 보듯 베푼다는 것은 결국 자신을 이롭게 한다는 것을 잘 알 수 있다. '선善'을 베풀면 '선善'으로 돌아오기 때문이다.

"자선은 아무리 베풀어도 지나치지 않는다."

영국의 사상가이자 에세이스트인 프란시스 베이컨이 한 말로, 자선이란 하면 할수록 더 행복하고 삶을 기쁨이 되게 한다. 그런 까닭에 아무리 선을 베풀어도 지나침이 없는 것이다.

자선이란 남을 돕는 일이지만, 결국은 자신의 행복을 위해 하는 일이다. 그런 까닭에 행복하기 위해서는 더 많은 것을 베풀어야 한다. 이에 대해 프랑스 작가인 아나톨 프랑스는 이렇게 말했다.

"이 세상의 참다운 행복은 남에게서 받는 것이 아니라, 내가 남에게 주는 것이다. 그것이 물질적인 것이든 정신적인 것이든 인간에게 있어서 가장 아름다운 행동이기 때문이다."

베풂의 참의미가 잘 표현된 말이라고 할 수 있다. 공자는 사람은 아무리 노력해도 좋은 일만 하기란 힘든 일이라고 말한다. 하지만 그는 누구든지 좋은 일을 하면 더 좋은 일이 하고 싶어지니 지금 하는 대로만 꾸준히 하라고 말했다. 그렇다. 선도 행하는 사람이 행하는 법이다. 처음은 힘들지만 시도해보라. 그러면 선의 기쁨을 알게 되어 꾸준히 행하게 될 것이다.

맹
자

———

孟
子

중국의 고대 철학자로 추나라 사람이다. 어린 나이에 아버지를 여의고 어머니 슬하에서 자랐다. 그의 어머니는 아들 맹자를 잘 키우기 위해 3번이나 이사를 했다. 이를 가리켜 맹모삼천孟母三遷이라 한다. 젊은 시절의 그는 공자의 손자인 자사의 문하생으로 수업했다. 그로 인해 공자의 사상을 고스란히 이어받았다. 그 또한 많은 사람을 가르쳤고, 제나라 관리로서 일하기도 했다. 특히, 맹자는 각국을 돌아다니며 제후들에게 인정을 베풀라고 말했다. 그리고 그는 백성들의 복지를 돌보아야 할 책임이 있다고 주장하며 맹자를 백성들을 위한 철학자라고 부르기도 한다. 맹자는 사람은 누구나 태어날 때부터 착하다는 '성선설'을 주장한 것으로 유명하다. 주요 저서로는 어록《맹자》가 있다.

인의예지仁義禮智를 갖춰라

측은한 마음이 없으면 사람이 아니며, 부끄러워하는 마음이 없으면 사람이 아니며,
사양하는 마음이 없으면 사람이 아니며, 옳고 그름의 마음이 없으면 사람이 아니다.
측은히 여기는 마음은 인仁의 시초요, 부끄러워하는 마음은 의義의 시초요,
사양하는 마음은 예禮의 시초요, 옳고 그르게 여기는 마음은 지智의 시초이다.

_ 맹자 01

인의예지仁義禮智란 사람으로서 갖추어야 할 네 가지 마음가짐, 즉
어짊과 의로움, 예의와 지혜를 말한다. 이는 맹자의 주요사상으로 이
를 '맹자의 사단四端'이라고 하는데, 즉 측은지심惻隱之心, 수오지심羞惡
之心, 사양지심辭讓之心, 시비지심是非之心을 이르는 말이다. 맹자는 측은
히 여기는 마음을 '인仁'의 시초라고 했는데, 측은히 여기는 마음은 곧
사랑의 마음이다. 사랑의 마음이 있어야 측은히 여기는 마음이 생기
는 법이다. 그런 관계로 어짊의 본질은 '사랑'이라고 할 수 있다.

사랑에는 아가페적인 사랑과 부모 자식 간의 사랑인 스토르게적인
사랑, 이성 간에 사랑인 에로스적인 사랑, 친구 간의 사랑인 우정, 즉
필리아적인 사랑이 있다. 그런데 이 사랑이 지니는 여러 공통적인 것
중 하나가 바로 측은히 여기는 것이다. 측은히 여기는 마음은 사랑이

없이는 할 수 없다. 그런 까닭에 사랑은 인간에게 있어 최고의 가치성을 지닌다고 할 수 있다.

맹자는 부끄러워하는 마음을 '의義'에 시초라고 했다. 의로운 사람은 부끄러움이 없지만, 의롭지 못한 사람은 부끄러움을 지닌다. 왜 그럴까? 떳떳하지 못하기 때문이다. 떳떳해야 그 누구에게도 어디에서도 부끄럽지 않은 법이다. 그런 까닭에 떳떳한 사람은 의롭고, 의로운 사람은 곧 떳떳한 법이다.

맹자는 사양하는 마음을 '예禮'의 시초라고 했다. 예의가 있는 사람은 눈치가 빠르고, 상대를 먼저 생각하는 마음이 크다. 그래서 누군가가 은혜를 베풀면 감사하게 여기면서도 사양한다. 사양한다는 것은 상대를 먼저 생각하는 마음으로 그것은 곧 상대에 대한 예의라고 할 수 있다.

맹자는 옳고 그르게 여기는 마음을 '지智'의 시초라고 했는데, 옳은 것과 그른 것은 서로 상반된 개념이다. 옳은 것과 그른 것을 가리기 위해서는 많이 알아야 한다. 안다는 것은 곧 '지知'를 말한다. 그러니까 많이 알아야 옳고 그름을 분별하는 데 큰 도움이 된다. 그런 까닭에 사람은 많이 배워야 하는 것이다. 그런데 인의예지가 갖추어지지 않으면 한 인간으로서 문제가 많다. 그러니까 온전한 인간으로 볼 수 없는 것이다. 맹자는 이에 대해 다음과 같이 말했다.

"측은한 마음이 없으면 사람이 아니며, 부끄러워하는 마음이 없으면 사람이 아니며, 사양하는 마음이 없으면 사람이 아니며, 옳고 그름의 마음이 없으면 사람이 아니다."

'맹자의 말에서 알 수 있듯 인의예지를 갖추지 못한다는 것은 곧 사람임을 포기하는 것과 같다고 하겠다. 그만큼 인간에게 있어 인의예지는 중요한 덕목인 것이다. 그렇다. 자신을 한번 돌아보라. 과연 나는 인의예지를 갖춘 사람인지를. 그래서 인의예지를 갖췄다고 생각하면 떳떳한 인간으로 사는 데 문제가 없다. 그러나 인의예지를 갖추지 않았다고 생각이 들면 인의예지를 갖추도록 노력해야 한다. 그것은 곧 자신을 인간답게 하는 최선의 일인 것이다.

대인大人과 소인小人의 기준

사람을 가리켜 혹은 대인이라 하고
혹은 소인이라 하는데 그것은 마음을
어질게 가지면 대인이 되고
어질지 않으면 소인이 되는 것이다.

_맹자 02

대인大人이란 말과 행실이 바르고 점잖으며, 덕이 높은 사람을 이르는 말이다. 소인小人이란 도량이 좁고 행실이 바르지 못하고, 덕을 갖추지 못한 사람을 이르는 말이다. 대인은 도량이 넓고 덕을 갖춰 언행이 바르고 한 치의 흐트러짐이 없다. 성인聖人이니 군자君子니 하는 사람은 대인의 풍모를 갖춘 사람이다. 덕이 있는 사람은 어질다. 그래서 덕을 갖춘 사람에게 적敵이 없다.

《맹자孟子》〈양혜왕장구상梁惠王章句上〉편에서는 이를 일러 인자무적仁者無敵이라고 한다. 그런 까닭에 대인은 어디를 가든, 누구를 만나든 함부로 여기지 않으며 우러러 존경을 받는다. 그러나 소인은 도량이 좁고 덕을 갖추지 못해 언행이 거칠고, 감정적으로 행동한다. 덕을 갖추지 못하다 보니 어질지 못해 이런 사람에겐 적이 많다. 그래서 누구를 만나든 어디를 가든 위태롭다.

대인과 소인은 글자 한 자 차이지만, 그것이 주는 의미는 태산보다 높고 바다보다도 깊다. 대인이 되기 위해서는 먼저 덕을 갖추도록 해야 한다. 책을 읽고 사색을 하며 마음을 맑고 바르게 닦는 데 힘써야 한다. 그리고 자신이 존경하는 군자의 행실을 본받도록 노력해야 한다. 옳고 그름에 대해 분별력을 기르고, 옳은 일은 행하되, 옳지 않은 일은 단호히 금해야 한다.

나폴레옹이 진지를 순찰할 때 일이다. 그가 어느 곳으로 향해 가는데 갑자기 "정지!" 하고 보초병이 소리쳤다.

"나다!"

나폴레옹이 말했다.

"나가 누구냐?"

보초병은 신속하게 말했다. 순간 나폴레옹은 화가 치밀어 올랐지만 꾹 참고 말했다.

"나는 나폴레옹이다. 너희들이 잘하고 있는지 한번 돌아보는 길이다. 그러니 어서 나를 통과시켜라."

"안 됩니다."

"뭐라, 안 된다고? 내 신분을 밝혔는데도?"

나폴레옹은 화난 목소리로 말했다.

"네, 안 됩니다."

보초병은 당당하게 말했다.

'어라, 요놈 봐라. 내가 누군 줄 알면서도 통과시킬 수 없다 이거지.'

나폴레옹은 이렇게 생각하며 또다시 말했다.

"이봐 보초병! 당장 통과시키지 않으면 명령불복종죄로 군법에 처하겠다. 그러니 어서 통과시켜라!"

"그렇게 하신다고 해도 통과시켜드릴 수 없습니다."

보초병의 말에 나폴레옹의 위엄은 말이 아니었다.

"내가 누군 줄 알면서도 통과를 시키지 않는 이유가 무엇인가?"

나폴레옹은 마음을 가다듬고 말했다.

"저는 제 임무를 다하기 위해섭니다. 전 장군님께서 이곳을 순시한다는 그 어떤 지시도 받은 적이 없기 때문입니다."

"그래? 단순히 그 이유인가?"

"네. 그렇습니다!"

보초병은 큰 소리로 당당하게 말했다.

"좋아. 돌아가도록 하지."

"네, 안녕히 가십시오. 장군님!"

나폴레옹은 장군 막사로 돌아오는 길에 조금 전과는 달리 만면에 미소를 머금었다. 그리고 이튿날 그 보초병을 불렀다.

"장군님, 부름을 받고 왔습니다!"

"오, 그래. 어서 오게. 내 다시 한번 묻겠네. 어제 나를 통과시켜주지 않은 이유가 뭔가?"

"전 어느 누구에게도 장군님께서 순시를 하신다는 말을 들은 적이 없습니다. 전 오직 제 임무를 다했을 뿐입니다."

"하하, 역시 자넨 훌륭한 군인이구먼. 오늘부터 자네를 장교로 임명하겠다. 국가와 민족을 위해 최선을 다해주기 바란다."

"네, 장군님! 목숨 바쳐 충성을 다하겠습니다."

이 이야기는 많은 것을 시사해 준다. 나폴레옹의 인간다움과 보초병의 책임감은 감동을 주기에 부족함이 없다. 나폴레옹이 누구인가. 그는 날아가는 새도 떨어뜨린다는 그야말로 영웅 중에 영웅이다. 그런데 한낱 보초병을 어쩌지 못하고 자신의 권위를 버렸다는 것이다. 이는 그가 대인이라는 것을 잘 알게 한다.

나폴레옹은 독서광으로 널리 알려진 지적인 사람이다. 또한 지략이 뛰어나고 용맹하기가 이를 데가 없다. 그런데다 관대하고 덕까지 갖추었으니, 그야말로 대인의 풍모를 갖춘 사람임에 부족함이 없다. 그가 세계 4대 영웅이 된 데에는 다 그만한 조건을 갖추었기 때문이다.

그렇다. 대인은 대인다워야 대인인 것이다. 대인이 된다는 것은 덕을 갖추고 품격을 갖춰야 하는 까닭에 쉽지 않다. 하지만 덕을 기르고 품격을 지닐 수 있도록 마음을 수양하는 노력을 다해야 하겠다.

원하는 것을 얻고 싶다면
지극히 정성을 다하라

지성至誠을 다하면
움직이지 않는 것이 없다.
_ 맹자 03

맹자가 이르길 "지성至誠을 다하면 움직이지 않는 것이 없다"고 했다. 여기서 지성至誠이란 '지극한 정성'을 말하는 것으로 그 대상이 사람이든, 천지자연天地自然이든 지성을 다하면 감동하게 되고, 그 감동은 곧 자신이 바라는 것들의 실체가 된다.

"무언가를 간절히 원하면 온 우주가 실현되도록 도와준다."

이는 세계적인 베스트셀러 소설 《연금술사》의 작가인 파울로 코엘료가 한 말로, 간절히 원하면 소원이 이루어진다는 것을 잘 알게 한다. 그런데 여기서 보다 중요한 것은 마음으로 원한다고 해서 되는 것은 아니라는 것이다. 정성을 들이고 열정을 바쳐야 한다. 즉 마음으로 간절히 원하되, 최선을 다해 노력해야 한다. 그래야 좋은 결과를 얻게 되는 것이다.

지성감천至誠感天이란 말이 있다. 정성이 지극하면 하늘도 감동한다는 뜻으로, 온 마음을 다해 정성을 들이면 소원이 이루어진다는 말이다. 그러니까 원하는 것을 얻고 싶다면 간절히 원하되 지극정성을 다해 노력해야 한다. 배우지 못했지만 자신이 좋아하는 시인의 마음을 움직여, 작가로 크게 성공한 아름다운 이야기이다.

소설《크리스천》,《맨 섬 사람》등으로 베스트셀러 작가가 된 홀 케너. 그는 가난한 대장장이의 아들로 학교 공부라고는 8년이 전부였다. 그랬던 그가 소설가가 된 데에는 운명 같은 아름다운 이야기가 있다.

홀 케너는 근로자로 일하면서도 책을 즐겨 읽었다. 특히, 소네트와 민요를 좋아했다. 소네트를 읽을 땐 몸과 마음이 맑게 정화되는 것을 느꼈으며, 민요를 부를 땐 현실의 힘듦을 잊을 만큼 좋았다. 특히, 그가 좋아했던 시인은 단테, 가브리엘, 로세티였는데 그중에서도 로세티를 더 좋아했다.

이탈리아 출신으로 영국에서 명성을 떨치고 있던 로세티는 단테연구자로 독보적인 존재였으며, 런던대학 킹스 칼리지의 이탈리아어 교수로 재직하고 있었다. 홀 케너는 로세티의 시가 너무 좋은 나머지 그를 흠모했다. 가까이 있으면 만나보기라도 할 텐데, 멀고 먼 영국이다 보니 언제나 마음뿐이었다.

그러던 어느 날 그는 편지를 써서 보내기로 했다. 그가 지금으로서 할 수 있는 유일한 방법이었다. 그는 자신의 마음을 담아 정성껏 편지를 써서 보냈다.

존경하는 로세티 시인님께

　저는 시인님의 시를 좋아하고, 시인님을 존경하는 홀 케너라고 합니다. 저는 변변히 배우지는 못했으나 책을 좋아하고, 시를 사랑합니다. 특히, 시인님의 시를 읽을 때면 마음 저 깊은 곳으로부터 감동의 물결이 파도치듯 밀려옵니다. 그럴 때면 세상의 힘듦과 고통을 잊는 듯합니다. 시인님의 시는 제게는 영혼의 양식이며, 삶의 등불입니다.

　그리고 제가 시인님을 존경하는 또 하나의 이유는 단테의 문학적 업적을 높이 기리고 연구하여, 시인으로서의 단테를 완벽하게 재구성했다는 점 때문입니다. 저 또한 단테를 존경하고 그의 시를 좋아합니다. 이런 이유로 저는 시인님을 존경하지 않을 수 없습니다.

　시인님, 시인님을 직접 뵙고 싶지만 지금 제 형편이 여의치 못해 안타까울 뿐입니다. 열심히 노력하다 보면 뵈올 날이 오리라 믿고 열심히 읽고 쓰며 살겠습니다. 앞으로도 좋은 시로 저를 감동시켜주시기 바랍니다.

－ 홀 케너

"오 세상에, 이토록 나를 좋아해주는 독자가 있다니!"

　로세티는 홀 케너의 편지를 읽고 크게 감동했다. 자신을 그처럼 존경하고 자신의 시를 사랑한다는 말이 그의 가슴을 울렸던 것이다. 로세티는 즉시 그에게 편지를 보냈다. 런던으로 오라는 내용이었다.

"하나님, 감사합니다! 나에게 이런 기적이 오다니!"

홀 케너는 로세티의 편지를 받고 크게 감격했다. 그가 자신을 런던으로 초청한 사실이 그렇게도 감사할 수가 없었던 것이다. 홀 케너는 런던으로 갔다. 그리고 꿈에서도 그리던 로세티를 만났다.

"시인님을 만나 뵙게 되어 큰 영광입니다."

"나도 홀 케너 씨를 만나게 되어 무척 기쁩니다."

로세티는 홀 케너의 말에 이렇게 말하며 활짝 웃었다. 마치 홀 케너는 꿈을 꾸는 것 같았다. 하지만 그것은 현실이었다.

"이처럼 기쁘게 저를 반겨주셔서 다시 한번 감사드립니다."

"나 역시 그래요. 저, 오늘부터 홀 케너 씨를 내 비서로 삼고 싶은데 어떻게 생각하세요?"

"비, 비서요! 제, 제가 시인님 비서를요?"

홀 케너는 로세티의 뜻밖의 말에 너무 놀라서 더듬거리며 말했다.

"그래요. 왜 싫은가요?"

"아닙니다. 저처럼 못 배운 사람이 어떻게 시인님의 비서가 될 수 있을까요?"

홀 케너는 믿기지 않는다는 듯이 말했다.

"하하하, 이미 홀 케너 씨는 많은 걸 아는 사람입니다. 오늘부터 제 비서로 임명하겠습니다."

"감사합니다, 시인님. 부족하지만 열심히 배우면서 일하겠습니다."

"그래요. 나는 홀 케너 씨의 능력을 믿습니다."

이렇게 해서 홀 케너는 생각지 못한 큰 은혜를 입었다. 그날 이후 홀 케너의 삶은 완전히 바뀌었다. 지금도 그렇지만 당시의 영국 런던은 정치, 문화, 경제 등 세계의 중심 중에 중심이었다. 홀 케너는 많은 예술가들과 교류하면서 폭넓은 문화지식을 쌓았고, 작가로서의 역량을 키울 수 있었다. 결국 그는 베스트셀러 작가가 됨으로써 자신을 성공적인 인물이 되게 했다.

이 이야기에서 보듯 홀 케너는 가난해서 배우지 못했지만, 그에게는 소설가가 되고 싶은 꿈이 있었다. 하지만 그는 소설을 배운 것도 아니고 공부도 많이 하지 못했다. 단지 그가 할 수 있는 일은 로세티의 시를 열심히 읽고 또 읽기를 반복하는 일이었다. 그러는 가운데 그는 자신이 좋아하는 로세티를 감동시킴으로써 소설가로 성공할 수 있었다. 그렇다. 무언가를 간절히 원하면 지극정성을 다해 노력하라. 그러면 자신이 원하는 것을 얻게 됨으로써 꿈을 이루게 될 것이다.

대장부_{大丈夫}다운 행동

부귀를 누려도 방탕하지 말 것이며,
비천해도 지조를 버리지 말 것이며,
싸움터에서 굴하지 아니하면,
이는 곧 대장부다운 행동이라 하겠다.

_ 맹자 04

득 수 반 지 미 족 기 현 애 살 수 장 부 아
得樹攀枝未足奇 懸崖撒手丈夫兒

이는 중국 송나라 야부도천_{冶父道川}의 '금강경 송_{金剛經 頌}'의 일부로써, '가지를 잡고 나무에 오르는 것은 기이한 일이 아니지만, 벼랑에 매달려 잡은 손을 놓는 것은 가히 장부로다'라는 뜻이다. 이를 좀 더 부연해서 말한다면 대장부_{大丈夫}란 그 어떤 위급한 상황에서도 마음의 평정심을 잃지 않는 대범한 자세를 지녀야 한다는 것을 잘 알게 한다.

사회에 물의를 일으키는 사람들을 보면 크게 두 가지 유형으로 나눌 수 있다. 가진 것이 많은 사람과 가진 것이 없는 사람들이 그것이다. 특히 가진 자들 중에 물의를 일으키는 사람들을 보면, 가졌다는 이유로 무분별하게 행동하는가 하면 방탕한 생활을 일삼는다. 이는 인품이 여물지 못했기 때문이다. 가진 것이 없는 사람 중엔 비굴하게 행동하는 이들이 있다. 돈이 된다면 간도 쓸개도 다 빼버리고 지조 없이 개처럼 굴기도 한다. 이는 사람임을 포기하는 것과 다를 바 없다. 사람이란 사람으로서의 정도에서 벗어나지 말아야 한다. 그것은 자신에 대한 예의인 것이다.

맹자는 부귀를 누려도 방탕하지 말라고 말한다. 방탕하면 제대로 된 삶을 살 수 없기 때문이다. 방탕은 사람의 마음을 흐리게 하는 악귀와도 같다. 그런 까닭에 한번 방탕이란 웅덩이에 빠지면 헤어나기가 힘들다. 또한 맹자는 비천해도 지조를 버리지 말라고 말한다. 지조를 버린다는 것은 곧 자신의 목숨을 버리는 것과 다를 바 없다. 그리고 맹자는 일러 말하기를 싸움터에서 굴하지 아니하면, 이는 곧 대장부다운 행동이라고 말한다.

이는 무엇을 말하는가. 싸움터에서는 당당하게 적군과 맞서야 한다는 것이다. 그래야 대장부다운 행동으로써 대장부다운 품위를 지킬 수 있다는 것이다. 대장부의 자세를 잘 알게 하는 말이 있다.

신라시대 화랑도 세속오계世俗五戒에 보면 임전무퇴臨戰無退라는 말이 바로 그것이다. 즉 화랑도는 싸움에 임하면 절대 물러서지 말아야 한다는 강령이다. 그래야 화랑도로서의 가치를 지닌다는 말이다. 그런 까닭에 전쟁에 나간 화랑도는 나라를 위해 기꺼이 목숨을 바쳐 싸웠던 것이다. 이것이야말로 대장부다운 자세라고 할 수 있다. 옳은 말이다. 대장부는 대장부다워야 하는 것이다. 그래야 대장부로서의 부끄러움이 없고, 가치를 지니게 된다.

자로子路와 우禹 임금

공자의 제자 자로子路라는 이는
남이 허물 있음을 알리어 주면 기뻐했고,
우禹임금은 착한 말을 들으면 절을 했다.

_ 맹자 05

자로子路는 공자의 제자로 공문십철孔門十哲(공자의 제자들 중 가장 뛰어난 10명의 제자들 이르는 말) 가운데 한 사람이다. 공자는 자로에 대해 평하기를 "닳아빠진 솜옷을 걸치고 여우와 담비 가죽을 입은 사람과 함께 서 있어도 부끄럽게 여기지 않을 자"라 말하며, 한편으로는 "일을 잘 헤아려 사리에 맞게 하는 것이 없다"고 말하기도 했다. 사람이란 누구나 장점도 있고 단점도 있는 법이다.

우禹 임금은 중국 고대국가인 하나라의 건국자로 물을 잘 다스려 홍수의 피해를 막았으며, 인품이 온화하고 덕을 갖춰 사람들로부터 존경을 받았다. 또한 뛰어난 정치력과 실력을 갖췄음에도 겸손했다고 한다. 맹자는 자로와 우 임금에게 대해 다음과 같이 말했다.

"공자의 제자 자로子路라는 이는 남이 허물 있음을 알리어 주면 기뻐했고, 우禹 임금은 착한 말을 들으면 절을 했다."

맹자의 말을 보면 자로에 대해 높이 평가하고 있음을 알 수 있다. 남이 허물을 알려주면 기뻐했다는 것은 그가 높은 인격을 지녔다는 것을 알 수 있다. 대개의 사람은 자신의 허물을 잘 알면서도 누가 그 허물에 대해 말하면, 화를 내고 싫어한다. 자존심에 상처를 입었다고 생각해서다. 그런데 자신의 허물을 누군가가 말하면 기꺼이 받아들이고 기뻐했다는 것은 그만큼 도량이 넓다는 이야기이다. 이런 사람은 자신을 더 높은 인격자가 되게 하기에 부족함이 없다.

우 임금은 착한 말을 들으면 절을 했다고 하니, 그 또한 겸손하고 도량이 지극히 크다는 것을 알 수 있다. 임금으로서 자신을 낮춘다는 것은 아무나 할 수 있는 일이 아니다. 그만큼 그는 그릇이 크고 도량이 넓다는 것을 알 수 있다.

누군가 자신의 허물을 알려주면 자로처럼 겸손히 받아들이는 마음을 가져야 한다. 그것은 지금보다 더 나은 사람으로 도약할 수 있는 기회를 마련하는 거와 같기 때문이다. 또한 누군가가 자신에 대해 착하다고 했을 땐 그에게 진심 어린 마음을 보여주어야 한다. 그것은 자신을 좋게 평가하는 상대방에 대한 예의이기 때문이다. 그렇다. 자로와 우 임금과 같은 마인드로 세상을 살아간다면 좋은 인격자가 될 수 있다. 그런 까닭에 자신을 낮추고 겸허히 해야 하는 것이다.

멀리서 찾지 마라,
길은 가까운 곳에 있다

길은 가까운 곳에 있다. 그런데 사람들은 헛되게도 멀리서 찾고 있다.
일은 해보면 쉬운 것이다.
시작을 하지 않고 미리 어렵게만 생각하고 있기 때문에
할 수 있는 일도 놓치는 것이다.

_맹자 06

사람들은 행복을 가까이에 두고도 멀리서 찾는 경향이 있다. 행복은 높은 곳에 있고, 화려한 곳에 있고, 남들이 부러워하는 곳에 있다고 믿는다. 이런 마음을 갖게 되면 자신 옆에 있는 행복을 보지 못하기 때문이다. 일 또한 마찬가지다. 자신이 할 수 있는 일, 또 자신이 잘할 수 있는 일을 놔두고, 남들이 부럽게 생각하는 일이나 명함에 새겨 넣기에 좋은 일을 하려고 한다.

그런데 이런 일들은 그리 만만치가 않다. 자신의 능력에 맞지 않는 일이거나 능력 밖의 일이기 때문이다. 그럼에도 사람들 중엔 굳이 능력 밖의 일을 하려고 무리를 하다 자신이 잘할 수 있는 일을 할 기회를 놓치고 만다. 또한 자신이 충분히 할 수 있는 일임에도, 해보지 않았다는 이유로 아예 시도조차 하지 않는다. 이는 자신에게 돌아오는 행복을 스스로 내치는 것과 같다. 할 수 없을 것만 같은 일도 막상 해 보면 의외로 잘 하는 일들이 많다. 그 어떤 일도 시도하지 않으면 그 어떤 결과도 맺지 못하는 것처럼 시도하지 않으면 충분히 잘할 수 있는 일도 못 하고 마는 우를 범하게 된다.

예전에 어떤 젊은이는 손재주가 참 좋았다. 그의 아버지는 목수였는데 그는 아버지의 재능을 물려받았던 것이다. 공부에 취미가 없던 그는 고등학교를 마치고, 아버지를 도와 따라다니며 일하다가 어느 날 집을 나가고 말았다. 목수 일은 자신과 맞지 않다고 여긴 것이다. 아버지는 그런 아들을 그냥 두었다. 언젠가는 다시 돌아오리라 생각했다.

집을 나간 아들은 공단에서 일을 하기도 하고, 식당에서 일을 하기도 하고 자신이 하고 싶은 일을 하다 부사관이 되었다. 제복을 입은 부사관을 보고 너무 맘에 들었기 때문이다. 그는 부사관이 자기의 적성에 잘 맞는다고 생각해 나름대로 재밌게 지냈다. 그러다 그는 부사관을 그만두고 그동안 모은 돈으로 레코드가게를 차렸다. 레코드가게는 한동안 잘 됐다. 그러나 컴퓨터가 대중화되고 인터넷의 등장으로 레코드가게는 점점 사양길로 접어들었다. 그러다 스마트폰이 나오고 나서는 그 정도가 심해지자 그는 가게를 정리했다. 그러는 동안 그는 30대 후반이 되었다.

그러던 어느 날 여행을 떠났다. 여행을 하며 앞으로 무엇을 할지를 생각하기로 했다. 그는 강원도 동해로 가서 먹고 싶었던 회를 먹기 위해 횟집으로 갔다. 횟집은 사람들로 가득했다. 그는 한쪽에 자리를 잡고 앉아 맛있게 회를 먹었다. 회를 먹으면서 보니 사장이 자기 또래라는 것에 관심이 갔다. 그는 소주를 시켜 천천히 먹으면서 유심히 그를 지켜보니 일을 너무도 즐겁게 하는 거였다. 그는 갑자기 사장에게 말이 하고 싶었다. 그는 손님들이 빠질 때까지 기다리다 마침내 말할 기회를 얻고, 그에게 횟집 일에 대해 물어보았다. 사장은 그가 묻는 말에 웃으며 지난날을 이야기해 주었다. 그의 부모님은 횟집을 운영했는데 나이가 들 것을 대비해 아들에게 횟집을 해보는 게 어떻겠느냐고 물었다고 했다. 그는 자신이 하고 싶은 일을 하겠다며 집을 떠나이 일 저 일 자신이 하고 싶은 대로 했다고 했다. 그러다 3년 전 집으로 돌아와 횟집을 맡아 운영했다고 했다. 그런데 이상한 것은 횟집 일이 너무도 자신에게 잘 맞는다는 거였다. 그래서 지금은 횟집을 운명처럼 생각한다며 환하게 웃었다.

그는 횟집 사장의 말을 듣고 많은 것을 생각했다고 했다. 그리고 자신 역시 아버지처럼 목수 일을 하기로 했고, 하다 보니 너무 자신에게 잘 맞는다고 했다. 그는 지금 50대 중반인데 아주 유능한 목수로 인정받고 있다. 그는 자신이 잘할 수 있는 일을 가까이 두고도, 딴 일을 찾아 멀리서 떠돌던 지난날이 매우 어리석었다며 웃었다.

"자신의 일을 찾은 사람은 축복받은 것이다. 그로 하여금 다른 복을 찾지 않게 하라."

영국의 역사가이자 사상가인 토머스 칼라일의 말이다. 칼라일의 말에서 보듯 자신이 잘할 수 있는 일을 가진 것은 축복이다. 목수로 자신의 인생을 살고 있는 그나 예전에 그가 만났던 횟집 사장은 비로소 자신이 잘할 수 있는 일을 찾았고, 그 일에 보람을 느끼며 살고 있다.

맹자는 "길은 가까운 곳에 있다. 그런데 사람들은 헛되게도 멀리서 찾고 있다. 일은 해보면 쉬운 것이다. 시작을 하지 않고 미리 어렵게만 생각하고 있기 때문에 할 수 있는 일도 놓치는 것이다"라고 말했다. 맹자의 말에서 보듯 길은 가까운 곳에 있다. 그 길을 놓치지 않기 위해서는 헛된 생각을 버려야 한다. 헛된 생각을 하는 한 그 일은 할 수 없기 때문이다.

그렇다. 자신이 좋아하고 잘할 수 있는 일을 하도록 해야 한다. 그것이 자신을 진정으로 아끼고, 위하는 일이기 때문이다.

먼저 자신을 바르게 하라

자기의 길을 굽혀서 부정을 하는 자가
다른 사람의 부정을 고쳐준 예는 아직 없다.
먼저 자기 자신을 바르게 하지 않으면 안 되는 것이다.

_ 맹자 07

맹자가 이르길 "자기의 길을 굽혀서 부정을 하는 자가 다른 사람의
부정을 고쳐준 예는 아직 없다. 먼저 자기 자신을 바르게 하지 않으면
안 되는 것이다"라고 했다. 여기서 자신을 바르게 한다는 것은 '참된
마음'을 지니는 것을 일러 하는 말이다. 참된 마음이 그 사람의 주인이
될 때 올곧게 사람답게 살아가게 된다. 참된 마음은 진실한 마음이며,
정직한 마음이며, 선한 마음이며, 중심이 반듯한 마음이기 때문이다.

그러나 거짓 마음이 그 사람의 주인이 될 땐 헛되고 비인간답게 살
아가게 된다. 거짓 마음은 부정한 마음이며, 헛된 마음이며, 악한 마
음이며, 중심이 바르지 못하고 삐뚤어진 마음이기 때문이다. 참된 마
음을 갖는다는 것은 스스로를 덕이 되게 하고, 타인에게 빛과 소금이
된다. 그런 까닭에 참된 마음을 가진 사람은 누구에게나 존경받고 인

정받는다. 그래서 참된 마음을 갖는다는 것은 '무형無形의 자산'을 가진 것과 같다. 참된 마음은 그 자체가 라이선스와 같기 때문이다. 참된 마음을 갖기 위해서는 마음공부를 통해 마음을 닦고, 자신을 수양하는 데 힘써야 한다. 이에 대해 《성자가 된 청소부》 저자이자 명상가인 바바하리다스는 다음과 같이 말했다.

"마음을 고요하고 안정된 흐름 속으로 흘러가게 하라. 욕망에 넘어가지 말고 욕망을 지배하는 자가 되라. 혀를 다스릴 수 있는 사람은 마음을 다스릴 수 있다. 마음을 다스리는 사람은 행동을 다스릴 수 있다. 행동을 다스릴 수 있는 사람은 스스로를 다스릴 수 있다. 스스로를 다스리는 사람은 진실하고 영원한 깨달음의 빛으로 들어갈 수 있다."

바바하리다스의 말에서 보듯 마음을 다스려 바르게 하는 법을 잘 알게 한다. 이렇듯 마음을 바르게 할 때 참된 마음이 길러지는 바, 이에 대한 방법으로 다음과 같이 해보는 것이 좋다.

마음을 고요하게 하되 그러기 위해서는 마음을 평안이 갖도록 잡념을 버리고, 최대한 마음을 안정시켜야 한다. 그렇게 꾸준히 반복하며 지금의 나를 살펴보면서 악하고 거짓된 마음의 찌꺼기들을 걸러내야 한다. 그리고 욕망에 물들지 말고 욕망을 다스리도록 해야 한다. 또 헛된 말을 하지 않도록 노력함으로써 입을 조심해야 한다. 그렇게 될 때 헛된 마음을 버리게 되고, 행동 또한 바르게 할 수 있다. 마음과 행동을 스스로 다스릴 수 있다면 헛된 마음과 행동을 멀리하게 됨으로써 참된 마음을 갖게 되는 것이다.

참된 마음을 갖게 되면 스스로를 어질게 하여 덕德을 쌓게 된다. 그렇게 되면 타인을 사랑하는 마음을 갖게 되고, 바른 마음가짐으로 자신을 지혜롭게 할 수 있다. 이에 대해《논어論語》에는 다음과 같은 말이 있다.

"사람이 어질다고 하는 것은 모든 사람을 사랑하는 마음을 말한다. 사람이 안다는 것은 그 사람됨이 바른 사람인가 바르지 못한 사람인가, 또는 지혜가 있나 없나를 분별할 줄 아는 것을 말한다. 다시 말해 사람이 안다는 것은 마치 재목을 쌓을 때 곧은 나무를 굽은 나무 위에 쌓아서 그 굽은 나무를 반듯하게 바로 잡는 것과 같은 지혜가 있는 것을 말한다."

이 말에서 보듯 어진 사람은 곧 참된 마음을 가진 사람을 말한다. 그렇다. 참된 마음을 가진 자는 어질고 의로워 사랑이 많고, 바른 마음으로 자신을 지혜롭게 할 수 있다. 그래서 타인을 올바른 길로 갈 수 있도록 이끌어주게 되는 것이다. 참된 마음을 갖도록 마음공부를 하고, 자신을 수양하는 데 힘써야 하겠다.

자신이 옳다고 생각할 땐
자신의 길로 걸어가라

자신을 스스로 돌아보아
그르지 않다고 생각할 때엔
천만인이 가로막더라도
그대로 그 길을 가라.

_ 맹자 08

맹자는 자신이 옳다고 생각하는 일엔 가기를 멈추지 말아야 한다고 말했다. 하지만 그렇게 하기란 쉽지 않다. 그 길을 가기 위해서는 그 길을 가로막는 방해물이 도처에 깔려 있기 때문이다. 그 방해물은 사람일 수도 있고, 비난과 비판일 수도 있고, 위험이 도사리고 있는 함정일 수도 있고, 견딜 수 없는 고통과 고난일 수도 있다. 그런 까닭에 그 길을 간다는 것은 고행일 수도 있다.

그 길을 가기 위해서는 그 어떤 상황에서도 절대 흔들리지 말아야 한다. 흔들리는 순간 더는 그 길을 가기란 불가능해지기 때문이다. 이럴 때 필요한 것은 흔들리지 않는 마음을 갖는 것이다. 참고 견디어 흔들리지 않으면 그 길을 갈 수 있다. 참고 견디어 흔들리지 않는 것을 견인불발堅忍不拔이라고 한다. 이런 마음만 갖는다면 자신이 옳다고 생각하는 길을 주저하지 않고 갈 수 있다.

일제강점기 때 임시정부 주석을 지낸 민족의 지도자인 김구 선생은 광복 후 남북으로 갈린 우리나라가 하나로 통일되어 민주국가를 세우기를 갈망했다. 국민이 주인이 되어 나라를 이끌어가는 민주국가야말로 가장 이상적인 국가라고 생각했다. 같은 민족이 각기 다른 나라를 세운다는 것은 진정한 통일국가가 아니기 때문에, 김구는 자신의 마지막 남은 인생을 걸고 많은 사람들의 반대에도 불구하고 북한을 방문했다.

"칠십 평생 잘하나 못하나 독립운동을 해왔다. 이제 마지막으로 독립운동을 하려는데 너희들은 왜 길을 막느냐. 내가 가려는 것은 바로 나라와 여러분들을 위해 가려는 것이다. 내가 가면 공산당에 붙들려서 오지 못할까 염려해서인 줄로 안다. 그러나 내가 살면 얼마를 사느냐. 제발 나의 길을 막지 말라."

김구가 자신의 뜻을 관철시키기 위해 평양으로 간다고 했을 때 반대하는 이들에게 그가 한 말이다. 이 말엔 하나의 통일국가를 이루기 위해 심혈을 기울이는 김구의 사상과 철학이 잘 나타나 있다. 평양으로 간 김구는 자신의 뜻을 펼치지 못하고 아쉬운 마음으로 돌아왔지만, 그는 자신이 옳다고 하는 일엔 그 무엇이 가로막는다 해도 자신의 길을 멈추지 않았다. 김구의 바람인 통일국가는 아직도 요원하기만

하다. 우리 후세들이 힘을 모아 자주적으로 평화통일을 이룰 수 있다면, 김구는 더 말할 나위 없이 기뻐할 것이다.

안중근은 이토 히로부미가 하얼빈으로 온다는 정보를 입수하자 회심의 미소를 지었다. 그를 처단함으로써 우리의 독립 의지를 전 세계에 드러내겠다는 굳은 의지가 담긴 미소였다. 그는 거사 날이 되자 다시 한번 자신의 의지를 마음에 새기며 다짐했다. 안중근은 히로부미가 하얼빈 역으로 나오기를 기다리다 그가 모습을 드러내자 가차 없이 방아쇠를 당겼고, 히로부미는 쓰러졌다. 안중근은 도망가지 않고 잡혔다. 그는 자신의 의지가 곧 대한조선의 의지라는 것을 만천하에 천명하고 싶었던 것이다.

"사나이 대장부로 태어나서 적을 무찌르려 의기를 쌓았더니 이제야 원하던 때를 만났다. 나는 국민의 의무로서 내 몸을 희생하여 어진 일을 이루고자 했을 뿐이다. 내 이미 죽음을 각오하고 결행한 바이니 죽어도 원한이 없다."

이는 안중근이 한 말로 조국의 독립과 민족을 위해 목숨을 바치겠다는 그의 의기가 잘 나타나 있다.

"내가 죽은 뒤 나의 뼈를 하얼빈 공원 곁에 묻어두었다가 우리 국권이 회복되거든 고국으로 반장해다오. 나는 천국에 가서도 또한 마땅히 우리나라의 회복을 위해 힘쓸 것이다. 너희들은 돌아가서 동포들에게 각각 모두 나라의 책임을 지고 국민 된 의무를 다하며 마음을 같이 하고 힘을 합하여 공로를 세우고 업을 이르도록 일러다오. 대한 독립의 소리가 천국에 들려오면 나는 마땅히 춤추며 만세를 부를 것이다."

이는 안중근의 '마지막 유언'으로 죽으면서까지도 조국의 독립을 원하는 그의 의기가 가슴을 저미게 한다. 보통 사람으로서는 도저히 할 수 없는 기백이 넘쳐흐른다. 이 유언을 통해 안중근은 만고의 애국지사이자 우리 민족의 살아 있는 민족혼이라는 것을 잘 알 수 있다. 안중근은 자신의 말대로 하나뿐인 목숨을 조국과 민족을 위해 아낌없이 바쳤다.

김구와 안중근의 경우에서 보듯 우리가 살아가다 보면 무언가를 결단할 때가 있다. 물론 그것은 각자의 삶에 대한 결단이다. 이때 자신이 한번 해보자고 마음먹거나, 옳다고 생각하는 일은 한번 시도해보는 것이 좋다. 시도해서 잘 되면 그것은 축복과도 같은 일이 될 것이다. 혹여, 잘되지 않더라도 마음에 품은 뜻을 시도했다는 것만으로도, 인생을 살아가는데 큰 용기를 얻게 될 것이다.

그렇다. 자신이 무언가를 간절히 원하고 그 길이 옳다고 생각하면 그 길로 걸어가라. 가고 싶은 길을 가보지 않고 두고두고 후회하는 것보다는, 꿋꿋하게 가보는 것은 스스로 자신을 돕는 일이라는 것을 잊지 마라.

구하는 자와 버리는 자

구하는 자는 이利를 얻을 것이며, 버리는 자는 이를 잃을 것이다.
이는 스스로 구하여 얻기 때문에 가치가 있는 것이다.
그러나 이를 구함에는 도리가 있고 천리가 있다.
때문에 이를 얻기 위하여 다만 이익에만
눈이 어두우면 참다운 이익을 얻지 못한다.

_ 맹자 09

"구하라. 그리하면 너희에게 주실 것이요. 찾으라. 그리하면 찾아낼 것이요. 문을 두드리라. 그리하면 너희에게 열릴 것이니 구하는 이마다 받을 것이요. 찾는 이는 찾아낼 것이요. 두드리는 이에게는 열릴 것이니라."

이는 신약성경·마태복음(7장 7~8절)에 나오는 말씀으로, 구하는 자의 자세에 대해 말한다. 여기서 찾는 것이나, 문을 두드리는 것은 표현만 다를 뿐 구하는 것에 대한 또 다른 표현이라고 할 수 있다. 이 말씀은 믿음을 가진 자의 구하는 자세와 그에 대한 확신을 말하고 있다. 즉 구하려고 노력하고, 찾으려고 노력하고, 두드리는 노력을 하게 되면 그에 대한 대가로 구하는 이는 받게 되고, 찾는 자는 찾게 되고, 두드리는 자는 열리게 됨으로써 자신이 바라는 것을 이루게 된다는 것이다.

그런데 중요한 것은 구하는 자세에 있다는 것을 알 수 있다. 구하고 찾고 두드리기 위해 성실하게 노력하는 것, 정상적인 방법을 벗어나 변칙을 쓰지 않아야 하는 것, 속이지 않는 것 등 이는 구하는 자의 바람직한 자세라고 할 수 있다. 허나 이런 자세에서 벗어나 억지스럽거나 부정한 방법으로 구하려고 한다면, 그것은 스스로를 속이고 잘못된 길로 빠지게 하는 어리석은 일일 뿐이다. 그런 까닭에 정당한 방법을 통해 구해야, 구하고자 하는 것을 받게 되는 것이다.

맹자는 또한 이르기를 "구하는 자는 이利를 얻을 것이며, 버리는 자는 이를 잃을 것이다. 이는 스스로 구하여 얻기 때문에 가치가 있는 것이다. 그러나 이를 구함에는 도리가 있고 천리가 있다. 때문에 이를 얻기 위해서는 이익에만 눈이 어두우면 참다운 이익을 얻지 못한다"라고 했다.

여기서 중요한 것은 구하는 자가 이利를 얻되, 도리를 지키고 천리를 따라야 한다는 것이다. 그렇지 않으면 참다운 이익을 얻지 못하기 때문이다. 여기서 참다운 이익이란 무엇인가. 억지를 가하지 않고 순리에 따라 얻은 이익을 말한다. 즉 남을 속이고, 협박하고, 궁지에 빠뜨려 취하는 이익이나 부정한 방법을 취해서 얻는 이익이 아닌, 노력하고 땀흘려 정당한 방법으로 취한 이익을 말한다. 이렇듯 이익을 취할 땐 정당한 방법으로 구求해야 한다. 이것이야말로 맹자가 말하는 구하는 자의 행실인 것이다.

그러나 도리에 어긋나고 천리에서 벗어나는 부정한 방법으로 구하는 것은 이利를 잃는 거와 같다. 그것은 얻음으로써 자신의 모든 것을 잃게 하는 행위이기 때문이다. 그렇다. 마태복음과 맹자의 말에서 보듯 이利를 얻기 위해서는 땀 흘려 노력하고, 도리를 지키고, 천리에 따르는 정상적인 방법으로 얻어야 한다. 이것이야말로 구하는 자의 참된 얻음의 자세이기 때문이다.

근본에 대해 말하다

천하의 근본根本은 나라에 있고,
나라의 근본은 집에 있고,
집의 근본은 몸에 있다.

_ 맹자 10

근본이란 '사물의 본질이나 본 바탕, 근원'을 말한다. 그런 까닭에 근본은 매우 중요하다. 나무는 뿌리가 튼튼해야 강한 비바람에도 굳건히 지켜낼 수 있고, 물과 양분을 흡수함으로써 탐스러운 열매를 맺게 된다. 학문은 기초가 잘 갖춰져야 깊이 있는 학문을 추구하게 되고, 축구는 기본기가 잘 갖춰져야 훌륭한 선수로 성장하게 된다.

맹자는 "천하의 근본根本은 나라에 있고, 나라의 근본은 집에 있고, 집의 근본은 몸에 있다"고 말했다. 천하의 근본, 즉 세상의 근본이 나라에 있다는 것은 나라가 건실해야 세상이 흔들리지 않고 잘 유지하게 되고, 나라의 근본은 집, 즉 각 가정에 있다는 것은 각 가정이 화목하고 행복해야 나라 또한 행복한 나라, 잘 사는 나라가 될 수 있고, 집에 근본은 몸에 있다는 것은 국민 각 개개인이 건강해야 집이 튼튼하다는 것이다. 이는 무엇을 말하는가. 국민 각자의 몸이 튼튼하고, 가정이 화목해야 나라 또한 반석 위에 세운 것처럼 튼튼한 나라가 될 수 있다는 것을 말한다.

그런데 근본이 잘 갖춰져 있지 않으면, 사상누각沙上樓閣, 즉 모래 위에 지은 집처럼 위태로울 수 있다. 그런 까닭에 근본이 튼튼해야 하는 것이다. 이치가 이럴진대 사람들 중에는 이를 간과하고, 무슨 일이든 빨리만 하면 그것이 다인 줄 알고 서두르는 이들이 있다. 이는 대단히 잘못된 일이며, 그로 인해 불행한 사태를 초래하기도 한다. 모든 것은 다 과정이 있는 법, 이를 무시하거나 도외시하고 좋은 결과만을 얻길 바란다면 그것은 섶을 지고 불길로 뛰어드는 것과 다름없다.

그렇다. 학문이든, 운동이든, 기술이든, 건축이든, 예술이든, 국가든, 회사든 세상사世上事는 근본을 바탕으로 해야 한다는 것이다. 그래야 아무 문제 없이 바람직한 삶을 이루게 되고, 그로 인해 원만한 삶을 살아가게 된다.

"로마는 하루아침에 이루어지지 않았다."

이는 세르반테스가 한 말로, 로마제국이 천 년 동안 유럽과 페르시아와 이집트를 지배하며 문화와 예술, 천문학, 철학, 학문, 법 등 전반에 걸쳐 찬란하게 꽃피울 수 있었던 것은 바로 탄탄한 제도와 기초적인 학문이 근본이 되었기 때문이다. 이 모든 것들이 유기적으로 이어지며, 하나의 탄탄한 연결고리가 됨으로써 강력한 힘을 갖게 되었고,

그 힘을 바탕으로 하여 최고, 최대의 국가가 될 수 있었던 것이다.

자신이 원하는 것을 이루고 원만하고 행복한 삶을 살아가길 바란다면, 근본 즉 기초를 튼튼히 쌓고 그것을 바탕으로 하여 매진해야 한다. 마치 이는 뿌리가 탄탄한 나무가 폭풍우에도 쓰러지지 않고 견디는 것과 같은 원리이다. 뿌리가 탄탄하면 땅을 꽉 움켜쥐는 힘이 강하게 작용하는 까닭이다.

그렇다. 뿌리가 탄탄한 것처럼 삶의 기초가 튼튼할 때 좋은 결과를 이룸으로써 만족한 인생을 살게 될 것이다.

사람의 마음을 사는 법

사람을 사랑하되 친해지지 아니하거든
그 인仁을 반성케 하고, 사람을 다스리되
다스려지지 아니하거든 그 지혜를 돌아보고,
사람에게 예禮를 하되 대답하지 아니하거든
그 공경함을 돌이킬 것이니 돌이켜 보아도
얻지 못하거든 또 한번 돌이켜 구하라.
그리하면 돌아올 것이다.

_맹자 11

　일상에서 사람들과 좋은 관계를 유지하며 살아가기 위해서는 소통을 잘해야 한다. 소통은 혈액순환이 잘 됨으로써 건강한 몸을 이루며, 활기차게 살듯 '인간관계'라는 삶의 혈맥을 원활하게 해주는 원동력이다. 그런 까닭에 소통은 인간이 행복한 삶을 살아가는 데 있어 매우 중요한 수단이라고 할 수 있다. 삶의 혈맥인 소통을 잘하기 위해서는 어떻게 해야 할까.

　첫째, 친절하게 행동하라. 친절은 사람들의 마음을 감화시킨다. 그래서 친절한 사람을 보면 기분이 좋다. 그의 좋은 에너지가 마음을 맑게 정화시켜 주기 때문이다. 둘째, 진정성을 보여라. 진정성은 진실한 마음이다. 진실한 마음은 누구에게도 통하는 법이다. 인간관계에 있어 진실만큼 중요한 것은 없다. 셋째, 먼저 다가가라. 소통을 원활하

게 하기 위해서는 자신이 먼저 마음을 열고 다가가야 한다. 먼저 다가
가는 사람에게 관심을 갖는 게 사람들의 심리이다. 자신의 열린 마음
을 보여준다면 좋은 결과를 얻을 수 있다. 넷째, 상대를 배려하라. 배
려심이 좋은 사람을 보면, 그가 누구든 거부감이 들지 않는다. 그런
사람과의 소통을 기분 좋게 생각한다. 배려는 넉넉한 마음에서 오는
따뜻함이다. 다섯째, 격려하라. 격려는 칭찬보다 강하다는 말이 있다.
무언가를 새롭게 시작하거나, 의기소침해 있을 때 따뜻한 마음으로
격려를 하면 큰 용기를 얻는다. 격려는 사람의 마음을 사는 좋은 소통
수단이다. 여섯째, 먼저 미소를 지어라. 웃는 얼굴이 가장 예쁘다는
말이 있다. 웃음은 향기로운 마음을 전해준다. 처음 보는 사람의 마음
도 열게 하는 매혹적인 소통의 수단이다. 일곱째, 선물을 하라. 선물
은 사람의 마음을 열게 하는 데 매우 효과적이다. 선물에는 그 사람의
정성이 담겨있다는 생각에서다. 상황에 따라 적절하게 선물을 이용한
다면 상대의 마음을 얻는 데 큰 도움이 된다.

　이상에서 보듯 타인과의 소통을 원활하게 하는 소통의 수단은 다양
하다. 이 모든 것은 사람의 마음을 사기 위한 지혜이자 방법인 것이
다. 사람의 마음을 산다는 것은 그를 내 사람으로 만드는 일인 동시에
인간관계를 효율적으로 할 수 있는 기회를 다지는 것이다. 앞에서 제
시한 방법 중 자신이 가장 잘할 수 있는 것으로 소통을 하면 된다.

　소통을 잘하기 위해서는 말을 잘해야 한다는 강박관념에서 벗어나
야 한다. 소통은 말이 아니라 자신의 진정성을 타인에게 각인시킴으로
써 유기적인 관계로 이끄는 것이다. 이에 대해 맹자는 이렇게 말했다.

"사람을 사랑하되 친해지지 아니하거든 그 인仁을 반성케 하고, 사람을 다스리되 다스려지지 아니하거든 그 지혜를 돌아보고, 사람에게 예禮를 하되 대답하지 아니하거든 그 공경함을 돌이킬 것이니 돌이켜보아도 얻지 못하거든 또 한번 돌이켜 구하라. 그리하면 돌아올 것이다."

맹자의 말에서 보면 사람과 친해지지 않으면 '인', 즉 '어짊'을 반성하고, 지혜롭게 행동하고, 예를 다해 상대방을 대하되 그래도 상대방의 반응이 없으면, 돌이키고 돌이켜봄으로써 소통하기를 바란다면 상대방이 돌아올 것이라고 말한다. 이는 무엇을 말하는가. 사람의 마음을 산다는 것이 이처럼 노력하지 않으면 안 된다는 것을 잘 알게 한다. 그렇다. 사람의 마음을 산다는 것은 정성이 따라야 하는 것이다. 그래야 좋은 사람을 곁에 둠으로써 인생을 살아가는 데 큰 힘이 되어, 자신이 바라는 바를 이루고 삶을 행복하게 살아가게 된다.

"행동은 감정을 따르는 것처럼 보인다. 하지만 행동과 감정은 동시에 작용하는 것이다. 의지의 직접적인 지배를 받는 행동을 조정하면 우리는 의지에 직접적인 지배를 받지 않는 감정을 조절할 수 있을 것이다. 그러므로 밝은 사람이 되려면 먼저 밝은 사람처럼 행동해야 한다."

이는 미국의 탁월한 심리학자인 윌리엄 제임스의 말이다. 그의 말처럼 인간관계에서 원활한 소통을 하기 위해서는, 자신이 먼저 좋은 모습을 보이지 않으면 안 된다. 상대를 자신에게 끌어당기기 위해서는 자신이 먼저 상대에게 좋은 모습을 보임으로써 상대의 관심을 집중시켜야 한다. 그리고 그가 최대한 마음을 열고 다가올 수 있도록 행동해야 한다. 그렇게 되면 상대는 관심을 갖고 자신이 의도하는 대로 따라오게 된다. 그렇게 되었을 때 소통은 막힘없이 이루어져 서로가 서로에게 원하는 것을 얻게 됨으로써 만족한 인간관계를 이어나갈 수 있는 것이다.

그렇다. 좋은 사람을 만나고 싶다면 자신이 먼저 좋은 모습을 보이고, 좋은 사람이 되어야 한다. 그것이야말로 사람의 마음을 사는 데 있어 최선의 방법인 것이다.

시기와 질투를 금하라

시기와 질투는
언제나 남을 쏘려다가
자신을 쏘게 된다.
_ 맹자 12

시기와 질투는 남녀노소를 불문하고 누구에게나 있다. 이는 인간으로서 지니게 되는 보편적인 감정이다. 다만 정도의 차이가 있을 뿐 이는 본능적인 것이다. 그런데 문제는 시기와 질투가 지나치다 보면 자신에게도, 다른 사람에게도 큰 상처가 된다는 데 있다. 특히, 당하는 입장에서는 매우 불쾌하고 짜증나는 일이 아닐 수 없다. 그런 까닭에 시기와 질투가 많다면 이를 제어해야 한다. 그렇지 않으면 그로 인해 큰 문제가 야기될 수 있다. 동서고금을 막론하고 지나친 시기와 질투로 인해 인생을 망친 이들이 많다는 것은 그만큼 부정적으로 작용한다는 것을 입증한다 하겠다.

유비는 삼고초려三顧草廬를 통해 제갈량을 책사로 삼아 자신의 뜻을 이루는 데 성공했다. 제갈량은 유비에게 있어서는 분신과도 같은 사

람이다. 그 둘은 물과 물고기와 같은 사이였다. 이른바 수어지교水魚之
交라는 말은 이들을 두고 생겨낸 고사성어다.

유비가 삼고초려를 통해 제갈량을 군사로 삼기 전에 그에게는 의형
제를 맺은 두 동생이 있었다. 관우와 장비가 그들이다. 관우와 장비는
자신들이 있음에도 제갈량을 받아들인 유비의 처사가 심히 못마땅했
다. 이를 눈치챈 유비는 관우와 장비를 이해시키며 그들의 불편한 감
정을 어루만져 주었다. 관우와 장비는 학식이 뛰어나고 지략이 뛰어
난 제갈량에게 시기와 질투를 느낀 것이다. 그로 인해 맏형인 유비의
관심이 자신들로부터 멀어질까 하는 마음에서였다.

여기서 한 가지 생각해 볼 것이 있다. 관우와 장비는 유비와는 군신
관계를 떠나 의형제의 결의를 맺은 형제지간이다. 이는 무엇을 말하
는가. 그만큼 더 살가운 사이라는 것이다. 그러나 제갈량은 다르다.
그는 의형제도 아닐뿐더러 유비와는 군신 관계였던 것이다. 아무리
수어지교와 같이 친밀하다고는 하나 엄연히 왕과 신하의 관계였던
것이다. 관우와 장비와 유비 사이에 흐르는 끈끈한 형제애는 없다는
것이다. 이런 관점에서 볼 때 제갈량 또한 관우와 장비가 그러했듯,
그들에 대해 시기와 질투를 느꼈을 수도 있었을 것이다.

제갈량은 그 둘보다 직책이 높은 승상이었으며, 군사전략을 세우고
통솔하는 최고의 자리에 있었음에도 그들과 유비처럼 형제의 관계는
아니었던 것이다. 그래서일까, 제갈량은 관우와 장비를 자신이 부리
는 휘하의 장수로 볼 뿐 그들과는 그 이상도 그 이하도 아니었다. 제
갈량도 사람인지라 그의 입장에서는 관우와 장비와 유비 세 사람의

관계에서 느끼는 형제애가 나름 부러울 수도 있었을 것이다.

이 이야기에서 보듯 시기와 질투는 인품과 학식, 지위와 체면을 떠나 작용한다는 사실이다. 물론 이들처럼 이성적으로 시기와 질투를 스스로 제어할 수 있으면 문제가 없지만, 시기와 질투로 성종의 용안에 상처를 냄으로써 폐비가 된 폐비 윤씨처럼 불행한 사태를 초래할 수 있다는 점에서 시기와 질투를 스스로 제어할 수 있어야 한다. 그것이야말로 자신은 물론 시기와 질투 대상자와 주변 사람들을 불행하게 하지 않는 최선의 배려이자 도리인 것이다. 시기와 질투의 위험성에 대해 맹자는 다음과 같이 말했다.

"시기와 질투는 언제나 남을 쏘려다가 자신을 쏘게 된다."

맹자의 말에서 보듯 시기와 질투는 자신에게 매우 부정적으로 작용한다는 것을 알 수 있다. 그렇다. 시기와 질투를 완전히 없앨 수는 없다. 하지만 최소화함으로써 자신에게도 시기와 질투의 대상자에게도 불미스러운 일이 없도록 해야겠다. 이것이 인생을 슬기롭게 사는 비법인 것이다.

도道는 가까운 데 있나니
멀리서 찾지 마라

도道가 가까운 데 있음에도 먼 데서 구하여,
일이 쉬운 데에 있거늘 어려운 데에서 구하나니,
사람이 그 부모에게 효도하며 어른을 섬길 줄 알면
반드시 평화로운 세상을 이룰 것이다.

_맹자 13

인의예지仁義禮智는 맹자孟子에게 있어 그의 철학과 사상의 핵심이다. 어질고, 의롭고, 예의 있고, 지혜로운 것은 참다운 사람으로 살아가는 데 있어 도道를 따르는 길인 것이다. 인간에게 인의예지는 하나의 유기적인 관계이다. 이 네 가지가 상호보완작용을 하면서 '하나의 도道'를 형성하게 되기 때문이다. 그런 까닭에 그 네 가지 중 어느 것 하나가 빠지게 되면, 문제가 된다.

이렇듯 맹자의 관점에서 볼 때 한 사람으로서 참되게 살아가기 위해서는 반드시 인의예지를 갖춰야 한다. 그러기 위해서는 덕을 쌓기 위해 노력을 기울여야 한다. 몸과 마음을 바르게 하고, 학문을 기르는 데 역점을 두어야 한다. 이에 대해 맹자는 다음과 같이 말했다.

맹자의 말을 보면 도, 즉 사람답게 살아가는 길은 가까운 곳에 있다고 말한다. 그래서 가까운 곳에서 찾으면 일이 쉬운데, 먼 데서 구하려고 하다 보니 일이 어렵다는 것이다. 그리고 가까운 곳에서 도를 따르는 방법에 대해 이르기를 부모에게 효를 행하라고 한다. 왜 그럴까. 이것이 가까이에서 도를 행하는 가장 쉬운 일이기 때문이다. 부모는 한 집에 같이 살거나 쉽게 만날 수 있는 대상이기 때문이다.

맹자가 주장하는 인의예지 중 쉽게 할 수 있는 효孝를 행함으로써 인人에 이르고, 의義에 이르고, 지知에 이를 수 있다는 것은 앞에서 말했듯이 인의예지는 서로가 하나로 이어진 도道에 이르는 방법이기 때문이다.

"제 부모를 사랑하는 자는 감히 남을 미워하지 못하고, 제 부모를 공경하는 자는 감히 남을 업신여기지 못하나니 사랑하고 공경하는 마음을 제 부모에게 다하고 보면, 덕스러운 가르침이 백성들에게까지 미쳐서 천하가 본받게 될 것이니, 이것은 대개 친지로서의 효도이다."

이는 공자가 한 말로 자기 부모를 사랑하고 공경하면, 남을 미워하지 않고, 업신여기지 않으니, 이를 천하가 본받게 되니 이것은 친지親知로서의 효도라는 것을 알 수 있다. 도道를 행하고자 한다면 멀리서 구하지 말고, 가까이에 있는 부모에게 효를 행함으로써 도를 따라야 한다. 이것이 곧 '참다운 도道'를 행하는 일인 것이다.

좋은 일을 행하면
모두를 감동하게 한다

남이 하지 못하는 좋은 일을
내 스스로 끝까지 행하면
능히 감동시킬 수 있다.

_맹자 14

어려운 사람을 도와준다거나 위험에 처한 사람을 구해준다거나, 도움을 청하는 사람의 요구를 들어준다거나 하는 등의 선행은 보는 사람 모두에게 큰 감동을 선물한다. 좋은 일은 사람을 기쁘게 하고, 긍정적인 에너지를 심어주기 때문이다. 특히, 남들이 잘 하지 못하는 것을 했을 경우에는 긍지마저 느끼게 된다. 이런 생산적인 마인드는 어려운 일을 겪는 사람을 보았을 때 그냥 지나치지 않게 한다. 남을 도와주어야 한다는 생각이 마음을 강하게 지배하기 때문이다. 어려움에 처한 사람을 도와준 경험이 있는 사람은 이런 기분을 잘 알 것이다. 도와준다는 것은 남을 어려움에서 구해주는 선한 영향력이지만, 그로 인해 자신이 느끼는 행복감은 이루 말할 수 없이 크다. 이렇게 볼 때 좋은 일을 한다는 것은 결국 자신의 행복을 위한 창의적이고 생산적인 일인 것이다.

　오래전 동해에서 목격했던 일이다. 서울에서 피서를 온 가족이 있었다. 그 집에 학생이 있었는데 바다에 들어가 물놀이를 하던 중 그만 큰 파도에 휩쓸려 깊은 곳으로 쓸려가고 말았다. 그러자 학생은 살려달라고 울부짖었다. 그 모습을 본 어머니가 바다로 뛰어들었지만 수영을 잘하지 못하는 편이라 아이와 같은 처지가 되고 말았다. 그것을 본 사람들은 발을 동동대며 안타까워하고 있던 그때 어디서 나타났는지 소년 하나가 바다로 뛰어들더니 순식간에 아이를 구조해서 밖으로 나왔다. 그리고 이내 다시 바다로 들어가 이번에는 아이 어머니를 구조하여 밖으로 나왔다. 그 모습을 지켜보던 사람들은 박수를 치며 환호했다. 소년은 사람들의 칭찬에 쑥스러워하며, 이내 어디론가 사라지고 말았다.

　이 일은 지역방송국 저녁 뉴스에 보도되었으며, 소년은 자신이 한 선행에 대해 별일 아니라는 듯 아주 의젓한 모습을 보여 나를 깊은 감동에 젖게 했었다. 이 이야기는 직접 목격한 것이어서 그 감동의 폭은 실로 컸다. 두 사람의 목숨을 구한 장한 소년은 지금 건장한 40대가 되었을 것이다. 이 글을 쓰며 그때를 생각하자니 마음이 따뜻해져 온다.

　"남이 하지 못하는 좋은 일을 내 스스로 끝까지 행하면 능히 감동시킬 수 있다."

　이는 맹자가 한 말로 남이 하지 못하는 좋은 일을 끝까지 해냈을 때 스스로에게도, 다른 사람들에게도 깊은 감동을 준다는 걸 잘 알게 한다. 남을 돕는다는 것, 즉 좋은 일을 한다는 것은 행복을 저축하는 일이다. 그런 까닭에 좋은 일을 많이 하면 그만큼 행복의 양은 쌓이는 것이다.

그렇다. 좋은 일을 한다는 것은 단지 좋은 일로만 끝나는 것이 아니라 행복을 스스로에게 선물하는 일이다. 또한 자신의 덕을 쌓은 아름다운 행위인 것이다.

실수를 두려워하지 마라

수많은 작은 실수가
커다란 성공을 이끌어내는 법이다.

_맹자 15

사람들은 대개 실수에 대해 부끄럽게 여기고, 두려워한다. 실수를 지속적으로 반복하다 보면 두려운 마음이 드는 까닭이다. 그러나 인생을 성공적으로 살았거나 살아가는 사람들은 실수를 부끄러워하거나 두려워하지 않는다. 그들 중엔 수많은 실수를 통해 성공적인 인생이 되는 이들이 많다. 그들은 실수를 성공으로 가기 위한 하나의 과정처럼 여긴 것이다. 그러니까 실수를 많이 할수록 더 큰 성공을 할 수 있다고 여겼다.

"실패는 성공의 어머니이다."

이는 누구나 알고 있는 진리이다. 즉, 실패는 성공을 부르는 어머니

인데, 왜 실패를 두려워하고 부끄러워하느냐에 대한 명쾌한 답인 것이다. 오래전 맹자 역시 "수많은 작은 실수가 커다란 성공을 이끌어내는 법이다"라고 했다.

실수나 실패에 대한 동서고금의 시각이 놀랍도록 같다는 것은 진리란 어느 때나 어느 곳에서나 통한다는 것을 의미한다. 수많은 실수와 실패를 통해 최선의 인생을 살았던 이에 대한 이야기이다.

유럽에서 가장 보수적인 영국 의회에 진출해 두 차례나 수상을 지낸 벤저민 디즈레일리가 영국 의회에 길이 남는 명정치가가 될 수 있었던 것은, 좌절을 모르는 강인한 확신주의에서 이끌어내는 능력이 출중했기 때문이다. 그러나 이런 그도 수상이 되기 전에는 많은 문제점을 갖고 있었다. 그는 젊은 시절 호기를 부려 사람들로부터 허세를 부린다는 비난을 받기도 했다. 주식에 투자하고, 사업에도 손을 댔으나 번번이 실패했다. 연이은 실패에 따른 좌절과 방황으로 4년 넘게 허송세월을 보내기도 했다. 정계에 입문해서는 수차례에 걸쳐 낙선했다. 한마디로 젊은 날의 그의 인생은 실패의 연속이었다.

그럼에도 그는 좌절하지 않았다. 좌절은 곧 인생의 실패라는 것을 경험을 통해 깨달았기 때문이다. 그는 실패를 거듭할수록 강해지기 위해 더욱 노력했다. 독서광이었던 그에게 책은 인생의 이정표와도 같았다. 그는 많은 책을 읽으며 지식을 쌓고 지혜를 터득했다.

수차례에 걸쳐 낙선했던 그는 정계에 대한 꿈을 버리지 않고 도전한 끝에 드디어 수상의 자리에 올랐다. 수상이 된 그는 영국이 안고 있는 문제점들을 하나하나 풀어가기 시작했다. 수시로 반대에 부딪치는 시련도 있었지만, 그러면 그럴수록 그의 의지는 더욱 불타올랐다. 그는 때론 협조를 구하기도 하고, 또 때론 강하게 밀어붙이는 등 자신이 계획한 정책들을 실현시켜 나갔다.

대표적인 그의 공적은 가난한 노동자들의 주거개선법을 시행해 빈민가를 새롭게 단장하며 서민들이 쾌적한 환경에 주거하도록 한 것이다. 그 외에도 복잡했던 공중보건법을 크게 개선했고, 노동 착취를 방지하는 공장법과 노동자 단체의 지위를 인정하는 두 개의 노동조합법 제정도 그의 업적이다. 대외적인 업적으로는 당시 이집트 수에즈운하를 인수한 것이 있다. 수에즈운하 인수는 영국의 강국 이미지를 부각시키는 것은 물론 국민들에게 지도력을 인정받는 데 크게 작용해 그의 정치적 입지를 더욱 견고하게 해주었다.

러시아와 투르크 간의 전쟁으로 영국은 인도로 가는 길에 방해받지는 않을까 염려했다. 디즈레일리는 전쟁으로 지쳐 있는 러시아에게 세를 과시하며, 영국은 전쟁으로 발생하는 어떤 불이익도 허용하지 않겠다는 강한 의지를 보였다. 러시아가 투르크에 강요한 산스테파노 조약은 1878년 베를린에서 열린 유럽 의회에 상정되었는데, 디즈레일리는 회의에 참석해 러시아로부터 원하는 것을 모두 받아냈다.

이 일은 영국의 자긍심을 드높인 역사적 사건이라 불리며 그의 정치적 위상을 높여 주었다. 그는 빅토리아 여왕의 총애와 신임은 물론 국민들에게 위대한 정치가로 깊이 각인되었다. 디즈레일리의 승부사 기질은 영국의 정치사에서 가장 독보적이다. 그의 승부사 기질은 강직한 인품에서 기인한다. 좌절을 모르는 유대인의 기질과 지혜로 정치적 역량을 드높이며 반대 세력을 굴복시킴으로써 그는 수상으로서의 입지를 탄탄하게 굳힐 수 있었던 것이다. 그가 영국의 수상으로 있는 동안 '대영제국은 해가 지지 않는다'라는 말이 있을 정도로 영국은 전 세계적으로 위상을 떨쳤다. 그는 빅토리아 여왕의 절대적인 신임을 얻음으로써, 가슴속에 품은 꿈을 맘껏 펼쳐 보이며 많은 국민으로부터 존경과 찬사를 받은 열정과 의지의 위대한 정치가였다.

위대한 정치가로 미국뿐만 아니라 세계인들로부터 존경받는 링컨도 실패의 연속이었다. 그러나 그는 수많은 실패를 통해 성공한 대통령이 되었다. 윈스턴 처칠 또한 수많은 실패를 통해 위대한 정치가가 되었으며, 누구보다도 많은 실패를 했음에도 에디슨은 천 가지가 넘는 발명품을 발명했다. 미국의 최초이자 마지막 4선 대통령이었던 프랭클린 루스벨트 역시 많은 실패를 통해 존경받는 대통령이 될 수 있었다.

이름을 일일이 열거할 수 없지만 성공한 인생들은 하나같이 실패를 딛고 일어선 공통점을 갖고 있다. 실패를 딛고 일어서면 성공의 이름을 쓸 수 있지만, 좌절하고 주저앉으면 절망이란 이름을 쓸 뿐이다. 너무나 빤한 이야기이지만 우리는 늘 잊고 산다. 실수와 실패는 누구나 한다는 것을. 실수와 실패에 절대 좌절하지 말고, 성공의 에너지로 삼을 때 원하는 인생을 살게 되는 것이다.

맹자의 선택

삶도 내가 원하는 것이며,
의義 또한 내가 원하는 것이지만,
이 두 가지를 함께 얻을 수 없다면
삶을 버리고 차라리 의를 취하겠다.

_맹자 16

맹자는 언제나 인의예지仁義禮智에 대해 강조했다. 이는 맹자사상에 핵심인 바, 여기서 인은 '어짊'을 말하는 것이며, 의는 '옳음'을 말하는 것이며, 예는 '예의'를 말하는 것이며 지는 '지혜'를 말하는 것이다. 인의예지는 삶을 살아가는 데 있어 반드시 갖춰야 할 품격의 요소라고 할 수 있다. 그런데 맹자는 이 네 가지 중 특히 '의義'를 매우 중시하여 의에 대해 다음과 같이 말했다.

"삶도 내가 원하는 것이며, 의義 또한 내가 원하는 것이지만, 이 두 가지를 함께 얻을 수 없다면 삶을 버리고 차라리 의를 취하겠다."

맹자는 '삶'과 '의' 두 가지를 모두 원한다는 것을 알 수 있다. 그런데 맹자는 삶과 의를 함께 얻을 수 없다면 삶을 버리고 '의'를 취하겠다고 말한다. 그렇다면 이는 무엇을 말하는가. 그러니까 맹자의 입장에서는 의를 그만큼 중요히 여긴다는 것을 알 수 있다. 사람이 살아가는 데 있어 의는 매우 중요하다. 옳음이 없다면 이 세상은 질서도 없고, 제멋대로인 세상이 될 것이다. 그런데 다행스럽게도 의가 있어 세상은 질서 있고, 균형 있게 존재할 수 있는 것이다.

"의에 주리고 목마른 자는 복이 있나니 그들이 배부를 것이요."

이는 신약성경 마태복음(5장 6절)에 나오는 말씀으로, 의에 주리고 목마른 자란 의를 위해 힘써 행하는 자를 일러 하는 말이다. 그러니까 의로운 일을 하지 못해 갈급한 자들에게는 하나님께서 복을 주신다는 것이다. 왜 그럴까. 의는 항상 옳고 그런 의를 행하기 위해 힘써 노력하는 자 역시 의롭기 때문이다.

"의를 위하여 박해를 받은 자는 복이 있나니 천국이 그들의 것임이라."

이는 신약성경 마태복음(5장 10절)에 나오는 말씀으로, 옳은 일을 위해 박해, 즉 고난을 받은 사람에게는 하나님께서 천국에 들이겠다는 것이다. 의를 위해 자신을 희생하는 사람들 역시 의로운 자이기에 그에 상응하는 대가를 준다는 것은 당연한 일이다. 왜 그럴까. 의義는 만고萬古의 진리이기 때문이다.

맹자가 '삶'과 '의' 중 하나를 택하라면 '의'를 택하겠다는 것은 그가 '성인의 도'를 깨쳤기 때문이다. 참으로 맹자다운 말이 아닐 수 없다. 맹자의 선택에서 보듯 어떤 상황에서도 의를 지켜야 한다. 설령, 목숨이 위태로운 순간에도 의는 지켜져야 한다. 의義는 반드시 옳은 것이기 때문이다. 그런 까닭에 의를 따르는 것이 인간의 참된 도리인 것이다.

그렇다. 의를 따라 사는 것이야말로 최선의 삶이라고 할 수 있다.

오곡五穀은 익어야 제맛이다

오곡五穀은
종자의 아름다운 모습을 보이지만,
익지 아니하면 피만도 못하다.

_맹자 17

　제아무리 예쁜 꽃이라고 해도 꽃망울만 지고, 활짝 피지 않으면 아무 소용이 없다. 아무리 맛있는 열매라 할지라도 씨앗이 발아가 안 되면, 아무 소용이 없다. 아무리 맛있는 고기라도 맛있는 양념으로 요리해서 먹지 않으면 생것으로는 제맛을 알 수 없다.

　꽃은 활짝 피어나야 제 아름다움을 드러내 보일 수 있고, 맛있는 열매는 탐스럽게 익어야 제맛을 드러낼 수 있고, 싱싱한 고기는 거기에 맞는 양념을 해서 먹어야 제맛을 드러낼 수 있는 법이다. 사람 또한 마찬가지다. 제아무리 머리가 좋아도 공부하지 않으면 가진 능력을 제대로 펼쳐 보일 수 없다. 또한 아무리 뛰어난 축구 재능을 지녔다 해도 열심히 훈련하지 않으면, 재능을 제대로 펼칠 수가 없다.

　자신이 가진 달란트, 즉 재능을 펼쳐 보이기 위해서는 그에 맞게 열심히 준비하고 노력해야 한다. 재능은 발아되지 않은 씨앗과 같아서 그대로 두면 재능은 그 상태로 존재할 뿐이다. 그런 까닭에 재능이 활짝 꽃피기 위해서는 노력이라는 땀방울을 흘려야 하는 것이다. 그래야 그 땀방울이 재능이란 씨앗에 스며들어 발아를 시킴으로써 활짝 피어나는 것이다.

"오곡五穀은 종자의 아름다운 모습을 보이지만, 익지 아니하면 피만도 못하다."

맹자는 오곡이 땅에 심기고, 자라 열매를 맺지 않으면 피만도 못하다고 말한다. 이는 무엇을 말하는가. 오곡이 자라 열매를 맺기 위해서는 땅에 심어서 거름을 주고, 때마다 햇살을 받아먹고, 맑은 공기를 마시고, 물을 마셔야 하는 것이다. 그래야 싱싱하고 탐스러운 열매를 맺게 되는 것이다. 그렇다. 사람이든 꽃이든 오곡이든 자연의 이치는 같다. 제 몫을 다하고 사회에 필요한 사람이 되기 위해서는 그에 맞는 여건을 잘 살려 노력해야 하고, 아름다운 꽃을 피우기 위해서는 그에 맞는 환경을 만들어 주어야 하고, 오곡이 탐스럽게 열매 맺기 위해서는 그에 맞는 환경을 만들어 주어야 한다. 그래야 사람이든, 꽃이든, 오곡이든 제 본분을 다하게 됨으로써 좋은 결과를 맺게 되는 것이다.

"어떤 기술이라도 타고난 재능 없이는 획득할 수 없으며, 타고난 재능도 기술적인 훈련에 의하여 다듬지 않으면 안 된다."

이는 고대 그리스 시인인 호라티우스가 한 말로, 그 어떤 기술도 재능에 의해 획득하게 되며, 타고난 재능은 기술적인 훈련과 노력이 함께 할 때 빛을 발한다는 것을 알 수 있다. 옳은 말이다. 자신이 지닌 재능을 잘 살리고 싶다면, 자신의 재능에 맞게 준비하고 노력하라. 노력은 사람을 속이지 않는다. 그런 까닭에 반드시 자신이 바라는 대로 좋은 결과를 나타내게 될 것이다.

상대를 통해서 자신이
어떤지를 살펴보라

그대가 훌륭한 사람을 대할 때, 그 사람이 가진 덕을
자기 자신도 가지고 있는가 생각해보라.
그리고 나쁜 사람을 대할 때, 그 사람이 지은 죄가 자기에게도
있지 않은지를 돌아보라.

_맹자 18

상대를 통해 자신의 진정한 모습을 발견한다는 것은 매우 생산적인 일이라고 할 수 있다. 특히 훌륭한 인품을 지닌 품격 있는 사람은 내 인생의 롤 모델로는 최적화된 인생 교과서라 할 수 있다. 그를 롤 모델로 삼아 그의 좋은 점을 본받기 위해 노력한다면 자신 또한 훌륭한 인품을 갖출 수 있기 때문이다. 그 반면에 인품이 고약한 사람을 통해서는 왜 그런 사람처럼 살아서는 안 되는지를 마음에 새겨 조심한다면, 이 또한 훌륭한 인품을 갖추는 데 큰 도움이 될 것이다.

이렇듯 한 사람이 훌륭한 인격자로 자라기 위해서는 훌륭한 사람을 통해서는 그의 훌륭한 점을 본받고, 인품이 고약한 사람을 통해서는 왜 그처럼 살아서는 안 되는지를 교훈으로 삼아 실천한다면 좋은 품성을 갖추는 데 큰 도움이 된다. 이에 대해 맹자孟子는 다음과 같이 말했다.

"그대가 훌륭한 사람을 대할 때, 그 사람이 가진 덕을 자기 자신도 가지고 있는가 생각해보라. 그리고 나쁜 사람을 대할 때, 그 사람이 지은 죄가 자기에게도 있지 않은지를 돌아보라."

맹자의 말처럼 훌륭한 사람을 대할 땐 그 사람이 가진 덕이 자신에게 있는지를 살펴봄으로써 만일 자신에게도 그와 같은 덕이 있다면 더욱 그 덕을 갈고닦아 훌륭한 인품을 쌓도록 해야 한다. 그리고 나쁜 사람을 대할 땐 그 사람이 지은 죄가 자신에게도 있는지를 살펴보아 만일 있다고 한다면 노력해서 고치도록 해야 한다. 그래야 자신에게 있는 죄를 떨쳐내고 훌륭한 인품을 기르는 데 도움이 되기 때문이다.

타산지석他山之石이란 말이 있다. 이는 다른 산의 돌도 나의 옥玉을 가는 데 도움이 된다는 뜻으로, 다른 사람의 사소한 언행이나 실수라도 내게는 커다란 교훈이 될 수 있음을 일러 하는 말이다. 그렇다. 이를 마음에 새겨 사람을 대할 땐 그 사람의 좋은 점, 나쁜 점을 거울삼아 노력하라.

스스로 재앙을 불러들이지 마라

천재天災는 피할 수 있지만
자기 자신이 불러들인 재앙을
피하여 살 수는 없다.
_ 맹자 19

　사람이 살아가면서 겪게 되는 재앙은 크게 천재지변에 의한 재앙과 스스로 불러일으킨 재앙으로 나눌 수 있다. 가뭄이나 홍수, 폭설, 해일, 지진, 산불 같은 경우는 인간의 힘으로는 어쩌지 못하는 자연재해이다. 물론 인위적으로 자연을 황폐케 하여 불러일으킨 재앙 역시 자연재해에 따른 것이라고 할 수 있다. 남을 비방하고 비난하여 문제를 일으킨 일이나, 사기를 치거나, 거짓과 횡포로 사회를 도탄에 빠뜨리는 일이나, 말을 잘못하여 스스로를 결박당하게 하는 일 등은 자신이 불러일으킨 인위적인 재앙이라고 할 수 있다. 다음 이야기는 스스로 불러일으킨 재앙이 자신에게 미치는 영향이 얼마나 무가치하고 비참한지를 잘 알게 한다.

　로마제국의 철학자이자 일급 웅변가인 마커스 시세로는 유창한 말솜씨와 뛰어난 웅변술로 로마 최초로 국부라는 칭호와 함께 집정관에 올랐다. 그는 천부적으로 말재주를 타고났다. 마커스 시세로는 자신의 명성이 날로 높아지자 유명한 배우들을 찾아다니며 목소리, 몸짓, 손짓 등을 배웠다. 그러자 그의 웅변술은 더욱 돋보였다. 말과 몸짓이 사람들에게 미치는 영향은 상당했다. 말이 평면적이라면 몸동작은 입체적인 것이다. 이렇게 되자 고대 그리스에서 가장 뛰어나다는 평가를 받는 웅변가 데모스테네스와 쌍벽을 이룰 만큼 그의 인기는 대단했다. 또한 마커스 시세로는 기억력이 뛰어나 한번 본 사람의 이름은 정확하게 기억했으며, 자신이 간 곳의 장소라던가 한번 읽은 것은 또렷이 기억함으로써 사람들을 놀라게 했다. 뛰어난 기억력은 그가 학문을 깊이 있게 배우는 데도 크게 작용했다.

그러나 그는 뛰어난 웅변술과 기억력만큼의 인품을 갖추지 못했다. 때론 말을 가볍게 불쑥 던지는 통에 주변 사람들이 놀랄 때도 있었다. 뿐만 아니라 자신과 마음에 맞지 않거나 거스르면 험담을 일삼고 비방하여 눈살을 찌푸리게 하기도 했다. 말도 자꾸만 하면 늘듯 험담도 비방도 하면 할수록 늘어만 갔다. 이는 습관화가 되었고 그와 경쟁 관계에 있던 사람들은 그를 경계했다. 하지만 그는 이 사실을 알고도 누가 감히 자신에게 돌을 던질 것인가 하는 생각에 그의 오만방자함은 더 심해졌다.

그런데 이를 눈여겨보던 이가 있었으니 그는 바로 옥타비아누스였다. 옥타비아누스는 황제가 되는 꿈에 가득 차 있었다. 그는 마커스 시세로의 오만방자함이 자신의 꿈에 걸림돌이 될 거라고 생각했다.

그는 늘 마커스 시세로를 경계하며 그를 제거할 때가 오길 기다렸다. 드디어 옥타비아누스가 바라던 기회가 왔다. 마커스 시세로가 로마의 초대 황제가 된 옥타비아누스와 힘을 합쳐 또다시 권좌에 오르려고 획책하자, 옥타비아누스는 삼두정치 체제를 이루자마자 로마의 카이에타에서 그를 참형에 처했다.

마커스 시세로는 뛰어난 웅변가에다 엘리트였으며 권력자였다. 하지만 그는 말과 행동을 함부로 하고, 오만방자하여 사람들의 비난을 사는 등 한마디로 대책 없는 사람이었다. 결국 그는 자신이 불러일으킨 재앙에 의해 하나뿐인 목숨을 잃고 말았다.

세계사적으로나 우리의 역사에서 볼 때 자신이 불러일으킨 재앙으로 비참한 최후를 맞은 이들이 많이 있음을 알 수 있다. 모두가 스스로 무덤을 판 경우이고 보면 말과 행동에 각별히 유념해야 한다. 모든 불행은 잘못된 언행으로 인한 경우가 대부분이니까 말이다. 맹자는 일러 말하기를 "천재天災는 피할 수 있지만 자기 자신이 불러들인 재앙을 피하여 살 수는 없다"고 했다.

그렇다. 스스로 불러일으키는 재앙을 막아야 한다. 그러기 위해서는 한마디의 말도, 행동 하나에도 각별히 조심해야 한다. 자신의 모든 생사화복生死禍福은 결국 자신에게 있는 까닭이다.

비판을 삼가라

물이 지나치게 맑으면
사는 고기가 없고,
사람이 지나치게 비판적이면
사귀는 벗이 없다.

_ 맹자 20

맹자가 이르길 "물이 지나치게 맑으면 사는 고기가 없고, 사람이 지나치게 비판적이면 사귀는 벗이 없다"라고 했다. 이는 무엇을 말하는가. 사람들과의 관계에 있어 지나치게 거리를 두는 것과 비판은 인간관계에서 있어 덕德이 되지 않는 까닭에 조심해야 함을 뜻하는 말이다. 한마디로 말해 비판은 백해무익百害無益하다는 것을 잘 알게 한다.

미국 제16대 대통령 에이브러햄 링컨은 그 누구보다도 배려심이 깊고 따뜻한 품성을 지닌 사람이었다. 이런 그의 심성은 미국 국민의 마음을 사로잡는 데 있어 매우 중요한 역할을 했다. 하지만 무결점의 사람으로 여겨졌던 링컨도 처음에는 남을 매몰차게 비난하고 비판하는 소인배였다. 그런 그에게 작심하고 자신의 못된 비판성향을 개선하게 되는 사건이 생겼다.

링컨은 아일랜드 출신 정치가인 제임스 실드를 '얼빠진 정치가'라고 〈스프링필드 저널〉에서 강하게 비평했다. 그 기사를 보고 자존심이 상한 제임스 실드는 곧바로 자신의 비평에 대한 잘못된 점을 시정할 것을 링컨에게 요구했다. 하지만 링컨은 그의 요구를 한마디로 잘라 거절했다. 링컨의 비평이 자신의 정치생명에 치명적인 오류를 범할 수 있다고 판단했던 제임스 실드는 자신의 결백을 증명하기 위해 링컨에게 목숨을 걸고 도전장을 던졌다.

링컨은 단둘이 싸울 의사가 없었다. 그러나 싸움을 피한다는 것은 결국 자신의 용렬함을 만천하에 드러내는 것 같아, 그는 조언까지 들어가며 칼싸움하는 법을 배워 제임스 실드와 결투를 벌이러 갔다. 제임스 실드는 의기양양했으나 링컨은 싸우고 싶은 마음이 없었다. 솔직히 싸움에 자신이 없었던 것이다.

그런데 다행스럽게도 그들의 비범함을 잘 알고 안타까워하던 입회자(당시 결투를 증명하는 사람)의 간곡한 만류로 목숨을 잃을 수 있는 싸움을 중단할 수 있었다. 이 일을 통해 링컨은 자신의 오만함과 용렬함에 대해 많은 반성과 함께 무심결에 뱉은 비평이 상대방과 자신에게 얼마나 무익한 일인지를 똑똑히 알게 되었다. 이후 링컨의 삶은 완전히 바뀌게 되었다. 링컨은 비평을 하는 대신 칭찬하고 격려하는 것을 삶의 모토로 삼았다. 그는 자신에게 도전하는 정적들에게 언제나 배려를 갖고 관대하게 대해줌으로써 오히려 상대방에게서 지지를 얻게 되었다. 결국 링컨은 미국 역사상 국민의 신뢰를 듬뿍 받는 최고의 대통령이 되었다.

소설 《테스》로 유명한 작가 토머스 하디는 자신에 대한 비평 때문에 더 이상 소설을 쓰지 않았고, 영국의 시인 토마스 체터톤은 비평 때문에 자살했다. 우리나라에도 적잖은 연예인들이 악플로 고생하면서 소중한 목숨을 끊기도 했다.

"나는 30년 동안 비판한 일이 가장 어리석은 짓이었음을 이제야 알게 되었다."

이는 미국의 전설적인 백화점 왕으로 불렸던 존 워너메이커가 한 말로, 상대를 비판한다는 것이 얼마나 무익한 것인지를 잘 알게 한다. 그렇다. 존 워너메이커의 말에서 보듯 누군가를 비판한다는 것은 매우 잘못된 일이라는 걸 알 수 있다. 비판을 삼가고 그 사람의 장점을 들어 칭찬한다면 좋은 인간관계를 통해 자신이 발전하는 데 큰 도움이 될 것이다.

부귀를 누려도 방탕하지 말 것이며,
비천해도 지조를 버리지 말 것이며,
싸움터에서 굴하지 아니하면,
이는 곧 대장부다운 행동이라 하겠다.

장자

———

莊子

전국시대의 사상가이다. 장자는 말로 설명하거나 배울 수 있는 도는 진정한 도가 아니라고 가르쳤으며, 도는 시작이나 끝이 없고 한계나 경계가 없다고 가르쳤다. 도에는 좋은 것, 나쁜 것, 선한 것, 악한 것이 없으니 덕이 있는 사람은 환경이나 개인적인 집착, 인습, 세상을 낫게 만들려는 욕망의 집착에서 벗어나 자유로워져야 한다는 게 장자 사상의 핵심이다. 장자의 사상은 무위자연無爲自然의 처세 철학을 담은 《노자老子》와 닿아 있다. 이른바 노장사상老莊思想으로 불린다.

마음을 하나로 통일하라

사람마다 마음이 하나로 통일되면
모든 행동도 하나로 통일된다.
그러므로 그 행동은 흐트러지지 않는다.

_ 장자 01

장자는 이르길 "사람마다 마음이 하나로 통일되면 모든 행동도 하나로 통일된다. 그러므로 그 행동은 흐트러지지 않는다"라고 했다. 중국 송대의 유학자인 주자朱子가 제자들의 질문에 답한 어록모음집인 《주자어류朱子語類》에 보면 '정신일도하사불성精神一到何事不成'이라는 말이 있다. 정신을 하나로 모으면 못 이룰 일이 없음을 뜻한다. 이는 무엇을 말하는가. 그 어떤 것도 마음을 하나로 집중해야 함을 말한다.

정신精神은 '마음'이나 '영혼'을 뜻하는 말로, 정신은 곧 마음과 일맥상통한다. 정신, 즉 마음을 하나로 모으면, 집중력이 강해져 무엇을 하든 잘 해내게 된다. 여기에 마음을 하나로 통일해야 하는 이유가 있는 것이다. 또한 마음을 하나로 통일하면 행동 역시 하나로 통일된다. 그래서 마음이 반듯한 사람은 행동 역시 반듯하다. 그러나 마음이 산만하고 집중하지 못하면 행동 역시 산만하여 그 어떤 일도 제대로 해낼 수 없다. 그리고 주변 사람들에게 불안한 마음을 갖게 함으로써 그와는 함께 하려고 하지 않는다. 마음은 육체를 지휘하는 지휘관과도 같다. 마음을 하나로 통일하기 위해서는 어떻게 해야 할까.

첫째, 건강한 몸을 갖추도록 해야 한다. 몸이 건강해야 마음이 건전하고 건강할 수 있기 때문이다. 둘째, 매일 일정량의 독서를 해야 한다. 독서는 지식을 길러줄 뿐만 아니라, 마음을 맑고 바르게 하며 정신적으로 성숙하게 하는 데 큰 도움이 된다. 셋째, 산책이나 취미활동을 통해 몸과 마음에 활력을 주어야 한다. 몸과 마음이 활기차면 긍정의 에너지가 넘쳐 건강한 마음을 지니는 데 큰 도움이 된다. 넷째, 늘 긍정적으로 생각하고 부정한 생각을 버려야 한다. 긍정적인 생각은 긍정적으로 행동하게 함으로써 마음을 강건하게 하는 데 도움을 준다.

이 네 가지 방법대로 꾸준히 한다면, 마음을 하나로 통일하는 데 많은 도움이 되고 습관을 들이게 된다.

"귀는 고운 소리를 듣고, 눈은 아름다운 빛깔을 본다. 하지만 이 눈과 귀는 밖에 있는 도둑이다. 그리고 속에 있는 욕심이나 야심은 안에 숨어 있는 도둑이다. 그러나 우리의 본심만 꿋꿋하면 그 도둑들은 얼씬도 못한다."

이는 《채근담採根譚》에 나오는 말로, 사람은 마음의 중심이 반듯해야 한다. 그래야 어떤 말에도 동요되지 아니하고, 어떤 유혹에도 흔들리지 않는다. 마음의 중심을 반듯하게 함은 본심을 꿋꿋이 세우는 까닭이다. 그렇다. 본심을 꿋꿋이 세워 마음을 하나로 통일이 되게 해야한다. 마음이 하나로 통일이 되면 반석 위에 지은 집처럼 견고한 까닭이다. 견고한 마음이 자신의 주인이 되게 하라. 그래야만 장자의 말대로 행동도 하나로 통일되어 흐트러지지 않는 법이다.

인생을 밝히는 등불,
노력과 배움에 충실하기

아무리 작은 것도 이를 만들지 않으면 얻을 수 없고
아무리 총명하더라도 배우지 않으면 깨닫지 못한다.
노력과 배움 이것 없이는 인생을 밝힐 수 없다.

_ 장자 02

인생을 살아가는 데 노력과 배움은 절대적이다. 노력이 없으면 그 어떤 것도 이루지 못하고, 배움이 없이는 삶을 깨치지 못한다. 그것은 밝은 태양 아래에서도 암흑을 사는 것과 같다. 노력은 끈기와 인내로 해나가야 그 결과를 아름답게 매듭짓게 되고, 배움은 꾸준히 해야 삶을 살아가는 데 막힘이 없다.

"인내는 쓰나 그 열매는 달다."

이는 프랑스 사상가 장자크 루소가 한 말로 노력이 따르는 고통을 잘 알게 한다. 하지만 그 고통은 아름다운 삶을 위한 노력의 고통인 것이다.

"배우는 길에 있어서는 이제 그만하자고 끝을 맺을 때가 없는 것이다. 사람은 일생을 통해 배워야 하고, 배우지 않으면 어두운 밤에 길을 걷는 사람처럼 길을 잃고 말 것이다."

이는 태자太子가 한 말로 배움의 근본 목적은 인생의 어두운 밤길이 아닌, 밝은 길을 걸어가는 법을 배우는 데 있다. 즉 인생을 잘 살아가기 위함이라는 것을 의미한다 하겠다.

중국 명나라 태조 주원장은 학자들을 지극정성으로 대한 걸로 유명하다. 그는 어린 시절 가난하여 배우지 못한 것에 대한 한이 있었다. 그런 까닭에 그는 자신이 가는 곳마다, 명망이 있는 학자들에게 배움을 청해 가르침을 받았다. 그의 배움은 그에게 세상을 보는 눈을 갖게 하고, 세상 이치를 꿰뚫어 보는 지각을 지니게 했다.

《논어論語》〈공야장公冶長〉편에 불치하문不恥下問이라는 말이 나온다. 이는 '자기보다 못한 사람에게 묻는 것을 부끄러워하지 않는다'는 뜻이다. 이 말처럼 그는 배울 수 있다면 그가 누구든 배움에 힘써 스스로를 거듭나게 했다. 주원장은 황제가 된 후에 황실 자녀들에게 가르침을 주기 위해 당대 최고의 학자들에게 교육을 맡겼다고 한다. 배움의 도를 깨쳐야 나라를 이끌어 가는 데 막힘이 없다는 것을, 스스로의 경험을 통해 사무치게 깨달았기 때문이다.

형설지공螢雪之功이란 말이 있다. 반딧불과 눈으로 이룬 공功이라는 뜻으로, 어려운 여건 속에서도 굴하지 않고 부지런히 학문을 닦고 노력하는 것을 비유하여 이르는 말이다.

진晉나라 효무제孝武帝 때 차윤車胤이라는 이가 있었다. 그는 어려서부터 성실하고 학문에 뜻이 많았다. 하지만 집안이 워낙 가난하여 낮에는 열심히 일을 해 생활비를 벌고, 밤에는 기름 살 돈이 없이 반딧불이를 잡아 명주 주머니에 넣어 그것을 빛으로 삼고 공부했다. 각고면려刻苦勉勵하며 공부한 끝에 훗날 벼슬이 이부상서에까지 이르렀다.

같은 시대에 손강孫康이란 이가 있었다. 이 사람 역시 어려서부터 학문에 열정이 대단했다. 그러나 집이 가난한지라 기름 살 돈이 없었다. 그는 겨울이 되면 창가에 앉아 밖에 쌓인 눈에서 반사하는 빛을 등불삼아 공부를 했다. 손강 또한 자강불식自強不息한 끝에 훗날 어사대부가 되었다. 이는 후진後晉의 이한李瀚이 지은 《몽구蒙求》와 《진서晉書》 〈차윤전車胤傳〉에 나오는 이야기로, 가난하고 척박한 환경 속에서도 굴하지 않고 피나는 노력 끝에 성공한 차윤과 손강을 통해 그 어떤 환경도 불굴의 의지와 신념을 가진 자에게는 손을 들게 된다는 의미를 부여하고 있다.

"만나는 사람 모두에게서 무엇인가를 배울 수 있는 사람이 세상에서 가장 현명한 사람이다."

이는 《탈무드》에 나오는 말로 《탈무드》는 헤브라이어로 '깊이 배운다'는 뜻이다. 유대인은 무엇을 배우든지 깊이 배운다. 수박 겉핥기식은 절대 용납하지 않는다. 배움의 진정한 가치이자 목적은 하나를 배워도 깊이 그리고 충분히 배우는 것이다. 그렇게 해야 자신이 살아가는 일이 있어서나, 인생을 지혜롭고 현명하게 살아가는 데 큰 도움이 되기 때문이다.

그렇다. 배움이란 인생을 살아가는 데 있어 빛과 소금과 같다. 배움을 어느 일정한 기간만 배우는 것이 아니다. 평생을 배워도 부족한 것이 배움인 것이다.

배움을 통해 자신의 인생을 세상의 빛과 소금이 되게 하라.

무엇이든 정도에 알맞게 하라

알맞으면 복이 되고
너무 많으면 해가 되나니
세상에 그렇지 않은 것이 없거니와
재물에 있어서는 더욱 그것이 심하다.

_장자 03

'적당히'라는 말이 있다. '정도에 알맞게', '엇비슷하게 요령이 있게'라는 뜻이다. 정도에 지나치지 않는다는 것은 균형 있게 하는 것으로, 이는 기술적으로 요령 있게 한다는 긍정의 의미를 담고 있다. 또 한편으로는 '대충대충'이라는 뜻으로도 사용하기도 한다. 또, 불성실하게 한다는 부정적인 의미를 담고 있다. 그러나 여기서 말하고자 하는 것은 긍정의 의미인 '정도에 맞게'에 대해서이다. 정도에 맞게 한다는 것은 무엇을 하거나 인생을 살아가는 데 매우 중요한 '지혜'라고 할 수 있다.

왜 그럴까. 아무리 좋아도 넘치거나 지나치면 해가 되기 때문이다. 이를 잘 알게 하는 말이 과유불급過猶不及이다. 아무리 맛있는 음식도 지나치게 먹다 보면 소화불량에 걸리게 되고, 아무리 운동이 좋아도 지나치면 도리어 몸을 상하게 되고, 장난도 지나치면 상대방의 화를 부르게 된다. 이처럼 지나침은 오히려 아니함만 못하게 되어 부정적으로 작용하게 된다.

부모의 유산을 두고 지나친 탐욕으로 인해 형제자매 지간에 원수가 되고, 아버지 기업을 서로 물려받겠다고 형제가 서로를 고소하고, 남의 재산을 가로채기 위해 강도짓을 벌이는 등의 사건 사고가 수시로 뉴스 헤드라인을 장식한다. 이 모두는 적당히를 넘어 지나친 탐욕이 불러일으킨 비애이며 비극이 아닐 수 없다. 이는 비생산적이며 비능률적인 인생을 살게 하는 것으로써 삼가야 한다. 그런 까닭에 적당히 해야 탈이 없는 법이다. 이는 사업을 하거나, 재물에 있어서나, 인간관계에 있어서나, 무엇을 하더라도 적용되는 삶의 법칙이다. 다음은 지나친 무례無禮로 인해 절친 사이가 비극으로 끝난 일화이다.

세계 4대 영웅 중 한 사람으로 그리스, 페르시아, 인도에 이르는 대제국을 세운 마케도니아 왕국의 왕이었던 알렉산더에게는 클레토스라는 친구가 있었다. 그는 장군으로서 알렉산더를 보필하며 권력을 누렸다. 알렉산더는 그를 무척이나 신뢰했는데, 그가 자신의 곁에 있다는 것만으로도 든든해할 정도였다.

그러던 어느 날, 이들 사이에 문제가 발생했다. 클레토스가 연회장에서 술에 취해 알렉산더에게 함부로 말하며 추태를 부린 것이다. 아무리 친한 친구 사이여도 많은 사람이 있는 데서 왕을 모욕한다는 것은 있을 수 없는 일이었다. 클레토스의 막말에 알렉산더는 크게 진노했다.

"네가 내 친구라는 이유로 장군에도 오르게 하고, 좋은 집에서 호의호식하며 살게 했거늘 네가 감히 나를 능멸해? 지금껏 나는 너를 친구로 대했으나 이제 너는 내 친구도 아니고 장군도 아니다."

알렉산더는 이렇게 말하며 옆에 있던 병사의 창을 클레토스에게 던졌다. 이때, 창은 그의 가슴에 정확히 꽂혔고 클레토스는 그 자리에서 죽고 말았다. 그의 주검을 보고 알렉산더는 크게 슬퍼하며 다음과 같이 말했다.

"클레토스, 너를 죽이려고 던진 것이 아니었는데…… 이렇게 죽다니."

분을 참지 못해 던진 것이지만, 결과적으로는 소중한 친구를 자신의 손으로 죽이게 되었고, 알렉산더는 이에 크게 슬퍼하며 칼로 자신을 찌르려 했다. 그러자 크게 놀란 신하들이 그를 만류했다.

"폐하, 이러시면 안 됩니다. 고정하십시오."

알렉산더는 신하들의 만류로 목숨을 끊을 수 없었지만, 이후 심한 열병을 앓게 되어 33세라는 젊은 나이에 세상을 떠나고 말았다.

이 일화에서 보듯 아무리 친한 사이라 해도 지나침을 넘어 함부로 말하고 무례하게 행동해서는 안 된다. 이렇듯 인간관계든 무슨 일에서든 정도에 맞게 해야 한다. 그래야 인간관계든, 재물이든, 일에 서든, 그 어떤 일에 있어서든 무리가 따르지 않는다. 알맞으면 복이 되고, 너무 많으면 해가 된다는 장자의 말처럼 매사에 있어 지나침을 경계하고, 정도에 맞게 살도록 노력해야 한다.

시_是는 비_非가 되고
비_非는 시_是가 된다

어떤 것이라도 그 보는 처지에 따라서
이럴 수도 있고 저럴 수도 있다.
시비_{是非}나 선악_{善惡}의 의론은 있어도 처지를 바꿔보면
시_是는 비_非가 되고 비_非는 시_是가 된다.

_ 장자 04

시_是는 비_非가 되고 비_非는 시_是가 된다는 말은 '옳음'도 '그름'이 될 수 있고, '그름'도 '옳음'이 될 수 있다는 말이다. 즉 어떤 처지와 상황에 따라 달라진다는 것을 뜻한다. 과거에는 옳았던 일도 지금에 와서는 틀리고, 과거에 틀렸던 것도 지금에 와서는 옳음이 되는 일이 있다. 시대의 흐름에 따라 시가 비가 되고, 비가 시가 되기 때문이다.

조선시대 청백리로 백성들의 존경을 받았던 황희 정승은 집에서 부리는 하인들에게도 함부로 하지 않았으며, 인격적으로 대해준 따뜻한 성품의 소유자였다.

어느 날 두 여자 하인 간에 무슨 일인지 싸움이 났다. 그런데 한 하인이 와서는 상대방이 잘못을 하고도 대든다고 말했다. 이야기를 듣고 나서 황희 정승이 말했다.

"네 말이 옳다."

그러자 이번엔 다른 하인이 와서는 자기가 옳다고 말했다.

"그래. 네 말도 옳다."

그러자 옆에서 지켜보던 조카가 그런 판결이 어디 있느냐며 말했다. 황희 정승은 조카에게도 "네 말도 옳다" 하며 말했다.

황희의 말에서 보듯 그는 자신의 처지에서 보면 자신이 옳고, 상대방의 처지에서 보면 상대방이 옳다는 것을 지적한 것이다. 그러니까 상황이나 처지에 따라 시시비비是是非非는 달라질 수 있다는 것이다. 이를 좀 더 부연한다면 상대의 처지나 상황에 대해 옳고 그름이 달라질 수 있다는 말이다. 설령 상대방이 잘못을 했더라도, 상대방의 처지를 이해하고 배려하면, 왜 그렇게 했는지에 대해 이해하게 됨으로써 그릇된 길로 빠지는 것을 막을 수 있다. 이에 대해 장자는 이렇게 말했다.

"시비是非나 선악善惡의 의론은 있어도 처지를 바꿔보면 시是는 비非가 되고 비非는 시是가 된다."

삶을 살아가면서 어떤 일에 봉착하게 되면 내 쪽에서만 생각하지 말고, 역지사지易地思之, 즉 상대방의 입장에서도 생각해보라. 그러면 상대의 처지에 대해 이해하게 됨으로써, 나쁘게 될 일도 슬기롭게 극복할 수 있게 될 것이다.

참된 마음을 나오게 하는 법

음악 소리는 피리건 종이건
모두 그 빈 곳 공허에서 나온다.
사람의 마음도 비우지 않으면
참된 마음이 나오지 않는다.

_ 장자 05

"힘은 평화로운 마음에서 생긴다. 평화로 가득 찬 마음을 얻으려면 무엇보다도 마음을 텅 비워야 한다. 당신의 마음속에서 두려움과 미움, 불안, 후회, 미련, 죄의식 등을 깨끗이 비워내는 일을 어김없이 실행해야 한다. 당신이 당신의 마음을 의식적으로 비우려고 애쓰고 있다는 그 사실만으로도 당신의 마음은 잠시 동안이나마 휴식을 얻게 될 것이다."

이는 미국의 저술가이자 동기부여가 이며 목사인 노먼 V. 필 박사의 말로, 힘은 평화로운 마음에서 생기고, 평화로운 마음을 갖기 위해서는 마음을 텅 비워야 한다고 말한다. 마음을 비운다는 것은 무념무상無念無想에 이르는 것으로, 마음을 비울 때 비로소 새로운 마음을 갖게 된다. 그러면 새로운 마음이란 무엇인가. 그것은 창의의 마음이며 허점이 없는 진심眞心의 마음이다. 장자는 이를 '참된 마음'이라고 정의했다. 그러니까 헛된 마음이나 찌든 마음, 부정한 마음이라고는 찾아볼 수 없는 '순백의 마음'을 이르는 것이다.

그런데 필 박사는 이를 '힘'이라 말하고, 힘은 '평화의 마음'에서 생긴다고 말했다. 여기서 힘은 두려움과 미움, 불안, 후회, 미련, 죄의식 등이 없는 마음, 즉 평화로운 마음을 말하는데, 이는 장자가 말한 참된 마음과 같다고 할 수 있다. 왜 그럴까. 마음이 참되지 않으면 절대 마음이 평화로울 수 없기 때문이다. 그런 까닭에 장자가 말하는 참된 마음은 마음을 비울 때 얻게 되고, 필 박사가 말하는 평화로운 마음 역시 마음을 텅 비울 때 얻게 된다는 공통점을 지니는 것이다.

현대인들은 날마다 많은 생각을 하면서 살고 있다. 모든 것이 시시각각 변화하고, 그것을 받아들이려니 많은 생각을 할 수밖에 없다. 마음을 비워야 하는데, 마음을 비울 '틈'이 없다. 그러다 보니 몸과 마음은 지치게 되고, 삶의 평안을 느끼지 못한다. 그래서 휴식이 필요한 것이고, 휴식을 통해 마음속에 쌓였던 두려움과 미움, 불안, 후회, 미련, 죄의식 등을 말끔히 비워내야 한다. 마음을 비우는 방법에 대해 미국의 심리학자 바바라 골든은 다음과 같이 말했다.

"우리는 휴식을 취하고 자신을 새롭게 하고 싶을 때 머무를 성역이 필요하다. 누군가 사방이 흰 방 안에서 아무런 외부의 자극 없이 평온한 마음을 느낀다면 그 공간은 성역으로 적합한 것이다. 성역 안에서는 온전히 쉴 수 있고 아무 방해도 받지 않고 내면의 흐름에 집중할 수 있다. 성역은 어디에나 만들 수 있다. 문을 닫고 기분 좋은 향기와 소리, 풍경과 접하면 된다. 좋아하는 그림이 걸린 작은 방에서 마음을 안정시키는 향초를 켜고 조용한 음악을 틀어놓아도 좋다. 가끔은 자신만의 성역에 들어가 스스로에게 조용한 시간을 선물하라. 그때는 전화기를 끄고 모든 가전제품과 라디오, TV로부터 등을 돌려야 한다. 마음의 안테나를 모두 끄고 평화를 느껴보면 당신은 조용히 깨달음을 얻을 것이다."

바바라 골든의 말처럼 자신의 상황에 맞는 공간을 정해, 그 어떤 외부의 방해를 받지 않고 온전히 쉬면서 그동안 쌓였던 불필요한 마음을 비워내야 한다. 그렇게 해서 마음을 비우게 되면 여유로운 마음을 지니게 된다. 마음이 여유로우면 마음이 너그러워지고, 참된 마음이 되어 사심이 없어지고 주변을 돌아보는 눈을 갖게 된다. 참된 마음을 갖기 위해서는 수시로 기도와 묵상, 휴식을 통해 일상생활에서 쌓인 온갖 때 낀 마음들을 비워내야 한다. 그래야 텅 빈 마음에 새로운 마음이 들어오게 되고, 평화로운 마음을 갖게 된다. 이 평화로운 마음이 곧 참된 마음인 것이다.

이름에 걸맞은 가치를 지녀야 한다

이름이라는 것은 손님이다.
이름과 실實은 주인과 손님의 관계에 있다.
손님만 있고 주인이 없어도 안 되는 것 같이 이름만 있고
실을 갖추지 않는 것은 아무 소용이 없다.

_ 장자 06

장자는 이르길 "이름이라는 것은 손님이다. 이름과 실實은 주인과 손님의 관계에 있다. 손님만 있고 주인이 없어도 안 되는 것 같이 이름만 있고 실을 갖추지 않는 것은 아무 소용이 없다"라고 했다. 장자의 말은 이름에 맞는 실實, 즉 열매가 있어야 한다는 것이다. 여기서의 열매라는 것은 삶의 결과물을 말한다. 그러니까 이름값을 해야 한다는 것이다. 이름은 있는데 실이 없다면 그것은 못난 삶이기 때문이다.

미국 제16대 대통령으로 노예해방을 이뤄낸 에이브러햄 링컨 역시 "나이 마흔이 넘으면 자신의 얼굴에 책임을 져야 한다"는 말로, 사람은 자신에 대한 책임을 져야 한다고 말한 것으로 유명하다.

링컨의 말은 사람은 나이 마흔이 넘으면 이름값을 해야 한다는 것을 뜻한다. 사람은 누구나 자신의 이름에 누가 되지 않도록 해야 할

책임이 있다. 그렇지 않으면 스스로에게 부끄러울 뿐만 아니라, 스스로를 못난 사람이라고 인정하는 거와 같기 때문이다.

그렇다면 어떻게 해야 자신의 이름에 값할 수 있을지를 스스로 곰곰이 생각해보라. 그래서 이름에 걸맞게 할 수 있다면 그것이 무엇이든 실행에 옮겨야 한다. 실행을 하다 보면 힘들 때도 있고, 포기하고 싶은 마음이 들 때도 있다. 이때 절대 멈추어선 안 된다. 멈추는 순간, 더는 앞으로 나갈 수 없기 때문이다.

"포기해도 되는 시기란 없다. 항상 도전할 때 새로운 길이 펼쳐진다. 나는 65세 때 꿈을 이뤘다."

이는 캔터키 프라이드 치킨(KFC) 창업자인 커넬 샌더스가 한 말로 포기, 즉 멈추는 시기가 있어서는 안 된다는 것을 알 수 있다. 멈추는 순간 그것으로 끝나기 때문이다. 하지만 포기하지 않고 계속 도전하면 새로운 길, 즉 자신이 바라는 길이 펼쳐진다는 것이다.

샌더스 역시 당시로써는 블루오션과도 같았던 치킨 사업에 뛰어들었을 때 많은 어려움이 있었다. 무슨 일이든 처음 할 땐 다 어려움을 겪는 법이다. 하지만 샌더스는 굳은 인내심과 의지로 어려움을 극복하고 마침내 자신이 원하는 결과를 이룰 수 있었던 것이다.

그렇다. 힘들어도 꾹꾹 참으며 실행해 나가야 한다. 그러면 자신이 생각했던 결과를 얻게 됨으로써 자신의 이름을 가치 있게 할 수 있다.

고난을 겪으면 이내 알게 되는 것

이해관계로 서로 맺어진 자는 일단 고난이나 재해 같은
난처한 일을 겪게 되면 곧 상대를 버리게 된다.
천연 자연으로 맺어진 골육이나 동지는 고난이나 재해를 당하면
더욱 서로를 돌보고 하나가 된다.

_ 장자07

장자가 이르길 "이해관계로 서로 맺어진 자는 일단 고난이나 재해 같은 난처한 일을 겪게 되면 곧 상대를 버리게 된다. 천연 자연으로 맺어진 골육이나 동지는 고난이나 재해를 당하면 더욱 서로를 돌보고 하나가 된다"라고 했다. 참다운 친구나 지인은 좋은 일이 있을 땐 잘 알지 못한다. 상황이 좋을 땐 부담을 갖기 않기 때문이다. 하지만 어려운 일이 닥치면 알곡과 쭉정이가 갈리듯 참다운 친구와 지인, 거짓 친구와 지인은 갈리게 된다.

왜 이런 일이 생기는 걸까. 참다운 친구나 지인은 진심眞心으로 맺어지고, 거짓 친구와 지인은 사심私心으로 맺어졌기 때문이다. 여기서 진심은 이해득실을 따지지 않는 참된 마음이며, 사심은 이해득실을 가리고 따지는 거짓 마음을 말한다. 다음 이야기는 진심으로 맺어진

참된 친구란 무엇인가에 대해 잘 알게 하는 감동적인 이야기이다.

르네상스를 대표하는 화가이자 판화가 〈기도하는 손〉으로 유명한 알브레히트 뒤러. 그가 독일 미술계에 끼친 영향은 실로 막대하다. 그는 독일의 르네상스 회화를 완성시켰으며, 동판과 판화 등에서 뛰어난 업적을 남겼다. 그가 남긴 작품은 유화 100점, 목판화 350점, 동판화 100점, 데생 900점으로 엄청나다. 특히 뒤러를 상징하는 그림 〈기도하는 손〉은 그의 수많은 작품 중에서도 단연 으뜸으로 꼽히는데, 여기에는 너무도 아름다운 친구의 우정과 사랑이 담겨있기 때문이다. 젊은 시절, 뒤러는 무척 가난했는데 그 속에서도 화가의 꿈을 포기하지 못했다.

"아, 그림 공부는 내 꿈이자 목표인데, 가난은 왜 나를 이토록 힘들게 하는 것일까. 이러다 정말 내 인생이 끝나는 것은 아닐까."

뒤러는 그림 공부에 대한 열망이 너무도 간절하여 때때로 자신의 가난에 한탄하며 부정적인 말을 쏟아냈다. 그러던 어느 날, 자신처럼 화가의 꿈을 가진 친구와 한 가지 약속을 하게 되었다. 한 사람이 공부를 하는 동안 한 사람은 일을 해서 도움을 주고, 그 사람이 공부를 마치면 반대로 똑같이 해 주기로 한 것이다.

"뒤러야, 네가 먼저 공부를 했으면 해. 그런 다음 내가 공부를 할게."

친구는 선뜻 자신이 뒷바라지를 할 테니 뒤러에게 먼저 공부하라고 했다.

"내가 먼저 그래도 될까?"

뒤러는 친구의 마음에 너무도 고마워하며 되물었다.

"물론이지, 그러니 이제 아무 생각 말고 공부에만 전념해."

"고맙다, 친구야."

뒤러는 자신에게 기회를 양보해 준 친구가 너무도 고마워 열심히 공부했다. 시간이 흘러 친구의 도움으로 무사히 공부를 마친 그는 화가로서 명성을 얻게 되었다. 이제 친구가 공부할 차례라고 생각한 뒤러가 말했다.

"친구야, 그동안 고생 많았어. 이번에는 네 차례야. 돈 걱정하지 말고 열심히 공부에만 전념해."

이때 친구는 기쁜 마음으로 공부를 시작했지만 그는 이내 실망하고 만다. 그동안 심한 노동으로 인해 손이 거칠어지고 굳어져 세밀한 묘사를 할 수 없게 된 것이다. 그 사실을 알고 너무도 속이 상해 '내가 먼저 그림을 그렸더라면 이런 일을 없었을 텐데…….' 하고 뒤러를 원망하기도 했다. 하지만 곧 자신의 마음을 돌이켰다. 자신은 그림을 그릴 수 없게 되었지만 뒤러가 위대한 화가가 되도록 끝까지 격려해 주기로 결심했다.

어느 날, 뒤러는 친구를 만나기 위해 그가 공부하는 화실로 찾아갔는데, 그때 안에서 들려오는 친구의 기도를 듣게 된다.

"하나님, 저는 일을 하느라 손이 굳어서 더는 그림을 그릴 수 없습니다. 비록 저는 그림을 그릴 수 없지만, 제 친구 뒤러는 위대한 화가가 되게 해주십시오."

뒤러는 친구의 간절한 기도를 듣고 크게 감복하여 눈물을 흘렸다. 그리고 이 세상에서 가장 아름다운 친구의 손을 그리기 시작했는데,

그 그림이 바로 〈기도하는 손〉이다. 뒤러의 친구는 뒤러의 꿈을 진심으로 응원하며 격려와 사랑을 보냈다. 그 결과, 뒤러는 르네상스를 대표하는 화가가 되었다.

서애 류성룡과 이순신은 나이 차가 남에도 형과 동생 같은 진실한 친구 사이였다. 어린 시절부터 나이가 많았던 류성룡은 언제나 여리고 동생 같은 이순신을 잘 보살펴주었다. 훗날 그가 재상이 되었을 때 이순신을 전라좌수사에 천거했으며, 임진왜란 때 간신 원균의 모략으로 이순신이 어려운 일을 당할 때도 그를 끝까지 변호했다. 이순신이 성웅聖雄이 될 수 있었던 것은 류성룡 같은 진심 어린 친구가 있었기 때문이다.

참으로 감동적인 이야기가 아닐 수 없다. 자신을 헌신해서 친구를 유명한 화가로 만든 뒤러 친구는 진심의 마음을 가진 참 친구이다. 또한 이순신이 어려울 때마다 발 벗고 나서 도와준 류성룡 역시 참된 친구의 정형이라고 할 수 있다. 이렇듯 참된 친구는 이해득실을 따지지 않는다. 오직 친구가 잘되기만을 바라며 돕는다.

장자의 말처럼 뒤러의 친구나 류성룡은 뒤러나 이순신에게는 골육과도 같은 진심의 친구였다. 더구나 그들이 고난 속에 처했을 때 그들의 진심은 더욱 빛이 났던 것이다. 인생을 살아가면서 고난을 겪을 때 자신의 곁에 이런 친구나 지인이 있다는 것은 참으로 축복된 일이다. 자신 또한 누군가에게 골육과도 같은 진심 어린 친구가 되도록 노력하라. 그것이야말로 진정으로 성공한 참인생인 것이다.

인내하라, 그러나 분노를 금하라

인내함으로써
성사되는 것을 본 적이 있지만
분노함으로써
이루어진 것을 일찍이 본 적이 없다.

_ 장자 08

"인내심을 가질 수 있는 사람만이 그가 원하는 것을 가질 수 있다."

이는 미국의 벤저민 프랭클린이 한 말로 원하는 것을 얻기 위해서는 인내심이 절대적이라는 걸 알 수 있다. 그런데 문제는 인내심에는 고통이 따른다는 것이다. 왜냐하면 그 어떤 일도 인내하는 것은 정신적으로나 육체적으로 고통이 따를 만큼 힘든 일이기 때문이다. 하지만 그 결과는 반드시 기쁨으로 나타난다. 그러나 인내하지 못하면 아무리 재능이 출중하고, 좋은 여건을 갖추었다고 해도 좋은 결과를 내기 어렵다. 인내는 재능과 좋은 여건이 낼 수 없는 생산적인 에너지를 갖고 있기 때문이다.

견인불발堅忍不拔이란 말이 있다. 이 말은 중국 북송의 문신이자 시인인 소식蘇軾의《조조론鼂錯論》에 나오는 말로 '참고 견디어 흔들리지 않는다'는 뜻이다. 그러니까 인내하게 되면 마음이 견고해져 그 어떤 고통도 이겨낼 수 있다는 말이다.

김구가 독립운동을 하며 수많은 고통이 따랐지만, 그 모든 것을 이겨낼 수 있었던 것은 조국의 독립이라는 광대한 목표가 있었기 때문이다. 독립에 대한 열망은 견인불발의 강한 정신을 갖게 했다.

"고통이 너무 심해 짧은 생각에 자살하려고 동료 죄수들이 잠든 사이에 이마 위에 손톱으로 '충忠'자를 새기고 허리띠로 목을 졸라 숨이 끊어졌다. 숨이 끊어진 잠깐 동안, 나는 고향으로 가서 평소 친애하던 6촌 동생 창학이와 놀았다. 고시古詩에 이르기를 '고향이 늘 눈앞에 아른거려, 군이 부르지 않았는데 혼이 먼저 가 있도다'라고 했는데, 실로 헛된 말이 아니었다."

이는 김구가 이십 대 초반 치하포(황해도 안악군 소재)에서 일본인 쓰치다를 살해하고 체포되어 해주 감영에서 고문을 받을 때 주리를 틀리는 형벌을 받았다. 무지막지한 고문으로 정강이뼈가 하얗게 드러났지만, 김구는 눈 하나 깜빡 안 하고 그 모진 형벌을 참아냈다. 고통이 너무 심해 김구가 자살하려고 목을 졸라 정신을 잃고 느낀 심정을 나타낸 말이다. 얼마나 고통이 심했으면 그렇게도 강인한 그가 자살을 시도했는지 알 만하다. 다행히도 김구는 살아났고, 자신의 행동에 대해 깊이 반성했다.

그리고 두 달 후 인천감옥으로 이감되었다. 감옥은 매우 불결했고 여름철이라 견딜 수 없을 만큼 더웠다. 그런데다 장티푸스에 걸려 고통은 배가 되었다. 김구는 심한 장티푸스로 혼자서는 걸을 수 없어 간수 등에 업혀 신문을 받으러 가서 경무관 김윤정이 신문을 할 때 국모 명성왕후가 시해당한 사건의 원수를 갚기 위해서 왜구를 죽였다고 당당하게 말했다. 그리고는 일본 순사 와타나베에게 큰소리로 왜놈을 씨도 없이 다 죽여서 우리 국가의 치욕을 씻을 거라고 소리치며 호령했다. 김구의 추상같은 호령에 와타나베는 몸을 숨기고, 최고 책임자인 감리사 이재정과 경무관 김윤정은 얼굴이 발개져서 어쩔 줄을 몰라 했다. 감리사 이재정은 김구의 기개에 눌려 사실대로 말해달라고 하소연하며 말했다.

이 일은 널리 알려졌고, 김구는 많은 사람에게 회자되었다. 김구 나이 스물한 살 때이다. 김구는 2차 신문, 3차 신문을 받으면서도 1차 신문 때와 같이 결코 흔들림이 없었다. 오히려 더 당당하고 기세등등했다. 김구는 이와 같은 고통과 고난을 무시로 겪었다. 하지만 그는 그 모든 고통과 고난을 인내함으로써 이겨내고 조국의 독립을 맞이하게 했던 것이다.

"분노는 한때의 광기다. 분노를 누르지 않으면 분노가 당신을 누르고 만다."

이는 고대 그리스 시인인 호라티우스가 한 말로 분노의 위험성을 잘 알게 한다. 분노는 이성을 잃게 함으로써 스스로를 파괴시키고, 상대를 파괴시키고 일을 그릇되게 하는 악의 본성과도 같기 때문이다.

역사상 가장 광활한 영토를 지닌 왕이었던 몽골 제국의 칭기즈 칸. 그는 사냥하는 것을 좋아해 시간이 날 때마다 사냥을 즐겼다. 어느 날, 아끼는 매를 데리고 사냥에 나갔을 때였다. 그에게 매는 자식처럼 귀한 존재였다.

"오늘도 수확이 썩 괜찮군. 자, 이것은 네가 먹어라."

그는 사냥한 짐승의 살점을 떼서 매에게 주었다. 매는 허겁지겁 살코기를 뜯었다. 그 모습을 보고 그는 빙그레 웃었다. 즐겁게 사냥을 마치고 집으로 가는 길에 갑자기 목마름을 느낀 그는 손에 있던 매를 공중으로 날려 보내 물을 찾았다. 가뭄으로 개울물은 바싹 말라 있었는데 마침 바위틈으로 물이 뚝뚝 떨어지는 것을 발견하고 그는 얼른 잔을 꺼냈다. 그가 물을 받아 마시려는 찰나였다. 매가 날아와 그의 손을 툭 치는 바람에 손에 들고 있던 잔이 떨어지게 되었다.

"아니, 이놈의 매가!"

매우 목이 마른 상황에서 화가 난 그는 단칼에 매를 베어 버렸고, 매는 피를 쏟으며 멀리 나가떨어지고야 말았다. 그때였다. 죽은 매의 사체를 거두기 위해 가까이 다가가자 그는 놀라운 광경을 보게 된다. 물이 떨어지는 바위 위에는 커다란 독사가 죽어있었다.

"이, 이럴 수가. 나를 살리기 위해서 일부러 내 손을 쳤단 말인가."

그는 이렇게 말하며 죽은 매를 정성껏 묻어 주었다. 이 일로 인해 그는 아무리 화가 나는 상황이라고 해도 앞뒤 재지 않고 함부로 말하고 행동하는 것은 옳지 않음을 깨닫게 되었다. 칭기즈 칸이 중국의 광활한 대륙을 점령하고 중앙아시아를 거쳐 동유럽에 이르는 드넓은 땅을 차지하며 세계만방에 기개를 떨칠 수 있었던 것은 자신을 다스리는 지혜를 가졌기 때문이다. 전술과 무술만 뛰어나서는 그렇게 될 수 없다.

그는 사람의 마음을 꿰뚫어 보는 눈이 밝았다. 사람들의 마음을 모아 일을 도모하고 관용을 베푸는 성품을 지닌 인물이었다. 그가 이런 인품을 지닐 수 있었던 것은 매를 통해 얻은 깨달음 때문이 아니었을까.

"어리석은 자는 자기의 노를 다 드러내어도 지혜로운 자는 그것을 억제하느니라."

구약성경 잠언에 나오는 말씀이다. 이처럼 어리석은 자는 자주 분노하지만 지혜로운 자는 쉽게 분노하지 않는다. 분노는 지혜를 가로막는 장애와 같다. 분노를 하게 되면 이성을 잃어 함부로 말하고 행동하게 된다. 사람들 사이에 일어나는 대부분의 분쟁은 분노로 인한 말과 행동 때문이다. 분노를 절제해야 하는 이유 역시 여기에 있다. 분노로 인한 말과 행동을 억제하면 인생에서 일어나는 대부분의 불행을 막을 수 있다.

"분노는 무모함으로 시작해 후회로 끝난다."

이는 피타고라스가 한 말로 분노가 얼마나 무모하고 어리석은 것인지를 잘 알게 한다. 분노가 일 때 마음을 최대한 가라앉혀라. 그것이 분노를 극복하는 지혜이다.

사람은 근본적으로
착한 생각을 해야 한다

사람이란 하루라도
착한 것을 생각하지 않으면
악한 것이 일어난다.
_ 장자 09

　장자가 이르길 "사람이란 하루라도 착한 것을 생각하지 않으면 악한 것이 일어난다"라고 했다. 착한 사람은 마음이 선하다. 눈빛은 사슴처럼 맑고, 다른 사람들을 생각하는 마음이 곱고 예쁘다. 남을 미워하거나 질시하거나 시샘하지 않는다. 배려심이 뛰어나고, 자신이 좀 손해를 보더라도 양보를 잘한다. 왜 착한 사람은 이처럼 이타적利他的인 심성을 가졌을까. 풍부한 사랑을 소유했기 때문이다. 즉 다른 사람을 사랑하는 것을 당연하게 여기는 천부적인 본성을 지닌 까닭이다.

　착한 마음으로 사는 사람에게 착하다는 것은 하나의 본능적인 것이기에, 착한 일을 하는 것을 아주 자연스럽게 여기는 것이다. 그래서 착한 사람은 언제나 착하게 행동한다. 그러나 악한 사람은 본성이 악하기에 언제나 악하게 행동한다. 그것은 천부적으로 본성이 악하기 때문이다. 이런 사람은 착한 행동을 봐도 왜 그렇게 해야 하는지를 알지 못한다. 악한 마음으로 사는 사람에게 악하다는 것은 본능적인 것이기에 악하게 구는 것을 자연스럽게 여기는 것이다. 그래서 악한 사람은 언제나 악하게 행동한다.

"좋은 나무가 나쁜 열매를 맺을 수 없고 못된 나무가 아름다운 열매를 맺을 수 없느니라."

이는 신약성경 마태복음(7장 18절)에 나오는 말씀으로 좋은 나무는 사랑이 많은 착한 사람에 대한 비유이며, 못된 나무는 사랑이 메마른 악한 사람을 이르는 말이다. 사람은 타고난 본성을 속이지 못한다. 본성은 그만큼 바꾸기가 쉽지 않을 만큼 어려운 것이다.

"예수께서 대답하여 이르시되 어떤 사람이 예루살렘에서 여리고로 내려가다 강도를 만나매 강도들이 그 옷을 벗기고 때려 거의 죽은 것을 버리고 갔더라. 마침 한 제사장이 그 길로 내려가다가 그를 보고 피하여 지나가고 또 이와 같이 한 레위인도 그곳에 이르러 그를 보고 피하여 지나가되 어떤 사마리아 사람은 여행하는 중 거기 이르러 그를 보고 불쌍히 여겨 가까이 가서 기름과 포도주를 그 상처에 붓고 싸매고 자기 짐승에 태워 주막으로 데리고 가서 돌보아 주니라. 그 이튿날 그가 주막 주인에게 데나리온 둘을 내어주며 이르되 이 사람을 돌보아 주라. 비용이 더 들면 내가 돌아올 때에 갚으리라 했으니 네 생각에는 이 세 사람 중에 누가 강도의 이웃이 되겠느냐. 이르되 자비를 베푼 자니이다. 예수께서 이르시되 가서 너도 이와 같이 하라 하시니라."

이는 신약성경 누가복음(10장 30절~37절)에 나오는 말씀으로, 어떤 율법교사가 예수를 시험하여 "내가 무엇을 하여야 영생을 얻으리이까" 하고 묻는 물음에 대해 예수가 답한 말씀이다. 이 말씀에서 보듯 제사장이나 레위인은 곤경에 처한 사람을 보고도 못 본 척하고 지나간 나쁜 성품을 가진 자들이다. 하지만 사마리아인은 유대인이 경멸시하는 이방인이지만, 사랑과 정성으로 그를 돌보아주는 착한 사람이다. 제사장은 유대인 사회에서 존경받는 지위에 있는 사람이지만, 그는 지위에 걸맞지 않은 인품이 고약한 사람이다. 레위인은 유대인 12지파 중 이스라엘 사제, 즉 제사장이 되는 부족의 사람이지만, 그 역시 못된 성품을 지닌 가증스러운 비인격적인 인물이었다. 이들에 비해 사마리아인은 어질고 온유한 사람으로 착한 행실의 본이 되는 정형적인 인물이라고 하겠다.

덕불고 필유인德不孤 必有隣이라는 말이 있다. 이는《논어論語》〈이인里仁〉편에 나오는 말로 '덕이 있는 사람은 외롭지 않고 반드시 이웃이 있다'는 말로 이런 사람은 누구나에게 사랑을 받는다. 그 이유는 덕을 베풂으로써 자신의 사랑을 남에게 주는 까닭이다. 사람은 누구나 자신에게 잘 해주는 사람, 따뜻하게 대해주는 사람, 사랑으로 이끌어주는 사람, 배려하고 양보하는 사람, 관심을 갖고 너그럽게 대해주는 사람에게 끌리게 된다. 그래서 그 사람과 좋은 관계를 맺고 싶어 한다.

그런 사람은 유익이 될지언정 해가 되지 않는다고 믿기 때문이다.

덕이 있는 사람은 사람을 진정으로 사랑할 줄 아는 사람이다. 그래서 덕이 있는 착하고 어진 사람은 외롭지 않고 어디를 가더라도 환영을 받는 것이다.

'덕德'과 '애愛'는 본시 하나라고 할 수 있다. '덕이 곧 사랑이고, 사랑이 곧 덕'이기 때문이다. 그래서 덕이 있는 사람은 사랑을 베풀 줄 알고, 사랑이 있는 사람은 덕을 베풀 줄 아는 것이다. 그래서 사람을 사랑하는 마음, 즉 '애민사상愛民思想'을 반드시 마음에 새겨 실천해야 한다.

일일일선 日一善이라는 말이 있다. 하루에 한 번은 반드시 착한 행실을 보여야 한다는 말이다. 그것이 어진 성품인 사랑을 지닌 사람이 해야 할 삶의 근본이기 때문이다. 착한 행실을 행함으로써 스스로를 복되게 하고, 인간의 도리를 다하는 우리가 되어야겠다.

인생에서 마흔이라는 나이

사람이 너무 젊으면 올바른 판단을 내리지 못한다.
또한 너무 늙어도 그렇다.
대개 사람은 마흔이 되어서야 자기의
어리석음을 알고 부족한 것을 고칠 줄 안다.

_ 장자 10

불혹不惑은 어디에도 미혹되지 않는 '마흔'을 이르는 말이다. 불혹이
란 말은《논어論語》〈위정爲政〉편에 나오는 말로 공자가 마흔의 나이에
자신이 겪은 것을 바탕으로 한 말이기에 그 의의가 깊다. 마흔이란 나
이는 평균수명을 80으로 볼 때 딱 중간의 나이에 속한다. 축구에 미드
필더가 있듯, 인생의 미드필더라고 할 수 있다. 더욱이 인생에서 중요
한 40대 시기를 어떻게 보내느냐에 따라 다가오는 이후의 삶을 잘 살아
갈 수 있기 때문이다.

에이브러햄 링컨은 "마흔이 넘으면 모든 이는 자신의 얼굴에 책임
을 져야 한다"고 말했는데, 마흔이란 나이는 자신의 얼굴을 책임져야
할 만큼 중요한 시기이다. 자신의 얼굴에 책임을 진다는 말엔 가정에
서도, 직장에서도, 나아가 사회적으로도 책임이 따른다는 다의적인

의미가 담겨있다. 마흔이란 나이는 삶의 중심에 이른 시기라는 인생의 중요한 시점이다. 그렇기 때문에 몸과 마음을 더욱 강건하게 해야 한다. 몸이 건강해야 매사를 능동적으로 해나가는 데 무리가 없다. 또한 마음이 건강하고 생각이 깊어야 올바른 판단을 하는 데 큰 도움이 된다. 마음이 건강하고 생각이 깊으면 사리가 분명하기 때문이다. 마흔이라는 나이는 내면적으로나 외적으로든 그 사람의 인생에 있어 매우 중요한 시기이다.

우리나라 문단에 한 획을 그은 소설가 박완서. 그녀의 삶은 순탄치 않았다. 그녀는 푸른 꿈을 안고 서울대에 입학했지만 가정의 생계를 위해 그만두어야 했다. 그리고 얼마 후 결혼을 하여 자신의 꿈을 가정생활 속에 파묻어두어야 했다. 그녀는 보통 주부들처럼 남편과 자식을 위해 자신을 바쳐야만 했다. 그러던 중 남편을 잃고, 사고로 사랑하는 아들을 잃는 불행을 겪었다. 그녀는 고난의 광풍에 휘둘리며 쓰디쓴 인생의 열패감 속에 시달렸다. 그러나 그녀는 쓰러지지 않았다. 그녀는 자신이 해야 할 일을 찾았던 것이다. 그녀는 펜을 들었다. 그리고 자신이 겪었던 아픔의 세월을 글로 쓰기 시작했다. 그녀는 심혈을 기울인 끝에 소설이 완성되자 '여성동아' 소설현상모집에 응모했다.

결과는 당선이었다. 그녀 나이 마흔 살 때 일이다. 그 후 그녀는 내놓는 작품마다 문단의 호평을 받았고, 독자들의 열렬한 사랑을 받았다. 그녀의 주요 대표작으로는 소설《그 많던 싱아는 누가 다 먹었을까》,《그 남자네 집》,《엄마의 말뚝》,《친절한 복희씨》등을 비롯해 산문집《못 가본 길이 더 아름답다》등 많은 작품이 있다. 그리고 그녀가 후배 작가들의 존경을 받고 독자들을 감동시켰던 것은 세상과 이별을 할 때까지도 손에서 펜을 놓지 않았다는 사실이다. 그녀는 비록 마흔이라는 늦은 나이에 등단했지만 누구보다도 치열한 작가정신을 보여준 우리 시대의 위대한 작가였다.

우리가 여기서 주목해야 할 것은 그녀는 마흔이라는 나이에도 꿈을 잃지 않았다는 것이다. 더구나 여자 나이 마흔에 무엇을 한다는 것은 1970년 당시로는 매우 힘든 일이기 때문이다. 그런데도 그녀는 시도했고 해냈다. 박완서가 마흔이라는 나이에 등단해 최고의 소설가가 될 수 있었던 것은 그녀의 강인한 정신에 있다. 젊은 시절 어려운 가정을 꾸리면서, 남편과 사랑하는 아들을 잃고도 그 깊은 슬픔을 안으로 삭이며, 그녀의 마음은 언제는 푸르게 빛나고 있었던 것이다.

그녀는 망망대해를 항해하는 배와 같이 자신의 인생이란 바다에서 고난의 파도를 헤치며 자신을 승화시켰다. 그녀는 인생을 성공적으로 산 아름다운 삶의 승리자였다. 지금 마흔에 이른 이들은 박완서가 그랬듯이 자신의 내면을 탄탄히 하여, 잘못된 일은 고치고 바로잡아야 한다. 그래서 인생을 살아가는 데 흔들리지 않도록 해야 한다. 그랬을 때 그 어떤 인생의 고난이 밀려와도 극복하고, 자신이 바라는 삶을 살아가게 된다.

그렇다. 삶이라는 커다란 바다에서 멋진 자신이 인생을 살도록 심지心地를 견고히 하라.

수양을 쌓아야 하는 이유

사람이 수양을 쌓을수록
뜻과 이상이 크고 식견識見이 밝아서
충성스럽고 의로운 사람이 된다.

_ 장자 11

수신제가치국평천하修身齊家治國平天下라는 말은 '먼저 몸과 마음을 닦아 수양하여 집안을 안정시킨 후 나라를 다스리고 천하를 평정한다'는 뜻이다. 이는 유교 경전 사서四書 중 하나인 《대학大學》에 나오는 말로, 몸과 마음을 닦아 가지런히 해야 함을 잘 알게 한다. 머리는 명철하고 배움은 깊은데 인격이 부족하면 온전한 내가 될 수 없다. 몸과 마음을 닦아야 함이 바로 여기에 있는 것이다.

조지 워싱턴은 미국의 초대 대통령으로 정직의 대명사로 널리 알려졌다. 어린 시절 아버지가 아끼던 살구나무를 그가 도끼로 베어낸 적이 있다. 아버지는 살구나무가 베어진 것을 보고 화가 나서 누가 살구나무를 베었냐며 노발대발했다.

"아버지, 제가 베었습니다. 용서해주세요."

워싱턴은 자신이 베었다고 말했다. 아버지는 어린 아들이 솔직하게 말하는 것을 보고 용서해주었다. 여기서 우린 중요한 사실을 발견하게 된다. 아버지가 무척 화가 났음에도 워싱턴은 솔직하게 말했다는 사실이다. 자신이 혼날 수 있는 상황에서도 잘못을 주저하지 않고 말했다는 것은 그의 품성이 매우 발랐다는 것을 알 수 있다.

어린 시절 워싱턴은 어머니로부터 교육을 받았다. 그의 어머니는 독실한 크리스천으로 믿음이 돈독하고 자애로웠다. 낮엔 농장 일을 하고, 밤에는 아이들에게 성경 이야기를 들려주고, 어떤 날은 훌륭한 예화를 곁들인 이야기를 들려주고, 아이들에게 공부를 가르치며 인성 교육에 힘썼다. 어머니의 교육은 워싱턴에게 몸과 마음을 닦는 데 큰 힘이 되었다. 그랬기에 그는 극도로 화가 난 아버지 앞에서도 자신이 살구나무를 베었다고 말할 수 있었다.

워싱턴이 사령관 시절 사복을 한 채 한적한 시골길을 지나갈 때였다. 한구석에서 군인들이 막사를 짓느라 분주하게 움직이고 있었다. 그는 잠깐 멈춰 서서 그들이 일하는 모습을 지켜보았다. 그때였다. 한 부사관이 자신은 일하지 않으면서 꾸물대지 말라며 장병들을 향해 고함쳤다. 그 모습을 지켜보던 워싱턴은 부사관에게 다가가 장병들이 힘들어서 쩔쩔매는데도 왜 거들어 주지 않느냐고 물었다. 그러자 그는 저들은 졸병이고 자신은 고참 부사관이니까 같이 할 수 없다고 했다.

"일하는데 고참이 어디 있고, 졸병이 어디 있습니까? 힘을 합치면 손쉽게 일을 끝낼 수 있지 않겠소."

이렇게 말하고 나서 워싱턴은 팔을 걷어붙이고 장병들의 일을 거들어 주었다. 마침 외출 중이던 부대장이 도착해 그를 알아보고는 놀라워하자 지나다 잠깐 도운 것뿐이라며 말했다. 부대장을 비롯한 부사관과 장병들은 그의 너그러움과 자상함에 깊은 감동을 받았다.

워싱턴의 두 가지 일화에서 보듯 그는 매우 품성이 따뜻한 인격자라는 것을 알 수 있다. 그처럼 그가 될 수 있었던 것은 어머니의 가르침으로 배운 몸과 마음을 닦는 일 곧 수양에 있음을 알 수 있다. 그는 늘 기도로써 자신의 마음을 맑게 하고, 잘못한 것은 반성하여 마음을 바르게 했다.

장자가 이르기를 "사람이 수양을 쌓을수록 뜻과 이상이 크고 식견識見이 밝아서 충성스럽고 의로운 사람이 된다"라고 했다. 워싱턴이 미국 국민들에게 존경받는 인물이 된 데에는 이렇듯 장자의 말처럼 자신을 늘 살피고 반성함으로써 몸과 마음을 바르게 세운 데 있었던 것이다. 바른 성품으로 자신의 삶을 올곧게 하며, 부끄러움이 없는 삶을 살기 위해서는 늘 자신의 몸과 마음을 살피는 일에 힘써야 한다. 그것이야말로 스스로를 덕이 되게 하는 참 도리인 것이다.

위선자에 대한 심판

사람이 착하지 못한 일을 하고도 그 이름을 세상에 날려
이 세상에는 다시 둘도 없는 사람인 체하며
갖은 그릇된 행동을 자행하는 사람들은
사람은 비록 벌하지 못할지라도 하늘이 반드시 벌을 주는 법이다.

_장자 12

위선자僞善者의 사전적 의미는 '겉으로만 진실하고 착한 척하는 사람'이다. 그러니까 겉으로는 고매한 인품을 지닌 것처럼 행동하지만, 안 보는 데서는 본색을 드러내 추악한 일을 아무렇지도 않게 하는 이중적인 사람을 뜻한다. 이런 사람을 일러 가증스럽다고 말한다. 이런 사람들이 우리 사회 곳곳에서 활개를 치고 있다. 가끔 가식적인 사람들이 일으킨 부당한 행태를 뉴스를 통해 또는 신문을 통해 접하게 된다. 그중에는 이 사람이 정말 그랬을까 하는 생각이 드는 이들도 상당수 있다. 그런 뉴스를 접할 때마다 '열 길 물속은 알아도 한 길 사람 속은 모른다'는 말이 실감이 난다.

장애우들을 헌신적으로 보살펴 많은 사람에게 감동을 주고 존경을 받으며 수시로 매스컴을 탔던 성직자. 그가 실은 온갖 후원금과 물품을

빼돌려 사리사욕을 채우기에 급급하고, 장애우는 물론 직원들에게도 함부로 대했다는 이야기에 많은 사람이 분노했다.

참교사의 표상으로 일컬음을 받으며 사람들로부터 찬사를 받던 교사가 뒤돌아서서는 전혀 딴 사람으로 변해 사람들을 실망시킨 일들이 곳곳에서 들려 올 땐 아연실색하게 된다.

외부에서는 참 지휘관으로 존경을 받는 군장성이 도우미 사병을 마치 노예 취급하며, 온갖 허드렛일을 시켜 눈총을 받는 일들이 심심찮게 알려질 땐 놀라움을 넘어 분노가 인다. 겉으로는 열정적이고 자애로운 스포츠 코치가 뒤로는 선수들을 폭행하고, 자신의 하수인처럼 부리고, 선수 부모에게 뒷돈을 챙기는 것은 기본이고 부당하게 선수들을 대해 문제가 된 일들은 위선자의 정형을 보는 것 같아 씁쓸하다.

위선자들의 공통점은 전혀 안 그럴 것 같은데, 안 그럴 것 같은 일을 한다는 데 있다. 물론 이런 사람들 중엔 처음엔 안 그랬던 사람들도 많다. 그랬기에 그들의 삶은 비단옷으로 몸을 두른 듯 많은 사람에게 좋은 평판을 받았다. 그런데 세월이 흐르면서 초심을 잃고 변질되었던 것이다.

장자의 말대로 이런 사람들은 '착하지 못한 일을 하고도 그 이름을 세상에 날려 이 세상에는 다시 둘도 없는 사람인 체하며 갖은 그릇된 행동을 자행하는 사람들'이다. 장자는 이런 사람들을 향해 "사람은 비록 벌하지 못할지라도 하늘이 반드시 벌을 주는 법이다"라고 말했다. 그만큼 위선자들은 용서해서도 안 되고, 용서받지 못할 사람들이라는 것이다.

옳은 말이다. 위선자들은 그 누구를 막론하고 절대 용서할 수 없다. 그렇지 않으면 그들은 지속적으로 위선적인 행동을 함으로써 사회를 혼란스럽게 만들 것이기 때문이다. 위선적인 행동은 진실을 왜곡하는 어리석은 일일 뿐이다. 위선자는 되어서는 안 된다. 그것은 자신의 영혼을 녹슬게 하고, 사회질서를 흐트러뜨리는 위법과도 같은 것이라는 사실을 잊어서는 안 될 것이다.

성인의 도道에 통달한 자

성인의 도에 통달한 자는
곤궁하면 그 곤궁을 즐기고
처지가 뜻대로 되면
그것 또한 즐긴다.
_장자 13

성인聖人이란 '지혜와 덕이 매우 뛰어나 길이 우러러 본받을 만한 사람'을 뜻한다. 성인의 도道란 성인으로서의 길을 깨친 것을 의미하는 것으로, 즉 성인답게 행하며 살아가는 것을 말한다. 성인은 만물의 이치를 깨닫고, 인간의 도를 깨친 이로 모든 이들이 본받고 배움의 본이 되기에 부족함이 없다. 그런 까닭에 동서고금에 이르러 존경받는 것이다.

장자는 이르길 "성인의 도에 통달한 사람은 곤궁하면 곤궁을 즐기고, 처지가 뜻대로 되면 그것 또한 즐긴다"고 했다. 이는 무엇을 말하는가. 성인은 그 어떤 환경에도 좌지우지되지 않고, 상황에 맞게 물결 흐르듯 따른다는 것이다. 그런 까닭에 성인은 모든 것에 족하고, 불만이 없는 것이다. 장자는 노자의 도가사상을 따르는 자로서 성인이 행하는 일과 자세에 대해 노자의《도덕경道德經》을 바탕으로 하여, 세 가지 관점에서 살펴보는 것도 성인이란 어떤 존재인지에 대해 이해하는 데 큰 도움이 될 것이다.

도 상 무 위 이 무 불 위　후 왕 약 능 수 지
道常無爲而無不爲 侯王若能守之

만 물 장 자 화　화 이 욕 작　오 장 진 지 이 무 명 지 박
萬物將自化 化而欲作 吾將鎭之以無名之樸

무 명 지 박　부 역 장 무 욕　불 욕 이 정　천 하 장 자 정
無名之樸 夫亦將無欲 不欲以靜 天下將自定

도는 언제든지 억지로 일을 하지 않는다. 그러나 안 된 것이 없다. 임금이나 제후가 이를 지키면 온갖 것 저절로 달라진다. 저절로 달라지는데도 무슨 일을 하려는 욕심이 생기면 이름 없는 통나무로 이를 누른다. 이름 없는 통나무로 욕심을 없애노니 욕심이 없으면 고요가 찾아들고 온누리에 평화가 깃들 것이다.

이는《도덕경》37장에 나오는 말로 성인은 억지로 행하지 않고 욕심을 부리지 않기에 안 되게 하는 일이 없고, 온누리를 평화로 가득 차게 한다는 것을 알 수 있다.

성 인 위 이 불 시　공 성 이 불 처　기 불 욕 견 현
聖人爲以不恃 功成而不處 基不欲見賢

성인은 일을 하고서도 의지하지 않으며, 공을 쌓고도 머무르지 아니하나니 그것은 자신의 슬기로움을 드러내지 않으려고 하는 것이다.

이는 《도덕경》77장에 나오는 말로 성인은 일을 하고도 그 일에 대한 대가를 바라지 아니하고, 공을 쌓고도 그 공을 탐하지 않으니 자신의 지혜를 드러내지 않는다는 것을 알 수 있다.

시 이 성 인 포 일 위 천 하 식　불 자 견 고 명　불 자 시 고 창
是以聖人抱一爲天下式 不自見故明 不自是故彰

불 자 벌 고 유 공　불 자 긍 고 장
不自伐故有功 不自矜故長

그런 까닭에 성인은 '하나'를 품어 천하의 본보기가 된다. 스스로를 드러내려 않으므로 밝게 빛나고, 스스로 옳다 하지 않기에 돋보이고, 스스로 자랑하지 않기에 그 공을 인정받게 되고, 스스로 뽐내지 않기에 오래간다.

이는 《도덕경》22장에 나오는 말로 성인은 하나로써 천하에 본이 되고, 자신을 드러내려고 하지 않기에 밝게 빛을 내며, 스스로를 옳다고 그러지 않기에 돋보이고, 스스로를 뽐내고 내세우지 않는 까닭에 그 공을 인정받는다는 것을 알 수 있으며, 또한 그 공이 오래간다는 것을 알 수 있다.

그렇다면 성인은 어찌하여 이처럼 행할 수 있는 것인가. 한마디로 말해 무위無爲를 따르는 까닭이다. 무위자연無爲自然은 '억지로 꾸미지 않고 자연의 순리를 따르는' 것으로 노자의 중심사상의 본질이다. 그러니 어찌 인위人爲를 가할 수 있을까. 그런 까닭에 성인은 순리를 따르고 행하는 것이다.

세 가지 관점에서 살펴보았듯이 성인처럼 산다는 것은 매우 힘든 일이다. 그것은 고도의 수행을 하는 삶과도 같기 때문이다. 하지만 어떤 처지에 처하더라도 무리를 가하지 말고 순리에 따라 그 상황을 슬기롭게 잘 극복하며 살아야 한다. 그래야 잘못에 처하지 않고, 좋은 날을 맞이할 수 있다. 그런 삶을 사는 자가 진정 지혜로운 자인 것이다.

사람을 판단하는 법

사람을 판단하는 데는
그 사람의 평판을 듣는 것보다
그 사람을 직접 만나보는 것이 더 확실하다.
_ 장자 14

장자가 이르길 "사람을 판단하는 데는 그 사람의 평판을 듣는 것보다 그 사람을 직접 만나보는 것이 더 확실하다"라고 했다. 사람을 판단함에 있어 대체적으로 그 사람에 대한 평판으로 가늠한다. 그 사람이 어떠하더라는 평판은 직접 보지 않아도 그 사람의 됨됨이가 어떻다는 것을 어느 정도 짐작하기가 가능하기 때문이다. 그러나 그것은 어디까지나 간접적인 평판일 뿐이다. 그 사람에 대해 확실하게 알고 싶다면, 그 사람을 직접 만나보는 것이 가장 확실한 방법이다. 왜 그럴까. 그 사람을 직접 만나 이야기를 하다 보면, 그 사람에 대해 좀 더 확실하게 알 수 있다. 그 사람 말에는 학식과 품성, 예의와 삶의 가치관이 들어있기 때문이다.

유비는 자신이 품은 뜻을 펼치기 위해 제갈량을 자신 곁에 두어야겠다고 생각했다. 그는 자신의 목적을 위해 세 번이나 초려에 있는 제갈량을 찾아갔다. 하지만 제갈량은 유비를 만나주지 않았다. 헛걸음을 한 유비는 다른 날 또다시 제갈량을 찾아갔다. 하지만 이번에도 그를 만날 수 없었다. 그러나 유비는 포기하지 않고 또다시 제갈량을 찾아갔다. 그러자 제갈량은 유비를 정중하게 맞아들였다. 제갈량은 유비가 어떤 사람인지를 이미 다 알고 있었다. 그럼에도 그는 유비를 만나주지 않았던 것이다. 거기에는 제갈량의 깊은 뜻이 있었다.

첫째는 떠도는 평판보다는 직접 유비를 만나보는 것이 그가 어떤 사람인지를 더 확실하게 알 수 있었기 때문이다. 둘째, 유비가 자신을 얼마나 필요로 하는지를 가늠하고 싶었던 것이다. 자신이 섣불리 만나주면 그의 진정성을 알 수 없기 때문이다. 그래서 유비의 자존심을 건드려 보는 방법으로 그를 만나주지 않았던 것이다. 셋째, 유비의 사람 됨됨이를 알고 싶었던 것이다. 직접 만나 얘기를 해보면 그 사람이 어떤 사람인지를 가장 확실하게 알 수 있었기 때문이다.

제갈량은 유비가 자신을 세 번째로 찾아온 날 비로소 그를 만나주었다. 제갈량은 앞으로 일어날 일에 대해 일목요연하게 말하며, 유비가 취해야 할 일에 대해 말했다. 황실의 후예로서 무너진 황실을 재건시키려는 뜻을 품고 있었지만, 모든 것이 역부족이었던 유비는 제갈량이 펼쳐놓는 마스터플랜에 대해 놀라워하면서 그를 자신의 곁에 두기를 갈망하며 자신을 도와달라고 했다. 제갈량은 유비의 진정성을 간파한 후 유비와 뜻을 함께하기로 했다. 이때 유비의 나이는 47세, 제갈량은 27세였으니 조카뻘 되는 제갈량을 곁에 두기 위해 취한 유비의 결단이나, 자신의 생각을 기탄없이 말하며 유비를 감동시킨 제갈량은 서로가 서로에게 반드시 필요한 수어지교水魚之交임을 알 수 있다.

이후 제갈량은 유비를 보좌하여 수많은 계책을 내며, 내는 계책마다 좋은 결과를 얻어 점점 더 세력을 펼쳐나갔다. 그의 명성은 하늘 높은 줄 몰랐지만 언제나 겸허하게 유비를 보좌하고, 덕으로써 장졸들을 이끌었으며 백성들의 신망이 두터웠다. 그는 세력의 열세에도 탁월한 지략으로 손권을 끌어들여 적벽대전을 승리로 이끌며, 마침내 촉나라를 세우고 유비를 황제로 올리고 자신은 승상이 되었다.

유비의 삼고초려三顧草廬를 통해 왜 장자가 그 사람의 평판을 듣고 판단하는 것보다 직접 그를 만나보는 것이 더 확실하다고 했는지를 알 수 있다. 평판은 그 사람에 대해 알 수 있는 좋은 방법임에 틀림없다. 하지만 직접 만나 그 사람을 판단하는 것보다 더 확실한 방법은 없다. 그렇다. 그 사람을 필요로 할 땐 그 사람에 대해 분명히 알아야 한다. 그래야 자신의 뜻을 펼치는 데 큰 도움이 될 수 있기 때문이다.

성인의 용기를 지녀라

크게 어려운 일을 당해도
두려워하지 않는 것은
성인의 용기이다.

_장자 15

성인聖人은 어려운 일을 당해도 당황하지 않는다. 당황해서 두려움에 사로잡히면 어려움을 벗어날 수 없다는 것을 잘 아는 까닭이다. 성인이 된다는 것은 단지 깊은 깨달음과 인품만으로 되는 것은 아니다. 성인은 몸과 마음이 강건하고 특히, 정신적으로 매우 강하다. 그러다 보니 그 어떤 어려움이나 위기를 맞아도 절대 흔들리지 않는다.

"단단하고 굳세어 뽑히지 않는다는 뜻으로, 아주 든든하고 굳세어 마음이 흔들리지 않는다."

《역경易經》에 나오는 말로 이를 확호불발確乎不拔이라고 한다. 이 말의 의미처럼 의지가 강하면 마음의 뿌리가 튼튼하다. 그래서 그 어떤 어려움도 극복해낼 수 있는 것이다. 성인은 확호불발의 정신을 지닌 사람이다. 그래서 성인은 덕과 지와 용기를 겸비했기에 만인이 우러러 존경하기에 부족함이 없는 것이다.

1796년 프랑스군과 오스트리아군이 이탈리아 로디의 어떤 다리에서 서로 대치하고 있었다. 다리 건너편의 오스트리아 진영은 대포로 무장되어 있었고, 6천 명이 넘는 보병이 포진해 있었다. 프랑스 군대는 다리를 건너야 하는데, 상황이 여의치 않았다. 생각에 골몰해 있던 나폴레옹은 300명의 기총병 대대를 앞에 세우고, 4천 명의 근위여단으로 공격진열을 갖추었다.

"앞으로 돌격하라!"

나폴레옹의 명령이 떨어지자 북소리에 맞춰 기총병 대대가 함성을 지르며 일제히 돌진했다. 그때 오스트리아군의 대포와 소총이 불을 뿜어댔다. 그러자 프랑스 소총병 대대 병사들이 쓰러지기 시작했다. 그 모습을 보고 근위여단도 겁을 먹고 뒤로 후퇴했다. 그 모습을 보고 나폴레옹이 소리쳤다.

"물러서지 말고 나를 따르라!"

나폴레옹은 직접 선두에 서서 총알이 빗발치는 다리를 건너기 시작했다. 그 모습을 보고 용기를 얻은 프랑스 군대는 함성을 지르며 앞으로 달려나갔다. 순간적이었다. 프랑스 군대가 다리를 건넌 것이다. 그러자 크게 놀란 오스트리아 군대는 대포와 총을 내던지고 도망치기 시작했다.

"만세! 만세! 우리가 이겼다!"

프랑스 장병들은 만세를 부르며 승리의 기쁨을 누렸다.

이 이야기를 보면 나폴레옹이 왜 세계 4대 영웅으로 이름을 올릴 수 있었는지 잘 알 수 있다. 나폴레옹은 그 어느 전투에서도 늘 물러섬이 없었다. 그는 자신이 직접 선봉장에 서기도 하고, 장병들을 독려하여 용기를 내게 했던 것이다. 나폴레옹은 담대하고 용기가 뛰어났다. 또한 그는 많은 책을 읽음으로써 지와 덕을 겸비했다. 그는 지와 덕과 용기를 갖춘 성인이라고 해도 부족함이 없었다.

장자는 "크게 어려운 일을 당해도 두려워하지 않은 것은 성인의 용기이다"라고 했다. 이런 관점에서 볼 때 나폴레옹은 성인의 용기를 지닌 사람이라고 할 수 있다. 살다 보면 뜻하지 않게 큰 어려움에 봉착할 때가 있다. 이럴 때 몸과 마음을 다스려, 흔들리지 않는 확호불발의 정신으로 이겨내야 한다. 그래야 어려움을 극복하고, 당당하게 자신의 길을 갈 수 있는 것이다.

그릇이 작은 사람은
큰일을 할 수 없다

작은 주머니에는 큰 것을 넣을 수 없다.
짧은 두레박줄로는 깊은 우물의 물을 퍼 올릴 수가 없다.
이처럼 그릇이 작은 사람은 큰일을 할 수 없다.

_장자 16

장자가 이르길 "작은 주머니에는 큰 것을 넣을 수 없다. 짧은 두레
박줄로는 깊은 우물의 물을 퍼 올릴 수가 없다. 이처럼 그릇이 작은
사람은 큰일을 할 수 없다"라고 했다.

그릇이 크면 많은 음식을 담을 수 있다. 하지만 작은 그릇은 많은 음
식을 담을 수 없다. 어떤 그릇이든 그릇은 꼭 그 크기만큼만 담을 수
있다. 사람 또한 마찬가지다. 그릇이 작은 사람은 자신의 그릇만큼만
일을 도모할 수 있다. 절대로 큰일을 도모할 수 없다. 그릇이 큰 사람
이라야 큰일을 도모할 수 있는 것이다. 그릇이 큰 사람은 몇 가지 특
징이 있다.

첫째, 마음이 담대하고 흔들림이 없다. 그릇이 큰 사람은 웬만한 일
엔 두려워하지 않는다. 그 어떤 고난이 닥쳐도 능히 헤쳐나간다.

남아프리카공화국의 첫 흑인 대통령을 지낸 넬슨 만델라는 29년 동안 외딴 섬 감옥에 갇혀 백인 정부의 온갖 핍박을 받았다. 그러나 그는 죽음 앞에서도 자신의 신념을 버리지 않았다. 살고자 하면 죽고 죽고자 하면 산다는 굳은 의지로 고난을 이겨내고, 마침내 대통령으로 당선되었다. 그는 흑인들이 자유와 평화를 누리며 살 수 있도록 노력했으며, 민주화를 위해 일생을 헌신한 인물로 높이 평가받고 있다.

둘째, 마음이 너그럽고 포용력이 뛰어나다. 그릇이 큰 사람은 잘못에 대해 관대하다. 그것이 고의적이거나 나쁜 마음으로 한 일이 아니라면, 사람은 누구나 실수를 할 수 있다고 생각한다.

소파 방정환의 집에 강도가 들었다. 강도는 그에게 돈을 내놓으라고 위협했다. 방정환은 서랍에서 390환을 내주었다. 강도는 돈을 받자마자 나가려고 했다. 그때 방정환이 "돈을 받았으면 고맙다고 말은 하고 가야지요"라고 하자, 강도는 어이가 없다는 투로 "그래, 고맙소"라며 사라졌다. 그런데 얼마 후 경찰이 강도를 데리고 방정환을 찾아와서 말했다.

"이 사람이 선생님 돈을 빼앗았다고 해서 왔습니다."

강도는 고개를 숙인 채 벌벌 떨고 있었다. 그 모습을 보고 방정환이 빙그레 웃으며 말했다.

"아니요. 나는 이 사람한테 돈을 뺏긴 적이 없습니다."

그러자 경찰이 고개를 갸웃거리며 말했다.

"이 사람이 분명히 선생님 댁에서 390환을 뺏었다고 말했습니다. 사실대로 말씀해 주세요."

"이보시오. 내가 돈을 주니 당신이 고맙다고 인사까지 했잖소. 뺏었다면 고맙다고 할 리가 있겠습니까?"

방정환의 말을 듣고 경찰은 강도를 풀어주었다. 그 일이 있고 강도는 방정환의 너그러운 마음에 감복해 선한 사람이 되었다고 한다.

셋째, 이타적인 마음을 지녔다. 그릇이 큰 사람은 남을 이롭게 하는 마음이 뛰어나다. 타인을 사랑하는 마음이 크기 때문이다.

앤드류 카네기는 자신의 재산을 사회에 환원하여 미국 기부문화 1세대로 존경받는 인물이다. 그는 남을 이롭게 하는 데 탁월하다. 그는 남이 잘되게 하기 위해 많은 도움을 준 것으로 유명하다. 어느 날 그는 자신을 취재하던 기자에게 자신이 성공한 사람들을 소개해 줄 테니 그들의 이야기를 써보라고 했다. 그러자 기자는 얼른 그렇게 하겠다고 대답했다. 기자의 말에 카네기는 "대답 한번 시원하구먼" 하고 말하고는 그에게 성공한 사람들을 소개해주었다. 기자는 성공한 사람들이 성공할 수 있었던 요인을 탐구하고 분석한 끝에 책을 출간했다. 그 책으로 인해 그는 강연을 하는 등 크게 성공했다. 그 책은 자기계발서의 명저로 유명한 《생각하라, 그러면 부자가 되리라》이며 그의 이름은 나폴레온 힐이다.

그릇이 큰 사람의 세 가지 특징에서 보듯, 그릇이 큰 사람은 마인드가 보통 사람들과는 다르다는 것을 알 수 있다. 삶의 그릇을 크게 하기 위해서는 담대한 마음과 너그러운 마음으로 이타적인 삶을 살아야 한다. 그래야 자신뿐만 아니라 타인을 이롭게 하고, 사회를 이롭게 함으로써 가치 있는 삶을 살게 될 것이다.

귀로 듣지 말고 마음으로 들어라

귀로 듣지 말고
마음으로 들어라.

_장자17

　요즘 우리 사회는 말들이 넘쳐난다. SNS의 발달로 인해 자신의 생각을 언제 어디서나 거침없이 쏟아낸다. 그런데 문제는 그 말들은 대개 누군가를 비난하고, 비판하고, 상처를 주는 말들이라는 것이다. 비난의 말이나 비판의 말을 들은 사람들은 그에 맞대응해 반박하는 말을 쏟아낸다. 그러다 보니 말들의 전쟁이 연일 벌어지고 있다. 이는 정치권이나, 연예계나, 언론계나, 일반인들이나 할 것 없이 마찬가지다.

　말을 하는 사람들은 자신을 드러내고 싶은 욕구가 강하다. 그러다 보니 근거에 없는 말을 하기도 하고 침소봉대針小棒大해서 말을 퍼뜨리기도 한다. 이런 말은 말이 아니라 언어의 쓰레기다. 이런 말에 자극받아 자신 또한 말 난장판에 끼어들 필요는 없다. 진실이 아닌 말은 연기와 같아 일정한 시간이 지나면 언제 그랬냐는 듯 사라지고 만다.

말의 자극으로부터 벗어나기 위해서는 귀로 듣지 말고, 마음으로 들어야 한다. 불필요한 말들은 말이 아니라 소음이다. 그 소음을 일일이 듣는다는 것은 아주 피곤한 일이다. 그런 말엔 귀를 닫아걸어야 한다. 그 대신 마음으로 들어야 한다. 마음으로 들으면 귀로 듣는 것보다 생각할 시간을 갖게 된다. 그리고 차분히 마음의 여과장치를 통해 불필요한 말을 걸러내야 한다. 그러면 감정을 누그러뜨릴 수 있는 시간을 벌게 되어, 감정적으로 치다를 수 있는 일도 가라앉게 된다. 다음 이야기는 마음으로 듣는 자세가 자신에게 얼마나 긍정적으로 작용하는지를 잘 알게 한다.

영화 〈파리의 순진한 사람〉, 〈사랑의 퍼레이드〉로 유명한 프랑스 출신의 뮤지컬 배우이자 영화배우인 모리스 슈발리에. 그는 뮤지컬이 영화의 한 장르로 자리를 굳히는 데 크게 기여했다. 그의 트레이드마크는 지팡이를 들고 모자를 삐딱하게 쓰고, 과장된 프랑스의 억양으로 말하는 것이다. 그는 멋진 신사의 이미지로 국제적인 명성을 얻음으로써 미국의 할리우드에 진출하여 성공적인 배우 인생을 살았다.

그런데 그는 한때 지나친 무대 공포증에 시달렸다. 그가 한참 주가를 올리던 때였는데 그는 혹시라도 실수를 하면 어떡하지, 그러면 사람들이 나를 보고 뭐라고 할까 하는 걱정에 사로잡혔다. 자칫하면 그동안 쌓은 인기를 하루아침에 잃을까 염려가 되었던 것이다. 걱정에 사로잡힌 그는 사람들이 자신에게 하는 말에 신경을 곤두세우곤 했다. 그러다 자신에 대해 좋지 않게 하는 얘기를 들으면 화가 났다. 그러다 보니 점점 무대에 오르는 것이 두려워졌으며, 신경이 날카로워지고 극도로 예민해졌다.

"아, 이러다 내 인생이 끝나는 것은 아닐까."

슈발리에는 이렇게 생각하며 자신을 괴롭혔다. 몸도 마음도 점점 쇠약해져 갔다. 그는 이러다가는 안 되겠다 싶어 병원을 찾았다. 그리고 자신의 심정을 숨김없이 의사에게 말하고 이렇게 넋두리를 했다.

"나는 패배자입니다. 사람들이 나쁜 말을 하면 자신감이 사라져요. 그래서 실패를 할까 너무 두려워요. 내게 미래란 이제 없습니다."

흐느끼며 우는 슈발리에에게 의사가 말했다.

"그렇지 않습니다. 당신은 패배자가 아닙니다. 당신이 그렇게 생각하기 때문에 그런 생각을 하는 것입니다. 누가 당신을 비방하거나 나쁘게 말해도 일일이 마음에 담아두지 마세요. 그것은 당신을 잘못되게 하는 일일 뿐입니다. 귀로 듣지 말고 마음으로 듣도록 하세요. 그리고 불필요한 말은 생각하지 마세요. 그러면 당신이 두려워하는 걱정으로부터 빠져나올 수 있습니다. 그렇게만 할 수 있다면 당신은 충분히 멋지게 성공할 수 있습니다."

의사는 이렇게 말하며 슈발리에에게 용기를 심어주었다. 하지만 너무나 걱정에 사로잡힌 그는 좀처럼 치료 효과가 없었다.

어느 날 진료를 하던 의사가 그에게 말했다.

"슈발리에 씨, 동네의 작은 무대에서 소수의 관객을 앞에 두고 연기를 해보세요. 그러면 무대 공포증을 이겨내는 데 큰 도움이 될 겁니다."

"과연 그게 잘 될까요. 저의 정신상태가 이상해지지는 않을까요. 그런 보장을 할 수 있나요?"

슈발리에는 이렇게 말하며 의사를 바라보았다.

"당신 말대로 보장은 없어요. 하지만 실패를 두려워해서는 안 됩니다. 무대를 두려워한다면 어떻게 배우로서 성공할 수 있겠습니까. 그것은 배우로서 내 인생은 이제 끝이라고 말하는 거와 같습니다. 두려워하지 마세요. 공포를 느끼더라도 부딪치세요. 그러지 않으면 이대로 끝나게 될지도 모릅니다."

의사의 말에 용기를 얻은 슈발리에는 동네의 작은 무대에서 연기를 했다. 무대에 올랐을 때는 두려움이 앞섰지만 꾹 참고 했다. 그러자 관객들은 박수를 치며 좋아했다. 그리고 "슈발리에 씨, 당신의 연기는 최고였습니다"라며 한껏 칭찬해주었다. 그렇게 사람들로부터 칭찬을 받자 그의 마음속에서 차츰 두려움이 사라졌다. 그리고 그는 귀로 듣지 않고 마음으로 듣기 위해 노력했다. 마음으로 들으니 나쁘게 하는 말에도 자극을 받지 않게 되었다. 그리고 그가 왜 나쁘게 얘기했는지에 대해 생각하며 노력했다. 그 결과 그는 인기를 누리며 크게 성공했다.

"공포심은 영원히 극복할 수 있는 것은 아닙니다. 그러나 나는 공포심을 받아들였고, 공포를 느끼면서도 나의 배우 인생을 포기하지 않았습니다. 그 결과 나는 멋지게 공연을 할 수 있었습니다."

슈발리에는 지난날을 회상하며 이렇게 말했다. 슈발리에가 사람들의 비난이나 비판에 대해 무대 공포증을 느껴 두려워할 때는 실패자처럼 말하고 행동했다. 하지만 마음으로 듣고 자신을 다독이며 공포와 맞섬으로써 세계영화사의 한 페이지를 장식하는 영화배우가 될 수 있었다.

사람들은 대개 남의 비난이나 비판에 대해 예민하게 군다. 그것은 자신이 억울하게 공격받는다고 생각하기 때문이다. 이런 일들로부터 자극받지 않으려면, 귀로 들으려고 하지 마라. 마음으로 듣고 곰곰이 생각하면서 마음을 차분히 다스려라. 그렇게 반복적으로 하다 보면, 감정을 절제하게 되고 외부적인 이야기에 신경을 덜 쓰게 된다.

그렇다. 쓸데없는 말들이 사회를 오염시키는 이때 귀를 닫아걸고 들을 것만 듣고, 버릴 것은 다 버려라. 그리고 마음으로 듣는 일에 익숙한 당신이 돼라.

사귐에 있어 군자와 같이 행하라

군자의 사귐은 맑기가 물과 같고
소인의 사귐은 단술과 같다.
군자는 맑음으로써 친하고,
소인은 단술로써 끊어진다.

_장자 18

군자는 커다란 대바구니와 같아 깨지거나 소리를 내지 않지만, 소인은 유리와 사기그릇 같아 언제나 위태롭고 소란스럽다. 또한 군자君子는 매사에 말이 없으면서 모든 것을 말하고, 소인小人은 매사에 말이 많은데 정작 들을 말은 없다. 이는 무엇을 말하는가, 군자는 말을 극도로 자제하되 행동으로 말을 대신한다. 하지만 소인은 말은 많은데, 쓸 말은 별로 없는 쭉정이와 같다.

군자는 너그럽기가 하해와 같지만, 소인은 바닥이 훤히 보이는 도랑물과 같다. 이는 무엇을 말하는가. 군자는 그 마음 씀씀이가 강물과 바다와 같이 넓지만, 소인은 마음 씀씀이가 밴댕이와 같아 팔딱이고 속이 좁다. 또한 군자는 매사를 깊이 있게 들여다보고 사물의 이치를 깨치지만, 소인은 보이는 것만 좇아 기분대로 행하는 습성이 있다. 이는 무엇을 말하는가. 군자는 모든 사물에게서 삶의 도를 깨치고, 그것을 체계화하여 가르침을 주지만, 소인은 생각의 깊이가 얕아 보는 대로 말하고 듣는 대로 말하여 지극히 감정적이다. 장자는 군자와 소인에 대해 다음과 같이 정의했다.

"군자의 사귐은 맑기가 물과 같고 소인의 사귐은 단술과 같다. 군자는 맑음으로써 친하고, 소인은 단술로써 끊어진다."

맑은 물이 사람에게 생명수가 되고 유익을 주듯 군자는 사귐에 있어 타인에게 생명처럼 유익을 준다. 하지만 소인은 단술과 같아 술에 취해 헛된 짓을 일삼듯 상대를 헛된 길로 빠지게 할 염려가 있다. 그리하여 군자는 맑음, 즉 유익함으로 상대를 이롭게 하고, 소인은 달콤함으로 인해 오히려 해가 미치게 하여 멀어진다. 군자는 함께 있는 것만으로도 넉넉하고, 소인은 함께 있음으로 해서 오히려 부족함을 느낀다. 이는 무엇을 말하는가. 군자는 함께 있는 그 자체가 이미 득得이 되지만, 소인은 내가 지닌 것을 빼앗아갈 수 있기 때문이다.

우리는 군자의 행실을 닮아 행해야 한다. 사람을 사귐에 있어서나, 사람과 어울림에 있어서나, 모름지기 사람이란 만물의 으뜸인 바 사람에 걸맞은 삶을 지향해야 하는 것이다.

그렇다. 우리는 천지 만물을 주관하는 창조주의 형상을 한 존재이다. 자신을 함부로 한다는 것은 창조주에 불충하는 것이며, 스스로의 가치를 깎아내리는 몰염치한 일이라는 것을 기억해야 할 것이다.

탐욕스러운 자와 교만한 자

탐욕스러운 자는
재산이 쌓이지 않으면 근심하고,
교만한 자는
권세가 커지지 않으면 슬퍼한다.
_장자 19

"욕심이 잉태한즉 죄를 낳고 죄가 장성한즉 사망을 낳느니라."

이는 신약성경 야고보서(1장 15절)에 나오는 말씀으로 욕심, 즉 탐욕이 얼마나 무서운 일인지를 잘 알게 한다. 탐욕은 사람의 마음을 어둡게 하고, 이성을 흐리게 하고, 양심을 더럽히는 가증스럽고 우매한 마인드이다. 그런 까닭에 탐욕에 물들면 부모 형제도 몰라보고, 친구는 물론 스승도, 친척도, 그 누구도 몰라본다. 오직 탐욕이 시키는 대로 움직일 뿐이다. 이렇듯 탐욕은 스스로를 망하게 하는 부정적이고 추악하고 더러운 욕망이다. 또 탐욕은 교만하게 행동하게 하는 아주 못된 마인드이기도 하다. 탐욕이 한 사람에게 미치는 영향이 얼마나 부정적으로 작용하는지를 잘 알게 하는 이야기이다.

진시황제에게는 환관 조고라는 간신이 있었다. 그는 한마디로 간신 중에 간신이었다. 조고는 시황제가 죽자 황제의 유서를 조작했다. 그것은 그가 시황제의 장남 부소와 사이가 좋지 않아 그가 황제가 되면 숙청을 당할까 봐 염려가 되었기 때문이다. 또한 그는 탐욕으로 가득차 있어, 온갖 부귀영화를 누리면서도 더 많은 부귀영화를 탐하고 권력을 탐하기 위해서였다. 조고는 자신의 계획대로 진시황의 열여덟째 아들 호해를 부추겨 형 부소를 죽이고 공신들도 죽이고 황위를 찬탈케 했다.

　조고의 사악함과 교만함이 얼마나 큰지를 잘 알게 하는 이야기이다. 그는 진시황이 죽고 나서 자신에게 불만을 가진 신하를 가려내기 위해 사슴을 한 마리 끌고 와서는 황제 호해에게 말했다.

　"황제 폐하, 여기 좋은 말 좀 보시옵소서."

　"아니, 그건 사슴이 아니요?"

　조고는 황제를 우습게 알고 교만하게 사슴을 말이라고 일러 말했다. 이는 제정신을 가진 자로서는 도저히 할 수 없는 말이다. 아무리 허수아비 같고 물 같은 황제라고 해도 황제는 황제인 것이다. 조고의 너무나도 터무니없는 말에 호해는 고개를 갸웃거리며 말했던 것이다. 그러자 조고는 신하들에게 "저게 말이요 사슴이요?" 하고 물었다. 그러자 조고가 두려운 신하는 말이라고 했고, 몇몇은 사슴이라고 말했다. 조고는 죽음이 두려워 거짓을 말한 이들은 모두 살려주고, 바른말을 한 신하들을 모두 죽이고 말았다.

　조고의 탐욕과 횡포는 날이 갈수록 더 심해졌다. 권력을 손에 쥔 조고는 지금껏 함께 해왔던 이사를 죽이고, 자신이 승상의 자리에 올랐다. 그리고 자신의 꼭두각시놀음을 하던 황제 호혜를 죽이고 말았다. 이후 조고는 억울하게 죽은 황태자 부소의 장남 영자영을 황제의 자리에 오르게 했지만, 조고의 모든 만행을 알고 있던 영자영은 그를 죽이기 위해 여러 장수와 힘을 모아 황제 즉위식 전에 자객을 보내 조고와 그의 가문을 모두 말살함으로써 환관 조고의 만행은 종지부를 찍었다.

여기서 우리는 조고의 우매함을 잘 알 수 있다. 탐욕에 물든 조고는 마음의 눈이 어두워 자신이 죽게 한 부소의 아들인 영자영을 황제의 자리에 오르게 한 것이다. 이는 스스로 무덤을 파는 것과 다름없다. 자신의 아버지를 잃은 아들의 마음이 어떨지는 살피지 못한 것이다. 영자영은 아버지를 잃고, 조고에게 원수 갚을 일만 학수고대했는데, 제 손으로 복수의 기회를 갖게 했으니, 이처럼 탐욕에 빠지면 이성이 흐려지고 마는 것이다.

"쓸데없는 욕심을 버리도록 힘쓰라. 곧바로 형언할 수 없는 만족감과 아울러 행복을 얻게 될 것이다."

이는 고대 그리스 철학자 에픽테투스가 한 말로, 욕심을 버릴 때 만족감도 행복도 찾아오는 법이다. 자신이 삶을 만족하고 행복하게 살고 싶다면, 지나친 탐욕을 멀리해야 한다. 탐욕은 스스로를 망치는 요괴라는 것을 잊지 말아야 할 것이다.

아름답고 좋은 일과 나쁜 일

아름답고 좋은 일을 이루는 데에는
오랜 시간이 걸린다.
나쁜 일이란
그것을 고칠 여유도 없이 곧 다가온다.

_장자 20

장자는 이르길 "아름답고 좋은 일을 이루는 데에는 오랜 시간이 걸린다. 나쁜 일이란 그것을 고칠 여유도 없이 곧 다가온다"라고 했다. 산과 들에 피는 꽃을 보면 꽃을 피우기 위해, 겨울을 보내며 봄이 오기를 기다린다. 그리고 따뜻한 봄이 오면 저마다 제 고운 색깔의 꽃을 활짝 피운다. 이처럼 한 송이 꽃을 피우기 위해서는 겨울을 이겨내고, 봄을 맞아야 한다. 그러니까 한 송이의 아름다운 꽃을 피우기 위해 인고의 시간을 필요로 한다. 그 인고의 시간이 결국은 아름다운 꽃으로 피어나는 것이다.

이렇듯 아름다운 꽃이든, 건물이든 그 무엇이든 오랜 시간 정성을 들여야 하는 것이다. 그래야 아름답게 피어나고, 멋진 건물이 되고, 그 무엇이 되는 것이다. 하지만 이를 무시하고 무리를 가하게 되면 반드시 문제가 발생하게 된다. 공기工期를 줄이기 위해 무리하게 서두르거나, 건축자재를 제대로 쓰지 않으면 붕괴사고가 일어난다. 이는 규정을 어기고 정성을 들이지 않았기에 발생하는 일이다.

바티칸에 있는 성 베드로 성당은 1506년 4월에 착공해서 1626년 11월에 완공했다. 그 규모를 보면 전체 길이가 220m, 전체 너비가 150m, 전체 높이는 138m, 전체면적은 21,095제곱미터이다. 또 참여한 건축가는 미켈란젤로를 비롯해 총 10명이 120년 걸쳐 참여했다. 성 베드로 성당이 완성된 지 약 400년이 되었지만 아직도 세계적인 건축물로 그 빛을 발하고 있다. 성 베드로 성당이 장구한 세월을 지나오는 동안 변함없이 세계의 건축물로 자리하는 것은, 철저한 감리와 뛰어난 건축술, 열과 성을 다한 건축가들의 노력 그리고 철저하게 관리를 해 온 데 있다.

이처럼 건축물 하나를 짓는데도 정성을 들여야 한다. 그래야 오래도록 보존함으로써 아름답고 훌륭한 건축물로 인정받게 된다.

장자의 말처럼 아름다운 일과 좋은 일은 오랜 시간을 들여야 한다. 그래야 정성이 고스란히 배어나 아름답고 좋은 결과를 낳는 것이다. 이처럼 아름다운 일과 좋은 일은 시간과 정성과 정비례한다. 그러나 꽃이 질 땐 잠깐이다. 꽃을 피우기 위해 들인 시간에 비하면 허무한 생각마저 들게 한다. 나쁜 일은 꽃이 질 때 잠깐인 것처럼 그것을 바로잡기 전에 닥쳐온다. 정성을 들이지 않고 빨리 서두르다 보니 생기는 현상이다.

그렇다. 자신이 하는 일에 정성과 시간을 들여야 한다. 그래야 아름다운 결실을 맺음으로써 행복한 삶을 영위하게 되는 것이다.

홍자성

——

採根譚

본명은 홍응명, 호는 환초도인으로 인격을 수양하는 데 힘쓰며, 청빈한 생활을 하며 저술 활동
에 전념한 명나라 말기 고전 문학가이다. 저서로는 《선불기종》 8권이 있으며, 《채근담》과 함께
《희영헌총서》에 들어가 있다.

훌륭한 덕망가 德望家

청렴결백清廉潔白한 사람은 남을 용납하는 도량이 부족하다.
관인대도寬仁大度한 사람은 결단력이 부족하다. 총명한 사람은 지나치게 총명을
남용한다. 정직한 이는 곧잘 교만으로 흐르기 쉽다. 그러나 청렴결백하고도
능히 사람을 용납하는 도량이 있고 관인대도이면서도 결단을 잘하고,
총명하면서도 욕먹지 않고 정직하면서도 교만에 흐르지 않는다면
참으로 훌륭한 덕망가라 할 수 있다.

_채근담 01

"덕망이 있는 자가 사람을 대할 줄 안다. 높게 처하려면 말에 있어서
사람들에게 겸손해야 한다. 사람들을 인도하려면 사람들 앞에서가
아니라 뒤에서 해야 한다. 그런 까닭에 덕망이 있는 자가 사람을 대할
줄 안다. 훨씬 앞에 있어도 그 사람은 그리 거북하게 생각되지 않는
다. 따라서 덕망이 있는 자는 누구와도 다투지 아니함으로 이 세상의
아무도 그와 다투지 않는다."

이는 노자의 《도덕경道德經》에 나오는 말로, 여기서 덕망 있는 자는
성인聖人, 즉 도道를 깨친 자를 말한다. 도를 깨치게 되면 세상 이치에
밝고, 옳고 그름에 밝고, 그 어떤 일에도 함부로 하지 않는다. 항상 다
른 사람들보다 자신을 뒤에다 두고, 앞에 있으면서도 사람들을 거북

하게 만들지 않는다.

홍자성은 《채근담採根譚》에서 이르기를 "청렴결백淸廉潔白한 사람은 남을 용납하는 도량이 부족하다. 관인대도寬仁大度한 사람은 결단력이 부족하다. 총명한 사람은 지나치게 총명을 남용한다. 정직한 이는 곧 잘 교만으로 흐르기 쉽다"고 했다. 청렴결백하면 오직 그것에만 집중하는 경향이 있어, 다소 융통성이 부족하다. 그런 까닭에 남을 용납하는 도량이 부족하다고 느끼는 것이다. 그리고 관인대도한 사람은 마음이 너그럽고 인자하고 도량이 큰 까닭에 다소 결단력이 부족하다고 여기는 것이다.

이에 홍자성이 이르기를 "그러나 청렴결백하고도 능히 사람을 용납하는 도량이 있고 관인대도 하면서도 결단을 잘하고, 총명하면서도 욕먹지 않고 정직하면서도 교만에 흐르지 않는다면 참으로 훌륭한 덕망가라 할 수 있다"고 했다. 다시 말해, 청렴결백한 사람이 도량을 갖추게 되면 남을 용납하기를 잘하게 되고, 관인대도하면서 결단력을 갖추게 되면 더 완벽하게 사람을 대하게 되고, 총명하면서도 교만하지 않으면 사람들로부터 진정으로 똑똑한 사람이라고 평가받을 수 있게 되고, 정직하면서 겸손하면 이런 사람을 일러 '훌륭한 덕망가'라고 한다는 것이다.

옳은 말이다. 이런 사람이야말로 훌륭한 인품을 지닌 사람이라고 할 수 있다. 덕망을 갖추기 위해서는 수양 쌓는 일에 게을러서는 안 된다. 덕망 역시 꾸준한 노력에서 길러지기 때문이다.

지나친 물욕을 경계하라

사람 마음속에 망상과 번뇌가 가득함은
물욕으로 인한 것이다.
만일 마음속에 물욕이 없다면,
마치 가을 하늘과 같고
날씨 좋은 날의 바다와 같다.

_ 채근담 02

물욕物慾은 사람에게 본성本性과 같은 것이다. 다만 사람에 따라 그 정도의 차이가 있을 뿐이다. 하지만 문제는 인간의 삶에서 일어나는 대개의 좋지 않은 사건의 요인은 물욕에 의한 것이라는 사실이다. 물욕 때문에 자식이 부모에게 불효를 저지르고, 친인척 간이나 친구 사이에 반목하는 일이 생기고, 강도를 저지르고 절도를 벌이곤 한다. 또한 관공서나 학교, 심지어 종교 시설 등 사회 곳곳에서 부정부패가 일어나고 있어, 사회 문제화가 되고 있다. 이는 동서고금을 막론하고 벌어지는 일이고 보면 물욕이 얼마나 부정적인 영향을 주는 요인인지를 잘 알게 한다. 물욕이 넘치다 보면 과욕이 되고, 그 결말은 언제나 비극으로 끝난다. 이에 대한 이야기이다.

중국 춘추전국시대 촉蜀나라는 드넓은 평야 지대에 곡식이 잘 되었을 뿐만 아니라 많은 보화寶貨를 지닌 강국이었다. 그럼에도 촉나라 왕은 욕심이 많아 보화를 축적하는 데 심혈을 기울였다. 진秦나라는 촉나라의 이웃 나라로 혜왕惠王은 일찍이 촉나라의 부유함을 보고 촉나라를 쳐서 빼앗고 싶은 야심으로 가득했으나, 지형이 험난해서 쉽게 침공을 할 수 없었다.

그러던 어느 날 혜왕은 매우 그럴듯한 아이디어를 떠올렸다. 그것은 촉나라 왕의 탐욕을 이용하기 위한 계책으로 석수장이에게 대리석으로 커다란 소를 만들게 했다. 그러고는 이 소가 황금 똥을 눈다고 소문을 퍼트렸다. 그리고 사신을 보내어 촉나라 왕에게 두 나라가 협력해서 길을 뚫는다면, 황금 똥 누는 금소를 촉나라 왕에게 선물로 보내겠다고 말했다. 이에 촉나라 왕은 그 말을 굳게 믿고 힘센 백성들을 동원하여 산을 뚫고 계곡을 메워 금소가 지날 수 있는 큰길을 만들었다. 길이 뚫리자 진나라 왕은 곧바로 촉나라를 공격하여 쉽게 정복했다. 촉나라 왕은 작은 이익에 욕심을 부리다 나라를 잃고 말았다.

이는 유주劉晝《신론新論》에 나오는 소탐대실小貪大失의 유래로 '작은 것을 탐하다 보면 큰 것을 잃을 수도 있다'는 말이다. 촉나라의 왕처럼 작은 것을 탐하는 것도 이럴진대, 과욕을 부린다면 그 폐해는 이루 말할 수 없을 만큼 크다는 것은 자명한 사실이다.

홍자성은《채근담採根譚》에서 물욕을 경계하라고 말한다. 물욕으로 마음이 차 있으면 망상과 번뇌가 가득하게 된다는 것이다. 그런 까닭에 물욕이 없다면 마치 가을 하늘과 같고 날씨 좋은 날의 바다와 같다고 말한다. 물욕을 아주 없애기란 불가능하다. 하지만 물욕을 줄일 수는 있다. 다만 마음을 내려놓을 수 있어야만 가능하다. 그래야 물욕으로부터 진정으로 자유로워질 수 있기 때문이다.

그렇다. 지나친 물욕을 경계하는 것만으로도 물욕의 지나침에서 오는 불행을 막을 수 있다. 물론 쉽지 않은 일이다. 그렇게 하기 위해서는 각고의 인내심이 필요한 까닭이다. 그러나 그렇게 해야 한다. 그렇게 해야만이 진정 자신을 행복하게 할 수 있음을 잊지 말아야겠다.

기쁘고 즐거운 삶을 살라

사나운 바람과 성난 빗줄기에는 새들도 근심하고,
활짝 갠 날씨와 따뜻한 바람에는 초목도 기뻐하고,
천지에는 하루도 온화한 기운이 없어서는 안 되며,
사람에게는 하루도 기뻐하는 마음이 없어서는 안 된다.

_ 채근담 03

질풍노우 금조척척 제일광풍 초목흔흔
疾風怒雨 禽鳥感感 霽日光風 草木欣欣

가견천지불가일일무화기 인심불가일일무희신
可見天地不可一日無和氣 人心不可一日無喜神

이는 홍자성洪自誠이 《채근담採根譚》에서 한 말로 "사나운 바람과 성
난 빗줄기에는 새들도 근심하고, 활짝 갠 날씨와 따뜻한 바람에는 초
목도 기뻐하고, 천지에는 하루도 온화한 기운이 없어서는 안 되며, 사
람에게는 하루도 기뻐하는 마음이 없어서는 안 된다"라는 뜻이다. 이
는 무엇을 말하는가. 한마디로 기쁘고 즐겁게 살라는 말이다.

인간에게 있어 기쁨과 즐거움은 긍정의 에너지를 주는 삶의 촉진제
와 같다. 그런 까닭에 즐겁게 생활하는 사람들이 일도 더 잘하고, 매
사를 적극적으로 받아들이고 실행한다. 그런데 삶을 살아가면서 기쁨

과 즐거움이 없다고 해보라. 그 삶은 죽은 삶과 같다. 기쁨과 즐거움이 함께할 때 삶은 더욱 희망으로 다가오고, 행복의 지수 또한 높아지는 것이다.

행복은 누가 주기도 하지만 그런 행복은 잠시뿐이다. 오래가는 행복은 자신이 만드는 것이다. 자신의 삶을 기쁨으로 채우고 즐겁게 한다면 행복은 자연히 따라오는 삶의 축복인 것이다. 그런 까닭에 누군가가 나를 행복하게 해 주길 바라지 말고, 자신이 스스로를 기쁘게 하고 즐겁게 해야 하는 것이다. 스스로를 기쁘게 하고 즐겁게 하기 위해서는 작은 일에서 기쁨을 발견하는 마음의 눈을 길러야 한다. 작은 일에서 즐거움을 얻는 일에 익숙해질수록 행복의 지수는 그만큼 높아지기 때문이다.

"대개 행복하게 지내는 사람은 노력가이다. 게으름뱅이가 행복하게 사는 것을 보았는가. 노력의 결과로서 오는 어떤 성과의 기쁨 없이는 누구나 참된 행복은 누릴 수 없기 때문이다. 수확의 기쁨은 그 흘린 땀에 정비례하는 것이다."

이는 영국의 시인 윌리엄 블레이크가 한 말로 행복하기 위해서는 노력해야 한다는 것을 알 수 있다. 결국 삶의 기쁨과 즐거움은 행복하기 위해 노력하는 가운데 느끼게 되고, 그것은 곧 행복이 되는 것이다. 행복해지고 싶다면 자신을 스스로 기쁘게 하고 즐겁게 하라. 이것이야말로 자신을 행복하게 하는 최선의 지혜인 것이다.

바른말은 귀에 거슬리나
행실에는 이로운 법이다

귀는 항상 거슬리는 말을 듣고 마음은 항상 마음속에 어긋나는 일만 있다면,
진실로 몸과 마음을 닦는 데 날이 잘 서는 숫돌이 된다.
반대로 들리는 말마다 달콤한 말뿐이고, 일마다 마음이 충족하다면
이것은 오히려 내 몸에 해로운 일이다.

_채근담 04

양 약 고 구 이 어 병 충 언 역 이 이 어 행
良藥苦口利於病 忠言逆耳利於行

이는 《공자가어孔子家語》 〈육본六本〉편에 나오는 말로, '양약은 입에
쓰나 몸에 이롭고 충언은 귀에 거슬리나 행실에는 이롭다'는 뜻이다.
즉, 듣기 싫은 말도 마음에 새겨 실천하면 자신의 행실行實에 큰 도움
이 된다는 말이다. 왜 그럴까. 양약은 입에 쓰지만 그 약을 먹었을 땐
병이 낫기 때문에, 병이 낫고자 한다면 아무리 약이 쓰다 할지라도 먹
어야 된다. 그렇지 않으면 병이 낫지 않기 때문이다. 또한 듣기 싫은
말도 들으면 행실을 바르게 하는 데 큰 도움이 된다. 하지만 듣기 싫
다고 듣지 않는다면 행실에 도움이 되지 않는 법이다.

항상 듣기 좋은 말만 들으려고 하지 마라. 그것은 마치 달고 맛있는

음식이 몸에 해로운 것과 같이 자신을 잘못되게 할 수 있기 때문이다. 귀에 거슬리는 말은 언제나 바르고 옳은 법이다. 그런 까닭에 귀에 거슬리는 말도 받아들여 마음에 새겨 행해야 한다. 그래야 반듯한 행실을 갖게 됨으로써 사람들에게 덕이 되고, 자신을 품격이 있는 사람이 되게 하기 때문이다.

"충고에 귀 기울이면 자신을 발전시킬 수 있다."

이는 독일의 작가 괴테가 한 말로 충고의 효용성에 대해 잘 알게 한다. 다만 충고를 받아들였을 때 그렇다는 말이다. 충고가 귀에 거슬려 받아들이지 않는다면, 그 충고는 무용지물이 되고 만다. 따라서 자신에게 아무런 유익이 되지 못한다. 자신이 누군가의 충고를 진지하게 받아들일 수 있도록 하라. 그러면 자신의 행실을 바르게 하는 데 큰 도움이 되어 줄 것이다. 그리고 그로 인해 생산적인 삶을 살아가게 될 것이다.

마음속에서 만족해야
진정한 행복이다

행복은 구해서 얻어지는 것이 아니다.
그런데 행복은 누구의 손에든지 잡힐 만한 곳에 있다.
불행은 피할 수 없다.
그러나 마음속에 만족을 얻지 않으면 행복을 얻을 수 없다.

_채근담 05

홍자성은 《채근담採根譚》에서 이르기를 "행복은 구해서 얻어지는 것이 아니다. 그런데 행복은 누구의 손에든지 잡힐 만한 곳에 있다. 불행은 피할 수 없다. 그러나 마음속에 만족을 얻지 않으면 행복을 얻을 수 없다."라고 했다. 이는 무엇을 말하는가. 한마디로 마음에서 만족해야 행복할 수 있다는 것을 뜻하는 말이다.

만족滿足의 사전적 의미는 '마음의 흡족함'이다. 그렇다면 흡족하다는 것은 무엇을 말함인가. 즉 모자람이 없이 마음이 충만함을 말한다고 하겠다. 그러면 충만한 마음이 사람에게 어떤 영향을 미치는 걸까. 한마디로 말해 아주 절대적이라고 할 수 있다. 왜 그럴까. 사람은 누구나 마음이 충만하면 너그러워지고 여유가 생기기 때문이다. 그래서 사람들을 대할 때 따뜻하고 부드럽게 대한다. 그런 까닭에 스스로를 만족하게 한다는 것은 곧 자신을 너그럽고 넉넉한 품성의 사람으로 만드는 것과 같다.

자신을 만족하게 하기 위해서는 자기만의 장점이나 재능을 최대한 살려 스스로를 행복하게 해야 한다. 나아가 남과 비교하지 말고 자신에게 있는 것으로 만족할 줄 알아야 한다. 이에 대해 프랑스 철학자 알랭은 다음과 같이 말했다.

"행복이란 스스로 만족하는 데 있다. 남보다 나은 점에서 행복을 구한다면 영원히 행복하지 않을 것이다. 그것은 누구나 남보다 한두 가지 나은 점이 있지만 열 가지가 남보다 뛰어난 사람은 없다. 그러므로 남과 비교하지 말고 스스로 만족할 줄 알아야 한다."

행복하기 위해서는 알랭의 말처럼 남과 비교하지 말고, 자신에게 있는 것으로써 스스로 만족할 줄 알아야 한다. 그래야 진정한 행복을 느끼게 된다.

"사람들은 행복을 찾아 세상을 헤맨다. 그런데 행복은 누구의 손에든지 잡힐 만한 곳에 있다. 그러나 마음속에 만족을 얻지 못하면 행복을 얻을 수 없다."

이는 그리스 시인 호라티우스가 한 말로 행복을 멀리서 찾지 말고 가까이에서 찾으라고 한다. 이는 무엇을 말하는가. 작고 소소한 곳에서 행복을 찾으라는 말이다. 그래야 행복은 더 자주 느끼게 됨으로써 행복은 더욱 커지게 된다. 하지만 대개의 사람은 크고 멋진 것에서 행복을 찾으려고 한다. 그러다 보니 행복은 고사하고 상대적 박탈감으로 인해 자신을 불행하다고 여기는 것이다.

진정으로 행복해지고 싶다면 큰 것(멀리서)에서 찾으려고 하지 말고, 자신 주변 가까이(작고 소소한 것)에서 찾도록 해야 한다. 그래야 더 자주 더 크게 만족하게 됨으로써 행복한 나로 살아가게 되는 것이다.

군자의 품격

천지는 광대무변하고 적막하며 조금도 움직이는 것 같이 보이지 않으나
실제로는 그렇지 않다. 날마다 태양이나 달은 쉴 새 없이 지구 주변을 돈다.
이것을 가리켜 정중동이라 하고 또한 동중정이라고 한다.
이 같은 자연의 법칙처럼 인간의 길도 마찬가지다.
그러므로 군자는 한가한 가운데도 급한 일에 마음의 준비를 갖추고 있으며
어떠한 다망한 때라도 여유작작한 작태를 지닌다.

_ 채근담 06

홍자성은 《채근담採根譚》에서 이르길 "천지는 광대무변廣大無邊하고
적막하며, 조금도 움직이는 것같이 보이지 않으나 실제로는 그렇지
않다. 날마다 태양이나 달은 쉴 새 없이 지구 주변을 돈다. 이것을 가
리켜 정중동靜中動이라 하고 또한 동중정動中靜이라고 한다. 이 같은 자
연의 법칙처럼 '인간의 길'도 마찬가지다. 그런 까닭에 군자君子는 한
가한 가운데도 급한 일에 마음의 준비를 갖추고 있으며, 어떠한 다망
多忙한 때라도 여유작작한 작태를 지닌다."라고 했다. 이는 무엇을 말
하는가. 군자는 군자로서의 품격을 지켜야 진정한 '군자의 도道'를 다
한다는 것을 의미한다.

우주와 자연은 '천리天理'를 쫓아 운행한다. 천리를 어기거나 무시하
여 제멋대로 행하는 법이 없다. 천리를 따르지 않고 거스르면 질서가

무너짐으로써 우주와 자연이 파괴돼 소멸된다는 것을 잘 아는 까닭이다. 인간 또한 마찬가지다. 인간의 도道를 따르되 천리에서 벗어나면 안 된다. 벗어나는 순간 인간사회의 질서는 무너지고 삶은 무참히 스러지고 말기 때문이다.

그런데 인간은 영특한 반면 그 지나침으로 인해 천리를 거스르는 일도 마다하지 않는다. 그로 인해 자연으로부터 역습을 당하고 있다. 그대가는 실로 크고 무섭고 두렵다. 그렇다면 왜 이런 일이 벌어지는 걸까. 그것은 인간이 인간으로서 지녀야 할 도를 갖추지 않은 까닭에 이기적으로 행동하고 제멋대로 굴기 때문이다. 만일 인간이 도를 갖추고 천리를 따르는 혜안을 갖게 된다면, 이런 일은 절대로 일어나지 않을 것이다.

"군자는 한가한 가운데도 급한 일에 마음의 준비를 갖추고 있으며 어떠한 다망多忙한 때라도 여유작작한 작태를 지닌다."

군자는 어떤 상황에서도 여유작작한 작태를 지닌다. 이는 무엇을 말하는 걸까. 그러니까 군자는 천리를 거스르거나 '인간의 도道'를 벗어나지 않는다는 것이다. 그런 까닭에 언제 어디서나 아무리 바빠도 질서를 거스르지 않고 여유 있게 행동함으로써 물의를 일으키지 않는다는 것이다. 이것이 바로 '군자의 품격'이며 왜 군자가 되어야 하는지를 잘 알게 한다. 군자가 되기란 쉽지 않다. 그것은 많은 공부를 하고 수행을 통해 덕을 쌓는 일이기 때문이다.

군자는 되지 못해도 노력함으로써 군자의 길을 따를 수는 있다. 그
것만으로도 인간의 도를 따르게 되어 천리를 거스르지 않게 될 수 있
다. 그렇다. 인간이란 만물의 으뜸일 만큼 영특한 존재이다. 다만 영
특함을 이기가 아닌 천리를 따르는 일에 쏟는다면 이 세상은 지금보
다 비교가 안 될 만큼 살기 좋은 세상이 될 것이다.

그 어느 때라도
마음을 꿋꿋하게 하라

귀는 고운 소리를 듣고, 눈은 아름다운 빛깔을 본다.
하지만 이 눈과 귀는 밖에 있는 도둑이다.
그리고 속에 있는 욕심이나 야심은 안에 숨어 있는 도둑이다.
그러나 우리의 본심만 꿋꿋하면 그 도둑들은 얼씬도 하지 못한다.

_채근담 07

견물생심見物生心이란 말이 있다. 물건을 보면 갖고 싶은 마음이 든다는 말이다. 멋지고 좋은 옷을 보면 그 옷이 갖고 싶고, 예쁜 보석을 보면 갖고 싶고, 맛있는 음식을 보면 먹고 싶고, 고급스런 가방을 보면 갖고 싶은 마음이 든다. 이는 사람이라면 누구나 갖는 마음, 즉 본성인 것이다. 다만 갖고 싶은 마음이 크고 적고의 차이가 있을 뿐이다. 그런 까닭에 무엇을 보느냐는 것은 매우 중요하다.

예쁜 모습을 보면 예쁜 마음이 들고, 착한 행동을 하는 사람을 보면 착한 마음이 들고, 멋진 풍경을 보면 마음이 맑게 순화된다. 그러나 나쁜 모습이나 행동을 보게 되면 마음에 더러운 때가 낀듯 찜찜하고 개운치가 않다. 이렇듯 무엇을 보느냐는 것은 인간의 심성에 막대한 영향을 끼친다. 그런 까닭에 보지 말아야 할 것은 보지 않는 것이 좋다. 또한 사람은 무엇을 듣느냐가 매우 중요하다. 긍정적인 말을 듣게 되면 긍정적으로 생각하게 되고, 부정적인 말을 들으면 부정적으로 생각하기 때문이다. 그런 까닭에 듣지 말아야 소리는 듣지 않는 것이 좋다.

홍자성은 《채근담採根譚》에서 말하기를 "귀는 고운 소리를 듣고, 눈은 아름다운 빛깔을 본다. 하지만 이 눈과 귀는 밖에 있는 도둑이다." 라고 말한다. 옳은 말이다. 그러기 때문에 볼 것만 보고 들을 것만 들어야 하는 것이다. 그리고 홍자성은 이어 "속에 있는 욕심이나 야심은 안에 숨어 있는 도둑이다"라고 말했다. 옳은 말이다. 마음속에 욕심이 가득하면 탐욕스러운 마음에 나쁜 생각을 하게 된다. 또한 야심이 가득하면 자신의 야심을 채우기 위해 부정적인 일도 서슴지 않게 된다. 이런 욕심이나 야심은 안에 숨어 있는 도둑인 것이다. 그렇다면 어떻게 해야 할까. 욕심을 내려놓고 야심을 마음속에서 꺼내 버려야 한다. 그래야 욕심이나 야심으로 인해 잘못될 수 있는 일로부터 벗어날 수 있다. 이에 대해 홍자성은 이렇게 말한다.

"우리의 본심만 꿋꿋하면 그 도둑들은 얼씬도 하지 못한다."

옳은 말이다. 이는 마음의 문제이다. 본심, 즉 심지心地가 굳으면 그 어떤 일로부터도 자신을 지켜낼 수 있다. 그런 까닭에 마음을 굳게 하고, 볼 것만 보고 들을 것만 듣고, 욕심도 야심도 내려놓으면 된다. 이것이 자신을 불의한 일로부터 지켜낼 수 있는 최선의 지혜인 것이다.

사람을 대하는 바람직한 자세

남을 해코지할 마음을 가져서는 안 되지만, 남의 해코지를 막으려는
마음을 갖춰야 한다. 이는 생각에 소홀함이 있어 경계하는 말이다.
차라리 남에게 속을지언정 남이 나를 속일 것이라고 지레짐작하지 말아야 한다고
한 것은, 지나치게 살피다가 잘못되는 일이 생길까 하여 경계해 이른 말이다.
이 두 가지 말을 염두에 두면 사람 보는 눈이 밝아지고 인품이 원만해질 것이다.

_채근담 08

해 인 지 심 불 가 유   방 인 지 심 불 가 무 차 계 소 어 려 야
害人之心 不可有 防人之心 不可無 此戒疎於慮也

영 수 인 지 기 무 역 인 지 사 차 경 상 어 찰 야
寧受人之欺 毋逆人之詐 此警傷於察也

이 어 병 존 정 명 이 혼 후 의
二語並存 精明而渾厚矣

'남을 해코지할 마음을 가져서는 안 되지만, 남의 해코지를 막으려
는 마음을 갖춰야 한다. 이는 생각에 소홀함이 있을까 하여 경계하는
말이다. 차라리 남에게 속을지언정 남이 나를 속일 것이라고 지레짐
작하지 말아야 한다고 한 것은, 지나치게 살피다가 잘못되는 일이 생
길까 경계하여 이른 말이다. 이 두 가지 말을 염두에 두면 사람 보는
눈이 밝아지고 인품이 원만해질 것이다'라는 뜻이다.

사람들을 보면 여러 유형이 있다. 남의 일을 자신의 일처럼 생각하고 도와주는 배려형, 남의 일과 주변 일엔 관심이 없고 오직 자신에게만 관심을 기울이는 자기애형, 남의 것이라면 무조건 자신의 것보다 좋다고 여기는 타인에 대한 애착형, 타인에 대해 경계심을 갖고 타인을 고통스럽게 하는 해코지형 등으로 나눌 수 있다.

첫째, 배려형 인간은 타인을 자신과 같이 생각하는 마음을 갖춘 헌신적인 사람이다. 이런 유형의 사람은 누구에게든지 좋은 평가를 받는다. 그런 까닭에 반드시 필요한 인간형이다. 둘째, 자기애형 인간은 남에게 피해를 주거나 하진 않는다. 지킬 건 지키되 타인에 대한 관심은 없고 오직 자신에게만 집중하는 사람이다. 이런 유형의 사람 또한 사회에 반하지 않기에 무난한 인간형이라고 할 수 있다. 셋째, 타인에 대한 애착성 인간은 자신에 대해 불만족스럽게 생각한다. 그래서 무조건 타인의 것이 낫다고 생각하면 무작정 따라서 하는 경향이 있다. 이런 유형의 사람은 주체적이지 못해 자기발전에 큰 장애를 겪게 된다. 넷째, 타인을 경계하고 고통스럽게 하는 해코지형 인간은 주변 사람들에게 평판이 나쁘다. 그런 까닭에 이런 유형의 사람은 어디를 가든 손가락질을 받는 불행한 사람이라고 할 수 있다.

이 네 가지 유형의 인간 중에 사람을 대하는 가장 바람직한 자세를 지닌 사람은 배려형 인간이다. 이런 유형의 사람들이 많을수록 자신은 물론 모두가 화기애애한 분위기 속에 즐겁게 살아가게 된다.

홍자성은 남을 해코지할 마음을 가져서는 안 되지만, 해가 닥칠 때를 생각해 미리 막을 만한 마음의 준비를 갖추라고 말한다. 그리고 차라리 남에게 속을지언정 남이 나를 속일 것이라고 지레짐작하지 말아야 한다고 한 것은, 지나치게 살피다가 잘못되는 일이 생길까 경계하여 이른다고 말한다. 홍자성의 말처럼 해가 닥칠 때를 생각해 미리 예방하는 마음을 갖추되, 지나치게 남을 의심하는 것 또한 경계해야 한다. 그래야 사람들과 무난하게 지낼 수 있다. 나아가 타인을 배려하는 자세로 살면 자신은 물론 모두가 살기 좋은 사회를 이루게 된다. 이것이야말로 사람을 대하는 바람직한 자세라고 할 수 있다.

"자기에게 이로울 때만 남에게 친절하고 어질게 대하지 마라. 지혜로운 사람은 이해관계를 떠나서 누구에게나 친절하고 어진 마음으로 대한다. 어진 마음 자체가 나에게 따스한 체온이 되기 때문이다."

이는 프랑스 사상가이자 수학자인 파스칼이 한 말로 사람들을 대하는 바람직한 자세를 잘 보여준다. 그렇다. 사람을 대할 때 친절하고 어질게 대하면 그것이 자신에게 따스한 행복이 된다. 이런 마음으로 사람을 대하는 내가 되어야 한다. 그것은 곧 자신을 위한 행복의 처세술인 것이다.

자신의 인격을 높이는
처세술의 지혜

세상을 살아가면서 다른 사람들과 앞을 다투어서는 안 된다. 언제나 항상
한 걸음 양보할 줄 알아야 한다. 이렇게 하는 것이 자기의 인격을 높이는 것이며,
자연히 남보다 높은 지위에 앉게 되는 근본이 되는 것이다. 다시 말해 한 걸음
물러선다는 것은 다시 한 걸음 나아갈 수 있는 원인이 되기 때문이다.

_ 채근담 09

"성인은 자신을 뒤에 두고도 자신이 앞서고, 자신을 내버려 두고서도
자신이 보존되는 것이다. 그것은 사사로운 욕심이 없는 까닭이다. 그
러기에 자신을 성취할 수 있는 것이다."

이는 노자가 한 말로 성인聖人은 '도道'를 깨친 자로서 세상 이치에
밝고 앉아서도 모르는 것이 없는 존재이다. 그런 까닭에 성인은 서두
르는 법이 없고, 남에게 해를 끼치거나 자신을 욕되게 하는 일이 없
다. 아무것도 가지지 않았으나, 없음으로 해서 있고, 자신을 낮추기에
높아지는 존재가 바로 성인인 것이다. 성인은 자신을 다른 사람 뒤에
두고도 앞서고, 자신을 내버려 두고서도 자신이 보존되고, 억지로 하
는 것이 없음으로 모든 것을 할 수 있는 존재가 또한 성인인 것이다.

그렇다면 성인은 어째서 이렇게 할 수 있는 것인가. 이에 대한 노자의 말은 사사로운 욕심이 없어서라고 말한다. 그래서 자신이 원하는 것을 성취할 수 있다고 말한다. 성인은 양보함으로써 양보를 받게 되고, 남을 탓하지 않기에 높이 여김을 받는 것이다. 그러기 때문에 성인은 모든 이들로부터 존경을 받고, 품격 높은 인격자로 추앙받는 것이다.

홍자성은 《채근담採根譚》에서 이르기를 "세상을 살아가면서 다른 사람들과 앞을 다투어서는 안 된다. 언제나 항상 한 걸음 양보할 줄 알아야 한다. 이렇게 하는 것이 자기의 인격을 높이는 것이며, 자연히 남보다 높은 지위에 앉게 되는 근본이 되는 것이다. 다시 말해 한 걸음 물러선다는 것은 다시 한 걸음 나아갈 수 있는 원인이 되기 때문이다"라고 말했다.

이는 무엇을 말하는가. 세상 사람들과 다툼을 경계하라고 것이다. 그리고 먼저 한 걸음 양보할 줄 알아야 한다는 것이다. 이것은 곧 자신의 인격을 높이는 행위이기 때문이다. 그래서 남보다 높은 지위에 앉게 된다는 것이다. 자신을 낮출 줄 아는 사람, 남에게 양보를 잘하는 사람, 자신을 남보다 뒤에다 두는 사람은 그로 인해 높임을 받고 인격자로 인정받게 된다. 이것이야말로 자신의 인격을 높이는 처세술의 지혜인 것이다.

인자하고 너그러운
사람이 잘되는 이유

어진 사람은 마음이 너그러워 복이 많고, 좋은 일도 오래가며 하는 일마다
너그럽고 여유 있게 이루어 간다. 그러나 마음이 천박한 사람은 생각이 좁고
급하므로 복이 박하고, 은택도 짧아서 하는 일마다 옹졸하고 불유쾌한 일이 많다.

_ 채근담 10

인 인 심 지 관 서　 변 복 후 이 경 장　 사 사 성 개 관 서 기 상
仁人 心地寬舒 便福厚而慶長 事事成個寬舒氣象

비 부 염 두 박 촉　 변 록 박 이 택 단　 사 사 득 개 박 촉 규 모
鄙夫 念頭迫促 便祿薄而澤短 事事得個薄促規模

이는 '어진 사람은 마음이 너그러워 복이 많고, 좋은 일도 오래가며
하는 일마다 너그럽고 여유 있게 이루어 간다. 그러나 마음이 천박한
사람은 생각이 좁고 급하므로 복이 박하고, 은택도 짧아서 하는 일마
다 옹졸하고 불유쾌한 일이 많다'는 뜻이다. 이를 좀 더 자연스럽게
의역하면 '마음이 인자하고 너그러운 사람은 항상 길하고 경사스러
운 일이 많다. 모든 일도 그 마음과 같이 너그럽고 순탄하게 되기 때
문이다. 마음이 모질고 좁은 사람은 항상 불길하고 불유쾌한 일이 많
다. 모든 일이 그 마음처럼 불길하고 순탄치 않기 때문이다'라고 할

수 있다.

　인자하고 어진 사람은 본바탕이 착하고 너그럽고 마음에 군더더기가 없다. 사람들을 대할 땐 항상 어질고 온유한 마음으로 대한다. 그리고 남을 미워하거나 경쟁하거나 어려움에 처하게 하지 않는다. 그런 까닭에 인자하고 덕성스런 사람이란 평가를 받는다. 사람들이 누구나 어질고 인자하고 너그러운 사람을 좋아하는 것은 그런 사람이 선한 영향력을 가진 존재이기 때문이다. 그런 사람과 함께 하면 자신 또한 선한 에너지를 받고, 그처럼 행동하게 된다고 믿는다. 그러기 때문에 어질고 인자한 사람을 좋아하는 것이다.

　홍자성은 어진 사람은 마음이 너그러워 복이 많고, 좋은 일도 오래 가며 하는 일마다 너그럽고 여유 있게 이루어 간다고 말한다. 그것은 그가 마음을 잘 쓰는 까닭이다. 마음을 선하게 잘 쓰니까 늘 긍정의 에너지가 그에게 작동하는 것이다. 그러니까 길하고 경사스런 일이 많을 수밖에 없다. 그러나 속이 좁고 모진 사람은 항상 불안하다. 그가 무슨 실수를 할까, 무슨 문제를 일으킬까 노심초사하게 된다. 그런 까닭에 그런 사람과 같이 하려고 하지 않는다. 같이 해봐야 좋은 건 고사하고 불쾌한 일만 생긴다고 생각하기 때문이다.

　홍자성은 마음이 천박한 사람은 생각이 좁고 급하므로 복이 박하고, 은택도 짧아서 하는 일마다 옹졸하고 불유쾌한 일이 많다고 말한다. 그것은 그가 마음을 잘못 쓰는 까닭이다. 마음을 나쁘게 쓰니까 늘 부정의 에너지가 그에게 작동하는 것이다. 그러니까 불길하고 불유쾌할 수밖에 없는 것이다.

"대개 덕이 있는 사람은 그 마음이 부끄럽지 아니하여, 자연 넓고 크고 너그럽고 평화로워 온몸이 윤택해진다."

이는 《대학大學》에 나오는 말로 덕이 있는 사람은 어질고 너그러운 품성을 지녔다. 그런 까닭에 부끄럽지 않고 평화로워 하는 일이 길하고, 경사스런 일이 많이 있게 된다. 그렇다. 인자하고 어진 사람처럼 너그럽게 마음을 잘 쓸 수 있도록 노력해야 한다. 그것이 자신을 잘되게 하는 첩경인 것이다.

도덕을 지키는 자,
권세에 아부하는 자

도덕을 지키는 사람은 한때 적막하고, 권세에 아부하는 자는 만고에 처량하다.
통달한 사람은 물질 밖에서 물질을 관찰하고, 육신이 떠난 뒤 자신을 생각한다.
차라리 한때의 적막을 겪을지언정, 만고에 처량할 길을 따르지 않는다.

_채근담 11

서 수 도 덕 자 적 막 일 시 의 아 권 세 자 처 량 만 고
棲守道德者 寂寞一時 依阿權勢者 凄凉萬古

달 인 관 물 외 지 물 사 신 후 지 신 영 수 일 시 지 적 막 무 취 만 고 지 처 량
達人觀物外之物 思身後之身 寧受一時之寂寞 毋取萬古之凄凉

도덕道德의 사전적 의미는 '인륜의 대도, 인간으로서 마땅히 지켜야
할 행동의 준칙이나 규범의 총칭'을 이르는 말이다. 그런 까닭에 도덕
적인 사람이냐 비도덕인 사람이냐는 매우 중요하다. 왜 그럴까. 도덕
적인 사람은 인간관계에 있어 매우 우호적이며, 사람들에게 믿음과
신뢰를 주기에 부족함이 없다. 그래서 사람들은 도덕적인 사람과 교
류하기를 바라는 것이다. 그러나 비도덕적인 사람은 인간관계에 있어
매끄럽지 못하고 많은 문제를 야기한다. 그런 까닭에 사람들에게 믿음
과 신뢰를 주지 못한다. 오히려 불신을 사게 됨으로써 사람들로부터 외

면당한다.

그런데 여기서 한 가지 알아야 할 것은 도덕적으로 살기 위해서는 많은 인내가 따르게 된다는 점이다. 때에 따라서는 하고 싶은 것도 참아야 하고, 사람들과의 관계에서 먼저 양보하고 배려하는 미덕을 보여야 하며, 억울한 일을 당해도 도의道義적으로 풀어야 한다는 데 있다. 또한 아무리 화가 목구멍까지 차올라도 쉽게 화를 낼 수 없는 데서 오는 고충을 삭일 수도 있어야 한다. 그러다 보니 때론 첩첩산중에 홀로 있는 것처럼 외롭고 쓸쓸함을 느끼기도 한다.

비도덕적인 사람은 남을 의식하지 않고, 제멋대로 사는 사람이다. 이런 사람은 비양심적으로 매사를 자기 위주로 생각한다. 그러다 보니 사사건건 분란을 일으키고 사람들로부터 손가락질을 당한다. 그래도 그게 잘못인 줄 모른다. 특히 이런 부류의 사람은 권세에 아부하기를 좋아하고, 그 힘을 빌려 자기 이익을 취하는 데 급급하다. 하지만 그 결과는 언제나 참혹하다. 이에 대해 홍자성은 《채근담採根譚》에서 이렇게 말했다.

"도덕을 지키는 사람은 한때 적막하다. 권세에 아부하는 자는 만고萬古에 처량하다."

홍자성의 말에서 보듯 도덕을 지키며 사는 자와 비도덕적이며 권세에 아부하는 자는 현격한 차이를 보인다. 그렇다면 어떻게 살아야 할지는 자명하다. 도덕적으로 살아야 남으로부터 원망이 없고, 된사람으로서 인간답게 살아갈 수 있는 것이다.

그렇다. 도덕을 지키고 사는 사람이 진정으로 인간다운 사람이다. 그런 사람으로 살기 위해 노력을 아끼지 말아야 하겠다.

감정으로부터 벗어나라

감정이 격하면 매사를 바르게 느낄 수 없다.
또한 감정이 열熱처럼 높으면 마음이 어두워지니,
옳고 그른 것과 선악을 판단하지 못한다.
그러므로 감정이 격할 때면 마음을 가라앉혀야 하며
감정이 열처럼 높아지면 마음을 차게 식혀야 한다.

_ 채근담 12

　사람에게는 크게 두 가지 본성本性이 있다. '이성'과 '감정'이 그것이다. 이성理性이란 '진위, 선악을 식별하여 바르게 판단하는 능력', '개념적으로 사유하는 능력을 감각적 능력에 상대하여 이르는 말'을 말한다. 그런 까닭에 이성적인 사람은 어떤 문제에 봉착하거나 해결하고자 할 때 냉철하게 상황을 판단하고자 한다. 그래서 잘못될 수 있는 일도 지혜롭게 해결하곤 한다.

　감정感情이란 무엇인가. 감정은 '어떤 현상이나 일에 대하여 일어나는 마음의 느낌이나 기분'을 말한다. 희로애락喜怒哀樂은 감정의 대표적인 산물이다. 기쁠 땐 기뻐하고, 화날 땐 화를 내고, 슬플 때 슬퍼하고, 즐거울 땐 즐거워하는 것은 마땅한 일이다. 그런데 문제는 어떤 일에 있어 너무 감정적이다 보면 흥분하게 됨으로써, 그 문제를 잘못되게 할 수 있다는 데 있다. 즉 옳고 그름을 판단하지 못할 뿐 아니라, 선과 악을 또한 구별하지 못한다. 이것이 감정의 맹점인 것이다. 따라서 감정이 격할 땐 마음을 가라앉혀야 한다.

"외적인 영향에 좌우되고 싶지 않다면 먼저 자기 자신의 격한 감정부터 초월해야 한다."

이는 영국의 시인인 사무엘 존슨이 한 말로, 감정이 격하게 되면 외적인 영향, 즉 옳고 그름에 대한 판단 미숙으로 인해 악한 영향을 받게 되기 쉽다. 그런 까닭에 격한 감정을 차분하게 다스리는 것을 몸에 습관화해야 한다. 그렇게 되면 그 어떤 문제도 이성적으로 생각하게 됨으로써 잘 해결할 수 있게 된다.

"우리의 일상생활에서 가장 조심해야 할 것은 사소한 감정을 어떻게 처리하느냐 하는 문제다. 사소한 일은 계속 발생하며 그것이 도화선이 되어 큰 불행으로 발전하는 일이 적지 않기 때문이다."

이는 프랑스의 사상가이자 비평가인 알랭이 한 말로, 감정의 큰 문제점은 어떤 문제가 발생했을 때 큰 문제를 야기할 수 있다는 데 있다. 그런 까닭에 감정을 스스로 조절하는 능력을 길러야 한다. 그래야 모든 문제로부터 자신을 안전하게 지킬 수 있기 때문이다. 그렇다. 비생산적인 감정으로부터 벗어나도록 늘 자신을 이성적이 되게 하라.

역경에 실망하지 말고
행운에 도취되지 마라

아무리 기쁜 일만 있는 사람이라도 그 반면엔 반드시 근심이 있는 법이다.
가난할지라도 아껴 쓰면 곤란을 면할 수 있고, 병에 걸렸을지라도
건강을 잘 살펴 행하면 건강을 회복할 수 있는 것처럼 어떠한 괴로움일지라도
그 뒤엔 기쁨이 따르지 않는 일이 없으니 지각 있는 사람이라면 역경에
실망하지 않고 행운에 도취하지 않는다.

_ 채근담 13

홍진비래興盡悲來라는 말이 있다. 즐거움이 지나면 슬픔이 온다는 뜻
으로 세상만사가 늘 좋거나 나쁠 수 없고, 좋은 일과 나쁜 일이 차례
로 일어난다는 말이다. 또 고진감래苦盡甘來라는 말이 있다. 쓴 것이 다
하면 단 것이 온다는 뜻으로 고난이 지나가면 즐거움이 온다는 말이
다. 살아가다 보면 흥이 넘치는 일도 있지만 그것이 지속적이지 않다
는 것이다. 어느 순간 뜻하지 않은 일로 슬픔에 잠기기도 한다. 그러
다간 또 즐거움이 찾아오고, 또 어느 순간 슬픔이 밀려오기도 한다.
또한 살기가 힘들고 고통스럽다가 어느 순간 즐거운 일이 찾아온다.
그런 까닭에 힘들다고 포기하지 말고 지금 있는 그 자리에서 노력을
다하면 즐거운 날이 찾아오는 법이다.

그런데 사람들 중엔 즐거울 땐 한없이 좋아하다가도 슬픈 일이 생

기면, 참지 못하고 슬픔에 빠져 허우적거린다. 또 지금 살기가 힘들다고 포기하는 사람들도 있다. 이는 매우 비생산적인 일이 아닐 수 없다. 사람 사는 일은 환경만 다를 뿐 다 비슷하다. 아무리 고대광실 같은 집에 없는 것 없이 갖춰 놓고 살아도 그 나름대로 속사정이 있는 법이다. 또 아무리 초가삼간 같은 집에 살아도 나름대로 행복하게 살아가는 사람들이 있다. 그런 까닭에 자신이 처한 환경에 맞게 삶의 채널을 맞추고 살면 되는 것이다.

"인생이란 단지 기쁨도 아니고 슬픔도 아니며 그 두 가지를 지향하고 종합해 나가는 과장에서 파악되어야 할 것이다. 커다란 기쁨도 커다란 슬픔을 불러오고 또 깊은 슬픔은 깊은 기쁨으로 통하고 있다. 자기의 할 일을 발견하고 자기가 하는 일에 신념을 가진 자는 행복하다."

이는 영국의 사상가 칼라일이 한 말로 인생이란 무엇인지에 대해 잘 알게 한다. 그리고 홍자성은 《채근담採根譚》에서 이렇게 말했다.

"아무리 기쁜 일만 있는 사람이라도 그 반면엔 반드시 근심이 있는 법이다. 가난할지라도 아껴 쓰면 곤란을 면할 수 있고, 병에 걸렸을지라도 건강을 잘 살펴 행하면 건강을 회복할 수 있는 것처럼 어떠한 괴로움일지라도 그 뒤엔 기쁨이 따르지 않는 일이 없으니 지각 있는 사람이라면 역경에 실망하지 않고 행운에 도취하지 않는다."

맑은 날이 있으면 비 오는 날도 있고, 더운 날이 있으면 추운 날도 있고, 고요한 날이 있으면 바람 부는 날도 있다. 인생 또한 마찬가지다. 기쁨과 슬픔, 역경과 행운은 항상 있기 마련이다. 그런 까닭에 역경에 처할지라도 실망하지 말아야 한다. 그리고 행운을 얻는다 해도 도취되어서는 안 된다. 어떤 환경에 처하더라도 그에 맞게 슬기롭게 극복하며 열심히 살면 되는 것이다. 그것이 삶을 삶답게 하는 지혜인 것이다.

마음을 겸손히 하라

마음은 겸손하고 허탈하게 가져야 한다.
마음이 겸손하고 허탈하면 곧
의리義理라는 것이 들어와 자리 잡는다.
마음속에 의리라는 것이 들어와 자리를 잡게 되면,
자연 그 마음속에 허욕이라는 것이 들어가지 못한다.

_채근담 14

"겸양하라. 진실로 겸양하라. 그대는 아직 위대하지 못하기 때문이다. 진실로 겸양은 자기완성의 토대이다."

이는 러시아의 국민작가이자 톨스토이즘Tolstoyism의 창시자인 레프 톨스토이가 한 말이다. 톨스토이의 말처럼 겸양은 자기완성, 즉 인격을 갖추는 데 있어 꼭 필요한 마인드이다. 아무리 지위가 높고, 학식이 높고, 부를 가졌다 해도 겸양하지 않으면, 인격자로서 존경받을 수 없다. 비록 지위가 낮고, 학식이 낮고, 가난해도 겸양하면 인격자로서 존경받을 수 있다.

"항상 겸손한 사람은 남에게 칭찬을 들었을 때나 변함이 없다."

이는 독일의 소설가인 장 파울이 한 말로, 진정으로 겸손한 사람은 칭찬을 들었을 때나 그렇지 않았을 때도 늘 겸손하다. 그것은 겸손이 몸에 배었기 때문이다. 이런 사람은 어디를 가든 누구를 만나든 한결같이 자신을 낮추고 상대를 높여줌으로써 훌륭한 인품을 지닌 사람으로 평가받는다.

"겸손하고 양보하는 마음은 인격을 완성하는 데 절대 필요한 양식이다. 이러한 인격 완성의 양식이 떨어지면 사람은 교만하고 악해진다."

이는 영국의 비평가인 존 러스킨이 한 말로, 겸손은 인격을 쌓는 데 절대 필요한 마인드이다. 그러기 때문에 겸손한 자세를 잃으면 안 되는 것이다. 그렇게 되는 순간, 더 이상은 인격을 쌓을 수 없기 때문이다. 또한 양보하는 마음 역시 마찬가지다. 겸손한 사람은 먼저 양보를 잘 한다. 겸손하지 않으면 양보하는 것을 즐겨 하지 못한다. 오직 자신이 양보받기를 바랄 뿐이다. 그런 까닭에 겸손과 양보는 훌륭한 인격을 쌓는 데 있어 필수조건이라고 할 수 있다. 홍자성 역시《채근담 採根譚》에서 이르기를 "마음이 겸손하고 허탈하면 의리라는 것이 들어와 마음속에 허욕이 들어오지 못하도록 한다"고 말한다. 마음이 겸손하면 허욕이 들어오지 못하고, 아무리 헛된 것이 미혹해도 넘어가지 않는다. 겸손은 인격의 근본이며, 인격의 완성체이다.

권세와 공명을 탐하지 마라

권세와 공명은 누구라도 탐내는 것이며 영화는 모두가 부러워한다.
그러나 이런 것에 마음을 두지 않는 사람은 결백한 사람이다.
또 권모술수는 세상을 속이고 사람을 농락하는 것으로 이것을 알고도 마음속에
두지 않는 사람은 고상한 사람이다. 그러므로 이런 사람들은 진흙 속에서도,
진흙 물에 물들지 않는 아름다운 연꽃과 같다.

_채근담 15

사람의 마음속에는 권세에 대한 욕망과 공명功名에 대한 욕망이 있기 마련이다. 권세는 자신의 힘을 드러내는 하나의 수단으로, 공명은 자신의 이름을 널리 떨치는 수단으로 아주 제격이기 때문이다. 그러나 권세의 욕망과 공명심에 사로잡히면 자칫 그릇된 길로 갈 수 있다. 마치 방향을 잡지 못해 이리 갈까, 저리 갈까 갈팡질팡하는 자동차와 같아 자신의 인생을 흔들리게 할 수 있는 까닭이다. 왜 그럴까. 이는 하나의 허욕虛慾과 같기 때문이다. 허욕이란 본시 헛된 것이기에 뿌리가 약한 나무와 같아 쉬이 넘어지기 쉽다. 그럼에도 권세를 쫓는 사람, 공명심에 사로잡혀 허덕이는 사람들이 있다. 하지만 그 결과는 대개 허무하게 끝나고 만다. 다음은 권세에 눈이 멀어 인생을 최악으로 살았던 한 독재자의 이야기이다.

"내가 하는 일을 방해하는 자들은 그가 누구든 그 대가를 치를 것이다."

국민에게 대놓고 이런 막말을 한 루마니아의 독재자 니콜라에 차우셰스쿠는 악명이 높기로 유명하다. 그는 독재정권을 위해 자신의 정적을 무참하게 살육했으며, 민주화를 요구하는 국민들을 폭압과 폭력, 폭언으로 제압했다. 차우셰스쿠의 폭압으로 국민들의 자유와 인권은 철저하게 무너졌고, 그는 살육자가 되어 날뛰었다.

차우셰스쿠는 자신의 친족은 물론 처가의 식솔들까지 행정부의 요직에 두루 앉혀 족벌정치를 통해 자신을 보호함으로써 권력을 유지하기 위해 혈안이 되었다. 그는 각 도시와 마을마다 3백만 개가 넘는 도청기와 천만 개의 도청센터를 설치하여 국민들을 감시했다. 루마니아 국민들은 철저하게 자유와 인권을 유린당한 채 창살 없는 감옥생활을 해야만 했다. 차우셰스쿠는 그것도 모자라 세쿠리타테라고 이름 붙인 친위조직을 두어 암살, 정보 수집을 하는 데 이용했다. 그리고 이들에게는 특혜를 줌으로써 충성을 요구했다. 이로 인해 루마니아 정부군은 소외를 당함으로써 차우셰스쿠와 적을 지게 하는 원인이 되었다. 훗날 루마니아 국민들이 민주화를 요구하며 시위를 벌이자 국민들을 탄압하는 친위조직에 정부군이 맞섰다. 그리고 마침내 내전으로 번지며 정부군은 차우셰스쿠가 몰락하는 데 크게 기여했다. 진실은 폭압이나 폭력, 폭언 등 그 어떤 것으로도 가리지 못하는 법이다. 차우셰스쿠는 반정부시위를 일으킨 국민들에게 붙잡혀 재판에 넘겨졌다. 그는 재판장에서 이렇게 외쳤다.

"내가 잘못되면 차우셰스쿠 지지자들이 역으로 혁명을 일으킬 것이다."

그는 재판을 받으면서도 자신의 잘못이 무엇인지조차 모르고 입에 담지도 못할 막말을 일삼는 철면피에다 흡혈귀였다. 차우셰스쿠와 그의 부인은 120여 발의 총을 맞고 자신이 지은 죄의 대가를 톡톡히 치러야만 했다.

차우셰스쿠의 경우에서 보듯 그는 오직 자신의 권세를 위해 인간으로서는 도저히 해서는 안 될 짓을 저지른 인류역사상 최악의 인간 중 한 사람이다. 이 이야기를 보면 왜 권세와 공명을 탐하면 안 되는지를 잘 알게 한다. 권세든 공명이든 무엇이든 지나치면 탐욕이 되고, 그 결과는 참혹한 비극으로 끝나고 만다. 그런 까닭에 부질없는 권세와 공명을 탐하지 말아야 하는 것이다.

좋아하고 기뻐하는 것은
평범한 일에 있다

진기한 것을 좋아하고 이상한 것을 좋아하는 사람은 깊고 큰 뜻이 없다.
세상에서 좋아하고 기뻐하는 것은 신기하고 묘한 것이 아니고
도리어 평범한 일 가운데 있기 때문이다.

_채근담 16

　행복을 많이 느끼고 싶다면 작고 사소한 일에서 행복을 느낄 수 있어야 한다. 크고 우뚝한 일에서 행복을 느끼고자 한다면 행복을 자주 느낄 수 없다. 살면서 크고 우뚝한 일을 만난다는 것은 그리 흔한 일이 아니기 때문이다. 그런 까닭에 사소하고 작고 평범한 일에서 행복을 느끼도록 마음을 소탈하게 가져야 한다. 좋아하고 기뻐하는 것 또한 마찬가지다. 작고 평범하고 사소한 일에서 좋아하는 일을 만들고 기쁜 일을 만들어야 한다. 그래야 좋아하는 일을 통해, 기쁜 일을 통해 삶 또한 활기차고 탄력을 받게 되기 때문이다.

　그런데 사람들 중엔 크고 좋은 일, 크고 우뚝한 일에서 좋아하는 일을 찾고 기쁨을 찾으려고 한다. 그러다 보니 크고 좋은 일에만 몰두하다가 자신의 곁에 있는 좋은 일을 놓치고 후회하는 일을 만들곤 한다.

또 그로 인해 기쁜 일도 놓치곤 한다. 왜 그럴까. 이는 욕심이 과해서 생기는 일이다. 좋은 일도 기쁨도 욕심이 과하면 그 사람을 피해서 간다. 설령 온다고 해도 오래 있지 않고 이내 가버리고 만다. 그러기 때문에 욕심을 내려놓고, 작고 사소하고 평범한 것에서 좋은 일을 찾고 기쁨을 찾도록 해야 하는 것이다. 이에 대해 홍자성은 《채근담採根譚》에서 이렇게 말했다.

"진기한 것을 좋아하고 이상한 것을 좋아하는 사람은 깊고 큰 뜻이 없다. 세상에서 좋아하고 기뻐하는 것은 신기하고 묘한 것이 아니고 도리어 평범한 일 가운데 있기 때문이다."

홍자성의 말처럼 진기하고 이상한 것을 쫓지 말아야 한다. 그것은 진정한 삶의 기쁨과 가치를 멀리하게 하는 일이기 때문이다.

그렇다. 그런 까닭에 평범하고 사소하고 작은 일에서 좋아하는 일을 찾고, 기쁨을 찾아야 하는 것이다.

입에 좋은 것과
재미있고 상쾌한 일

입에 맞는 음식은 모두 창자를 해하고, 뼈를 썩게 하는 독약이니
반만 먹어야 뒤탈이 없다. 마음을 상쾌하게 하는 일은 모두 몸을 망치고,
덕을 잃게 하는 매개체이니 절반쯤 즐긴다면 후회가 없을 것이다.

_채근담 17

상 구 지 미   개 란 장 부 골 지 약   오 분 변 무 앙
爽口之味 皆爛腸腐骨之藥 五分便無殃

쾌 심 지 사   실 패 신 상 덕 지 매   오 분 변 무 회
快心之事 悉敗身喪德之媒 五分便無悔

　아무리 맛있는 음식도 일 년 열두 달 365일 먹을 수는 없다. 음식이
질리기도 하지만, 그것은 건강을 해치는 어리석은 일이기 때문이다.
과유불급過猶不及이라 했다. 지나침은 미치지 못함과 다름없다. 균형
있게 영향을 섭취해야 건강한 몸을 유지함으로써 무슨 일이든 활기
넘치게 해 나갈 수 있는 것이다. 이에 대해 홍자성은 《채근담採根譚》에
서 이르길 "입에 맞는 음식은 모두 창자를 해하고, 뼈를 썩게 하는 독
약이니 반만 먹어야 뒤탈이 없다"고 했다. 아주 적절한 지적이라고 할
수 있다. 그래야 몸에 독이 되고 해가 되지 않는 까닭이다. 또한 아무

리 재미있는 일도 매일 하다 보면 건강을 잃게 할 수 있다. 그런 까닭에 재미있는 일을 즐기되 다른 일도 같이 함으로써 몸에 균형을 맞춰 주어야 한다. 재미있는 일도 넘치면 해가 되는 법이다. 그래서 무엇이든 적당히 하는 것이 좋은 것이다. 그래야 어려움을 겪지 않고 자신이 원하는 일을 즐겁게 할 수 있다.

"자신을 절제하는 힘을 가진 사람이 가장 강한 사람이다."

이는 로마의 철학자이자 정치가인 세네카가 한 말로 절제한다는 것이 인간에게 있어 얼마나 힘든 일인지를 잘 알게 한다. 하지만 그럼에도 절제할 수 있어야 한다.

대개 문제를 일으킴으로써 후회하는 사람들의 여러 공통점 중에 하나는 자신을 절제하지 못한다는 것이다. 절제하지 못하는 것은 세네카의 말처럼 그만큼 의지가 약하기 때문이다. 삶을 살아가는 데 있어 절제는 반드시 필요한 마인드이다. 그런 까닭에 절제력은 꼭 길러야 하는 것이다.

착한 일과 악한 일은
반드시 그에 대한 대가를 받는다

착한 일을 할지라도 아무 보답이 없는 수가 있다. 그러나 그것은 단호박 같이
남모르게 풀 속에서 점점 자라나는 것이니 언젠가는 보답이 있을 것이다.
반대로 악한 일을 할지라도 아무 죄과를 받지 않는 것 같으나, 그것은 마치
뜰 앞에 쌓인 봄눈과 같아서 어느 땐가는 세상에 드러나기 마련이다.

_채근담 18

인과응보因果應報라는 말이 있다. 자신이 한 일에 대해 받게 되는 대
가를 이르는 말이다. 또 '뿌린 대로 거둔다'는 말이 있다. 이 또한 자신
이 한 그대로 받게 된다는 의미이다. '선善'을 심으면 '선'한 것으로 받
고, '악惡'을 심으면 '악'한 것으로 받는다는 말은 상식적으로 옳은 말
이다. 하지만 많은 사람이 이에 대해 말하곤 한다. 즉 악행을 일삼는
자가 버젓이 살아서 오히려 더 잘되는 걸 보고, 이 모든 이야기가 하
나의 쓸데없는 이야기에 불과하다고 말이다. 그러나 역사는 이를 잘
알게 한다. 이에 대한 이야기이다.

중국 춘추전국시대 때 항우項羽는 시황제에 의해 멸망한 초나라의
귀족 출신으로 시황제가 죽고 나라가 혼란에 빠지자 군대를 일으켜
힘을 키웠다. 그리고 나서 그가 진나라 대군에게 대승을 거두자 각지

의 반군이 항우의 휘하로 몰려들었다. 세력을 키운 항우는 거칠 것이 없었다. 그 누구도 그의 상대가 되지 않았다. 그의 상대로는 유방劉邦뿐이었다. 유방이 진나라 도읍인 함양에 입성하여 진왕 영의 항복을 받고 옥새를 넘겨받았다. 유방은 진나라 백성들을 따뜻하게 대해주었다.

그런데 뒤늦게 함양에 도착한 항우에게 유방은 쫓겨나고 말았다. 항우는 진왕 영을 척살하고 아방궁을 불태우며 노략질을 일삼았다. 포악의 극치였다. 항우는 자신이 황제로 추대했던 의제를 살해함으로써 백성들로부터 원성을 샀다. 그러자 백성들의 마음은 유방에게로 쏠렸다. 여기저기서 모여든 병력으로 유방의 군대는 60만 대군을 형성했다. 제나라 내전을 수습하러 항우가 자리를 비운 틈을 타 팽성을 점령하여 항우의 보물과 여자들을 자신의 수중에 넣었다. 이를 알고 달려온 항우와의 싸움에서 유방은 크게 패했다. 그러나 세력을 키운 유방과 항우는 마지막 결전을 벌였다. 이른바 해하전투가 그것이다. 유방에게는 천하의 지략가인 장량과 용장인 한신, 팽월이 있었다. 이 싸움에서 패한 항우는 자결하고 말았다.

항우는 천하의 호걸로 일컬음을 받았지만 포악하고, 오만하고, 잔인한 성격으로 인해 비참한 최후를 맞았던 것이다. 그가 그렇게 최후를 맞은 것은 자신이 뿌린 대로 거둔 결과였던 것이다. 악한 자가 지금은 더 잘되는 것 같아 보이지만, 결국은 비참한 말로를 보이게 된다. 이것이 삶의 법칙인 것이다. 그런 까닭에 선한 삶을 살아야 하는 것은 지극히 인간적이며 당연한 일인 것이다.

무슨 사업을 하든지 도덕적으로 하라

어떠한 사업을 하든지 도덕적으로 단단한 토대를 삼지 않고도
성공한 사업이 세상에 있다면 그것은 어디까지나 한때의 성공일 뿐 곧 무너진다.
그것은 마치 주춧돌이 단단치 못한 데 세워진 기둥과 석가래가
튼튼하게 오래 부지할 수 없는 것과 같다.

_채근담 19

작은 사업이든 큰 사업이든 사업은 영리를 목적으로 한다. 영리를 목적으로 하다 보면 이른바 기업윤리에서 벗어나는 일도 종종 할 때가 있다. 고춧가루에 공업용 색소를 섞는다거나, 수입 소고기를 국산으로 속여 판다거나, 저울 눈금을 속여 판다거나, 가짜상품을 진품으로 속여 판다거나 하는 등으로 매스컴의 지탄을 받기도 한다. 이는 국민을 속이는 범죄행위犯罪行爲이다. 당연히 지탄받아 마땅한 일이다. 기업윤리를 저버린 패륜적인 일이 아닐 수 없다. 국민은 이런 기업을 절대 용서하지 않는다. 그래서 이런 기업은 반드시 망하고 마는 것이다. 그러나 소비자인 국민을 생각하는 기업, 소비자의 입장에서 상품을 만들고 서비스를 위해 노력하는 기업은 반드시 크게 성장함으로써 성공적인 기업이 되었다.

유일한에 의해 1926년 창업된 의료 제조업체인 유한양행은 창업자의 뜻에 따라 복지와 차원 높은 경영을 해온 기업으로 유명하다. 유일한은 "민족의 생존과 민족혼의 재현은 건강에 있다"고 말하며 유한양행을 창립했다. 때는 일제강점기라 국민들은 피부병과 결핵 등 많은 병으로 고생했는데 우리나라의 힘으로 만든 의약품을 보급함으로써 국민들의 건강증진에 기여하는 데 창업의 목적이 있었다. 나아가 우리나라 주변 국가 국민들의 건강까지도 생각해 해외지점을 두고 의약품을 수출하여 보급했다. 또한 자본과 경영을 분리하여 현대적인 경영체제를 갖춰 우리나라 기업경영에 모범이 되었다. 1967년 국세청으로부터 국내 기업 최초로 모범납세업체로 선정되어 1968년 동탑산업훈장을 수여받았다. 그리고 끊임없이 신약개발에 투자하여 의약산업이 발전하는 데 기여했으며, 국제화 시대에 맞는 의료생산설비를 갖추는 데 최선을 다했다.

나아가 1977년 '유한재단'을 설립해 사회복지사업 및 장학사업으로 학자금을 지원하고, 유한공업고등학교와 유한공업전문대학을 설립하여 기술교육에 힘써왔다. 그리고 직원복지에 힘쓰고 우리사주를 배당하여 직원들이 내 일처럼 일하는 분위기를 조성하여 우리나라 기업경영의 본이 되었다. 유일한이 오랜 미국 생활을 통해 배우고 터득한 것을 애민사상에 입각한 기업가정신이 함께했기 때문에 가능했다. 창립 100년이 다 되어가는 지금도 유한양행은 창업자인 유일한의 기업가정신에 입각해 기업경영에 매진하고 있다.

이렇듯 좋은 기업이란 소비자를 생각하고, 직원들의 복지향상에 힘쓰며 내 일 내 가족처럼 직원들을 사랑으로 대하고 도덕적으로 기업 경영에 최선을 다한다. 나아가 사회에 후원하고 더불어 살아가는 데 노력을 아끼지 않는다.

그렇다. 홍자성이 《채근담採根譚》에서 말했듯이 소비자를 생각하는 도덕적인 기업이야말로 진정한 기업으로서의 가치를 지니는 것이다. 그런 까닭에 도덕적인 기업윤리는 반드시 지켜야 하는 것이다.

가정을 잘 꾸려가는 두 가지 법칙

가정을 지키고 잘 꾸리는 데에는 두 가지 훈계의 말이 있다.
첫째는 너그럽고 따뜻한 마음으로 집안을 다스리지 않으면 안 된다.
그리고 정이 골고루 미치면 아무도 불평하지 않는다.
둘째는 낭비를 삼가고 절약해야 한다.
절약하면 식구마다 아쉬움이 없는 법이다.

_ 채근담 20

《탈무드》에는 가정에 대한 이야기가 많이 나온다. 부부가 서로에게 지켜야 할 예의, 부모와 자식 간의 지켜야 할 윤리와 도덕, 자식의 가르침에 대한 교훈 등이 매우 구체적으로 서술되어 있다. 다음은 자식에 대한 부모의 자세이다.

첫째, 아이가 어릴 때는 엄하게 꾸짖고 크면 꾸짖지 마라. 둘째, 아이를 키울 때는 차별하지 마라. 셋째, 어린아이는 엄하게 훈육할 것이지만, 아이가 겁내는 일은 하지 말아야 한다. 넷째, 아이를 꾸짖을 때는 한번 엄하게 꾸짖고 언제까지나 질질 끌며 계속 꾸짖어서는 안 된다. 다섯째, 아이는 부모의 말씨를 닮는다. 성격은 그 말씨로 안다. 아이에게 무엇을 약속했으면 꼭 지켜라. 지키지 않으면 당신은 아이에게 거짓말하는 것을 가르치는 것이다.

이어서 부모에 대한 자식의 자세는 다음과 같다.

첫째, 아이는 아버지를 공경하지 않으면 안 된다. 둘째, 아버지의 자리에 아이가 앉으면 안 된다. 셋째, 부모에게 말대꾸를 해서는 안 된다. 넷째, 만일 아버지가 남과 다투고 있으면 남의 편을 들어서는 안 된다. 다섯째, 아버지를 존중하고, 순종하는 것은 아버지가 그들을 위하여 먹을 것과 입을 것을 내어주기 때문이다.

부부 사이에서도 지켜야 할 자세가 있다.

첫째, 남편은 아내를 아껴주어야 한다. 둘째, 부부생활은 서로 원했을 때만 한다. 셋째, 아내는 남편의 의견을 존중해주어야 한다. 넷째, 휴일은 부부가 최대한 철저하게 지킴으로써 가족의 화목을 도모한다.

이처럼 유대인은 가정을 사회의 기본으로 보고 매우 중시한다. 물론 이는 유대인뿐만이 아니라 어느 나라든 마찬가지이다. 그만큼 가정은 중요한 사회의 구성원인 것이다.

홍자성은 《채근담採根譚》에서 이르기를 "가정을 지키고 잘 꾸리는 데에는 두 가지 훈계의 말이 있다. 첫째는 너그럽고 따뜻한 마음으로 집안을 다스리지 않으면 안 된다. 그리고 정이 골고루 미치면 아무도 불평하지 않는다. 둘째는 낭비를 삼가고 절약해야 한다. 절약하면 식구마다 아쉬움이 없는 법이다"라고 했다.

가정을 잘 꾸리기 위해서는 부부가 서로를 존중하고 아껴주어야 하며, 낭비를 줄이고 절약함으로써 가정경제를 잘 이끌어 나가야 하는 것이다. 이것이야말로 행복한 가정을 꾸리는 최선의 원칙임을 잊지 말아야 하겠다.